Camping Reiseführer

GRIECHENLAND

Mit 24 Illustrationen
sowie 14 Karten und 14 Stadtplänen

GEOBUCH VERLAG MÜNCHEN

Zeichenerklärung

▲ Campingplatz

**Gesamteindruck
des Campingplatzes:**

✿   ausreichend
✿ ✿   zufriedenstellend
✿ ✿ ✿   gut
✿ ✿ ✿ ✿ sehr gut

Öffnungszeiten:
z. B. (15. V.–31. IX)

Größe des Campingplatzes:
z. B. 0,9 ha

Campingplatz-Numerierung:
im Text: z. B. **28**
in den Karten: z. B. **▲ 28**

Anzahl der Stellplätze:
z. B. 60 St.

♻ Sportmöglichkeiten

➡ Anfahrt

♜ Ausflüge und
Sehenswürdigkeiten

Alle Informationen wurden mit Sorgfalt zusammengestellt. Für die Richtigkeit kann jedoch keine Gewähr übernommen werden. Für Hinweise sind wir dankbar.

© **1982 by Geobuch-Verlag,** 8000 München 45
ISBN 3 88618 009 3

Redaktion: Rainer Peters
Umschlag und Illustrationen: Barth & Partner
Karten: Geobuch-Verlag
Stadtpläne: aus Touropa-Urlaubsberater, mit freundlicher Genehmigung der Robert Pfützner GmbH, München. Wir empfehlen die Reihe Touropa-Urlaubsberater, speziell die Titel „Griechenland für Liebhaber" und „Kreta" als ergänzende Reiseliteratur.

Anzeigenverwaltung
Geobuch-Verlag, 8000 München 45, Schleißheimer Str. 371 b
Tel.: (089) 35 15 7 86
Anzeigen: Günter Nelles

Satz, Druck und buchbinderische Verarbeitung:
Ilmgaudruckerei, Pfaffenhofen.

Inhaltsverzeichnis

Inhaltsverzeichnis

Campingplatz-Register

Campingplatz-Register

Übersichtskarte Griechenland

Geschichte

Willkommen in Griechenland – ΚΑΛΗΜΕΡΑ

‚Eulen nach Athen‘ oder ‚Holz in den Wald‘ tragen hieße es, Griechenland ob seiner herrlichen Landschaften, seiner wunderschönen Küsten oder seiner freundlichen Bewohner zu lobpreisen. So ist es nicht verwunderlich, daß Jahr für Jahr immer mehr Urlauber das Land heimsuchen und auch die verstecktesten Winkel entdecken. Und trotzdem, bei soviel Kultur, Originalität und Schönheit hatte der Tourismus bisher nur geringe Chancen, dieses Land zu verderben. Schon in der Schule lernt man von Pythagoras in der Mathematik, von Alexander dem Großen in der Geschichte, von berühmten Philosophen und großen Ärzten wie Hippokrates, dessen Eid heute noch geschworen wird. Man hört von der schönen Helena und den trojanischen Kriegen, und Homer mit seiner Ilias ist uns vertrauter als die deutschen Heldensagen. Und doch bekommt man ein schlechtes Gewissen, wenn man zum erstenmal nach Griechenland kommt, denn dann bemerkt man erst, wieviel man schon wieder vergessen hat.

Dieses Land bietet eine so reiche Fülle an Sehenswürdigkeiten, antiken Stätten, schönen Landschaften, herrlichen Stränden und wilden Gebirgsregionen, daß man ein wenig ratlos vor der Tatsache steht, wohin man sich zuerst wenden soll. Deshalb bietet dieser Führer eine Auswahl an Routen an, die die wichtigsten Plätze berühren und denen man je nach Zeitverfügung folgen kann. Auch die Kleinigkeiten am Wegesrand wurden nicht vergessen, die unter Umständen tiefere Eindrücke hinterlassen als die großen ‚Muß‘ einer Griechenlandreise.

Schon in der Steinzeit . . .

Kein anderes Land in Europa hat eine so lange historische Entwicklung aufzuweisen wie Griechenland, die Geburtsstätte und Wiege der westeuropäischen Kultur. Durch fünf Jahrtausende lassen sich die Spuren der Geschichte zurückverfolgen, bis sie sich im Nebel steinzeitlicher Ereignisse verlieren.

Für eine bessere und schnellere Übersicht wird folgend nach Jahreszahlen vorgegangen:

2600 v. Chr. – Entstehung der minoischen Kultur mit Schwerpunkt auf Kreta. Hier herrschte der sagenhafte König Minos, um dessen labyrinthartigen Palast von Knossos sich viele Mythen ranken.

2000 v. Chr. – Die Pelasger, die ältesten Bewohner des Festlandes von Griechenland, tauchen auf.

1500 v. Chr. – Äolier, Ionier und Dorier machen von sich reden.

1194–84 v. Chr. – Der Kampf um die schöne Helena führt zur Vernichtung von Troja und bietet Homer um 800 v. Chr. reichlichen Stoff für sein Werk ‚Ilias‘.

Um 1000 v. Chr. – Äolier, Ionier und Dorier gründen an der Küste Kleinasiens und auf den Inseln zahlreiche Kolonien.

Um 820 v. Chr. – Der berühmte Lykurg schreibt in Sparta eine vollständige Gesetzgebung.

776 v. Chr. – Beginn der olympischen Spiele.

734 v. Chr. – Die Korinther gründen Syrakus.

707 v. Chr. – Die Spartaner gründen Tarent.

623 v. Chr. – Drakon verfaßt in Athen eine Gesetzgebung, die noch heute ob ihrer Strenge berühmt ist (‚Drakonische Strafen'!)

594 v. Chr. – Solon verfaßt eine demokratische Verfassung, teilt die Bürger in vier Klassen ein und schafft die Schuldknechtschaft ab.

560 v. Chr. – Peisistratos wird zum Tyrann von Athen, führt gewaltige Bauten durch, erstellt eine Flotte und wird zum Begründer der Großmachtzeit von Athen.

492 v. Chr. – Erster Ansturm der Perser mit einer Flotte unter dem Feldherrn Mardonios; sie scheitert in schweren Stürmen bei der Halbinsel Athos.

490 v. Chr. – Das überlegene Heer der Perser unter Dareios wird bei Marathon geschlagen und diese Nachricht von einem Läufer nach Athen gebracht – Entstehung des Marathonlaufes.

480 v. Chr. – Xerxes I., ein Sohn von Dareios, erobert die Thermopylen und rückt gegen Athen vor. Doch gleichzeitig vernichten die Griechen die persische Flotte bei Artemision und Salamis.

479 v. Chr. – Pausanias vernichtet bei Plataä das persische Landheer. Der attische Seebund wird gegründet, und Themistokles befestigt Athen gegen den Einspruch von Sparta. Aus dieser Zeit stammen auch die Hymnen des Poeten Pindar.

462 v. Chr. – Themistokles wird durch das Scherbengericht aus Athen verbannt.

413–404 v. Chr. – Peloponnesischer Krieg. Sparta schlägt Athen und setzt die grausame Regierung der ‚30 Tyrannen' ein. In dieser Zeit lebt auch Sokrates.

399 v. Chr. – Tod des Sokrates.

401–362 v. Chr. – Kämpfe der griechischen Staaten untereinander.

359 v. Chr. – Philipp II. wird König von Mazedonien und geht gegen die griechischen Staaten vor.

338 v. Chr. – Philipp II. vernichtet die thebanischen und athenischen Heere und wird Herrscher über ganz Griechenland.

336 v. Chr. – Philipp II. wird ermordet und sein Sohn Alexander wird König. Er besiegt wiederum die athenischen Heere und geht nach Kleinasien.

334 v. Chr. – Schlacht am Granikos.

333 v. Chr. – Schlacht bei Issos. Alexander der Große rückt nach Vorderasien, Ägypten, Persien und Indien vor.

323 v. Chr. – Alexander der Große stirbt.

197 v. Chr. – Der römische Konsul Flaminius schlägt die Mazedonier und erklärt die griechischen Stadtstaaten formal als unabhängig.

146 v. Chr. – Griechenland erhebt sich gegen Rom und wird besiegt. Die Römer gründen die Provinz Macedonia. Griechischer Geist und Kultur verbreiten sich über die Mittelmeerländer.

31 v. Chr. – Alleinherrschaft des Kaisers Augustus in Rom. Griechenland ist unter dem Namen Achaja römische Provinz.

117–136 – Der römische Kaiser Hadrian führt Bauten in Athen und anderen Teilen Griechenlands durch.

260 – Die Goten fallen in Griechenland ein und erobern Athen.

393 – Die olympischen Spiele hören auf.

395 – Das römische Reich wird geteilt – Griechenland fällt dem oströmischen Reich zu.

Speisen und Getränke

Um 450 – Die Vandalen fallen in Griechenland ein und verwüsten das Land.

1204 – Konstantinopel wird von den Kreuzfahrern erobert. Hierbei zerfällt Griechenland in zahlreiche Kleinstaaten, die unter der Herrschaft französischer Kreuzritter stehen.

1453 – Konstantinopel wird von den Türken erobert, das byzantinische Kaiserreich bricht zusammen, und auch Athen muß kapitulieren.

Die folgenden Jahrhunderte werden von den ständigen Kämpfen zwischen den Türken und den Venezianern bestimmt, unter denen Griechenland schwer zu leiden hat. Verschiedene Freiheitskämpfe werden geschlagen, die Türken behalten jedoch die Oberhand.

1821 – Beginn erneuter, griechischer Freiheitskämpfe.

1830 – Griechenland wird ein souveränes Königreich.

1908 – Kreta erklärt seinen Anschluß an Griechenland.

1912–1913 – Durch die Balkankriege erhält Griechenland weite Gebiete im Norden sowie zahlreiche Inseln.

1920–1922 – Griechisch-türkischer Krieg. Die Gegend von Smyrna und Ostthrazien fallen an die Türkei. Ca. 1,5 Millionen Griechen wandern nach Griechenland aus der Türkei ein.

1924 – Ausrufung der Republik.

1935 – Wiederherstellung der Monarchie mit König Georg II.

1940, 1941 – Italiener und Deutsche rücken in Griechenland ein.

1944 – Beendigung der deutsch-italienischen Besetzung des Landes.

1946–1966 – Wiederherstellung der Monarchie.

1967 – Durch einen Staatsstreich führt Oberst Papadopoulos ein Militärregime ein.

1974 – Spannungen mit der Türkei (Ölfelder, Zypernkrise). Militärregime wird gestürzt und Karamanlis wird Premierminister. Eine Volksabstimmung entscheidet gegen die Monarchie.

1975 – Eine neue Verfassung tritt in Kraft.

Liebe geht durch den Magen ...

Schon Xanthippe konnte ihren Gemahl Sokrates zuweilen nur noch durch ihre Kochkunst besänftigen, ein weiblicher Trick, der schon damals hoch im Ansehen stand. Ausreichende Mittel standen ihr zur Verfügung, denn Öl, Oliven, Tomaten, Knoblauch, Salat und Gemüse sowie Zwiebeln, Schaffleisch und Ziegenkäse wurden im Überfluß produziert.

Noch heute stellen diese Lebensmittel die Grundlage der griechischen Küche dar, die durch ihre Einfachheit, Natürlichkeit und Reinheit so ziemlich das genaue Gegenteil der französischen Küche ist. Wer sich jedoch an Olivenöl und Schaffleisch gewöhnt, kann durchaus in lukullischen Genüssen schwelgen.

Im Laufe von Jahrtausenden entwickelte sich neben der hochstehenden, griechischen Kultur natürlich auch die Küche. Berühmte Kochkünstler wie Hereos von Chios oder Chariades von Athen lehrten nicht nur die Wissenschaft der Kochtöpfe, sondern auch Philosophie, Kunst, Medizin, Physik und Astrologie und vieles andere.

Im Mittelalter eroberten und besetzten die Türken nicht nur das Land, sondern übten auch einen starken Einfluß auf die Küche und die Gerichte aus. Zahlreiche orientalische Spuren sind heute noch zu finden, deren Ursprung leicht zu schmecken sind.

Wo?

Suwlatsidhikja
Diese Art von Restaurants entsprechen mehr dem Typ einer Snackbar und man ißt in Brotfladen eingewickelte Lammfleisch-Spießchen, die mit Gewürzen sowie Zwiebeln und Tomaten verfeinert sind.

Bár ghalakterá potá
In diesen Milchbars bekommt man zahlreiche Milchmixgetränke sowie alle Arten von Kakao und heißer Schokolade. Auch Getränke auf Joghurtmixbasis kann man zuweilen finden.

Ghalaktopolíon
Diese Milchgeschäfte versprechen Leckereien in Form von Milchgetränken, Joghurt, Schokolade, Milchreis, verschiedene Arten von Kuchen sowie sonstige Arten von einheimischen Spezialitäten.

Sacharoplastíon
Diese Konditorei entspricht in allen Belangen dem mitteleuropäischen Café. Man bekommt Kuchen, Torten, Gebäck, Kaffee, Tee oder Kakao sowie Fruchtsäfte, Weine, Cola und zuweilen auch Bier.

Estjatórion – Restorán
Dieses Restaurant entspricht dem mitteleuropäischen Speiselokal und zu gemischt griechisch-westeuropäischen Gerichten wird Bier, Wein, Fruchtsäfte oder Mineralwasser gereicht.

Kéntron
Dieses Gasthaus bietet zumeist Übernachtungsmöglichkeiten sowie ein Restaurant einfacherer Art mit volkstümlichen Speisen.

Pandhochíon
Diese Form eines Gasthofes ist seltener zu finden, da er nicht unmittelbar dem griechischen Charakter entspricht.

Tawérna
Die Taverne ist wohl das gemütlichste und volkstümlichste Eßlokal, das in Griechenland zu finden ist. Zumeist sitzt man im Freien unter schattigen Bäumen, ißt einheimische Gerichte und läßt sich regionale Weine munden.

Psistarjá
In Frankreich würde man ‚Rôtisserie' sagen. Über Holzkohlenfeuer werden verschiedene Arten von Fleisch gegrillt und mit Wein, Brot und Salat serviert.

Inopolíon
Ein Weinlokal volkstümlicher Art, in dem die Weine zumeist aus dem Faß kommen.

Biraría
Dies ist ein Bierlokal, das Faßbier ausschenkt. Auch einfache Speisen sind erhältlich.

Wie?

Die Eßgewohnheiten der Griechen unterscheiden sich wohltuend von denen anderer Länder. Man setzt sich nicht nur zu Tisch, um seinen Hunger zu stillen,

Speisen und Getränke

sondern man sucht zugleich Gesellschaft und Unterhaltung, d. h., man versucht, ein soziales Leben aufzubauen. Gäste sind grundsätzlich gerne gesehen, und während des Essens wird gesprochen, gelacht und getrunken. Tischzeiten sind unbekannt. Das Frühstück wird zwischen sieben und zehn Uhr, das Mittagessen zwischen zwölf Uhr und dem späten Nachmittag und das Abendessen zwischen acht und elf Uhr eingenommen. Durch den Tourismus haben sich viele Hotels und Restaurants auf den Geschmack der westlichen Besucher eingestellt, was zwar als höflich und zuvorkommend angesehen werden kann, jedoch im Prinzip sehr bedauerlich ist. Denn diese Vereinheitlichung des europäischen Essens mindert auf alle Fälle die Atmosphäre des Urlaubslandes und damit auch den Reiz der ‚Fremde'. Ungeachtet dessen findet der Tourist noch unzählige kleine und gemütliche Restaurants in Griechenland, die so original sind, daß man sogar mitunter Schwierigkeiten hat, die Speisekarte zu lesen. Wichtig zu wissen ist, daß man die Angewohnheit der Einheimischen nachahmen kann, wenn man nicht so recht weiß, was man essen soll. Ein kurzer Ausflug in die Küche ist gestattet, man steckt seine Nase in die Kochtöpfe und in den Kühlschrank und zeigt mit dem Finger auf die Sachen, die man gerne verspeisen möchte. Auf diese Weise bekommt man z. B. nicht einen Fisch, sondern ‚seinen' Fisch, der vor den eigenen Augen gewogen und zubereitet wird.

Was?

Die griechische Küche hat ein so vielfältiges Angebot, daß man auf einzelne Speisen nicht näher eingehen kann, denn dies würde den Rahmen dieses Buches sprengen. Daher beschränken wir uns auf die Hauptbegriffe und bringen zum Schluß einige Spezialitäten.

Speisekarte – Lista, Katáloghos
Frühstück – Proinó, Prójewma
Mittagessen – Jevma
Abendessen – Wradinó Fajitó
Nachtessen – Dhipno
Spezialität – Idhikotis
Tagesgericht – Pjáto iméras
Menu – Menú
Hauptgericht – Diáfora
a la carte – Tis óras

Getränke – Potá
Wasser – Neró
Selterswasser – Metalikó neró
Trinkwasser – Pósimo neró
Fruchtsaft – Chimós frúton
Orangensaft – Portokáladha fréskja
Tomatensaft – Tomáto tsjús
Orangenlimonade – Portokaládha
Zitronenlimonade – Lemonáda
Bier – Bira, Sithos

Milch – Ghala
Kakao – Kakáo
Tee – Tsai – Téjon
Kaffee – Kafés
Nescafé – Neskafé
Weine – Ini, Krasiá
Landwein – Choriátiko krasi
Faßwein – Krasi wareljú
Regionalwein – Krasi topikó
Tischwein – Krasi epitrapésjo
Leichter Wein – Krasi elafri
Starker Wein – Krasi dhenató
Herber Wein – Krasi brúsko
Saurer Wein – Krasi áspro
Roséwein – Rosé
Rotwein – Krasi máwro
Geharzter Wein – Retsina
Süßwein – Krasi ghlikó
Kognac – Konják

Suppe – Súpa

Fleisch – Kréas
Kalbfleisch – Mos-charissio k.
Rindfleisch – Wodhinó k.
Schweinefleisch – Chirinó k.
Lammfleisch – Arni
Hammelfleisch – Arnissio k.
Braten – Psitó
Schinken – Sambón
Wurst – Lukániko
Fisch – Psári
gebraten – psitós
gekocht – wrastós

Gemüse – Chortariká
Bohnen – Fassólia
Erbsen – Bisélia
Spinat – Spanákji
Kartoffeln – Patátes
Käse – Tiri

Obst – Frúta
Äpfel – Milo
Orange – Portokáli

Aprikose – Werikoko
Birne – Achládhi
Kirsche – Kjerássi
Melone – Karpúsi
Pfirsich – Rodhákjino
Weintraube – Stafili
Zitrone – Lemóni

Essig – Ksidhi
Öl – Ládhi

Ei – Awgó
weich – meláto
hart – sfichtó

Brot – Psomi
Butter – Méli
Marmelade – Marmeládha
Salz – Aláti
Zucker – Sáchari

Reis – Risi
Nudeln – Makarónia

SPEZIALITÄTEN:
Musakas (Auflauf mit gehacktem Fleisch, Kartoffeln, Auberginen oder kleinen Kürbissen, getränkt mit Bechamelsoße)
Suvlakia (Fleischspießchen vom Holzkohlengrill)
Kébap (kleine, gebratene Fleischstücke)
Dolmádes (Kohlblätter, die mit Reis sowie Hackfleisch gefüllt sind, in einer weißen Soße)
Domátes gemistés (ausgehöhlte, gebackene Tomaten, die mit Reis und Hackfleisch gefüllt sind)
Dolmadákia (mit Hackfleisch gemischter Reis, der von Weinblättern umgeben ist)
Choriátiki saláta (bunt gemischter Salat mit kleinen Stückchen des weißen Ziegenkäse, evt. Schafkäse)
Kalamarákia (kleine, weiße Tintenfische, gebraten oder gegrillt)
Baklavá (sehr süßer Kuchen aus Honig, Mandeln und Sirup)

Wissenswertes

Geographie
Griechenland ist mit etwa 132 000 qkm gut halb so groß wie die Bundesrepublik Deutschland, wobei man bedenken muß, daß ca. ein Fünftel der Gesamtoberfläche auf die zahlreichen Inseln entfällt. Sein westlichster Punkt liegt auf der Insel Korfu, der größten Adria-Insel von Griechenland. Sein südlichster Punkt ist die Insel Kreta, zugleich Geburtsstätte der hellenistischen Kultur. Sein östlicher

Wissenswertes

Punkt ist die Insel Cypern, wo es in den vergangenen Jahren Schwierigkeiten mit der Türkei gab. Seine nördliche Grenze wird durch die Staaten Albanien, Jugoslawien, Bulgarien und die Türkei gebildet.

Der Landschaftscharakter von Griechenland ist überwiegend gebirgiger Natur, und eine ganze Reihe von Bergen überragen die Zweitausendmetergrenze. Der höchste Gipfel ist der Olymp, schon in der Antike als Sitz der Götter angesehen, heute ein sehr schönes Ausflugsziel und im Winter ein Skigebiet. Größere Flüsse sind nicht anzutreffen und viele trocknen im Sommer aus oder ergießen sich mit starkem Gefälle durch tiefe Schluchten ins Meer.

Eine Besonderheit sind die unzähligen Inseln, die sowohl in der Adria wie auch in der Ägeis zu den beliebtesten, touristischen Zielen gehören und zumeist neben malerischen Landschaften viel Originalität und Unberührtheit bieten.

Bevölkerung – Sprache

Die griechische Bevölkerung beläuft sich gegenwärtig auf ca. 9 Millionen Einwohner, was einer durchschnittlichen Bevölkerungsdichte von etwa 68 Menschen pro qkm entspricht. Ca. 1,5 Millionen Menschen leben auf den Inseln.

Seit dem Bevölkerungsaustausch in den Jahren 1922 und 1923 zwischen Griechen und Türken, verursacht durch Kemal Atatürk, den großen, türkischen Reformer, findet man in Griechenland keine Volksminderheiten mehr.

Um 1830, nach der eigentlichen Staatsgründung, wurde eine künstliche Sprache aus dem klassischen, attischen Dialekt mit neugriechischer Aussprache zur offiziellen Landessprache erklärt. Das Volk hingegen ließ sich nicht beeinflussen, sprach weiterhin seine gewohnte ‚Volkssprache' und verdrängte die Schriftsprache mehr und mehr aus seiner Rolle. Heutzutage wird im täglichen Leben, in den Zeitungen, zum Teil sogar in der Literatur sowie in wissenschaftlichen Veröffentlichungen die ‚Volkssprache' benützt.

Als Ausländer wird man nur wenig sprachliche Probleme haben, wenn man in Griechenland reist, da ein Großteil der Bevölkerung deutsch oder englisch, evt. auch französisch, spricht.

Wirtschaft

Griechenland ist, wen wird es wundern, ein ausgesprochenes Agrarland. Ca. 40 % aller Erwerbstätigen sind in der Landwirtschaft beschäftigt, ihr Anteil am Bruttosozialprodukt beträgt jedoch nur ca. 22 Prozent. Da in den meist kleinbäuerlichen Betrieben noch veraltete Methoden verwandt werden, ist die Produktivität entsprechend gering. Trotzdem können alljährlich die landwirtschaftlichen Exportgüter gesteigert werden und speziell der griechische Tabak, Gemüse und Obst (vor allem Orangen, Äpfel, Pfirsiche, Weintrauben etc.) sind im Ausland gefragte Güter. Auch Olivenöl – das Land besitzt ca. 65 Millionen Olivenbäume – das vielfach noch heute mit mittelalterlichen Methoden gewonnen wird, ist ein gefragter Exportartikel.

Die Industrie, die zum größten Teil in Kleinbetriebe zersplittert ist, steht in relativ raschem Aufbau und beschäftigt bereits ca. 25 % aller Erwerbstätigen.

Das Dienstleistungsgewerbe, der Tourismus sowie Handeln etc. beschäftigt die restlichen 35 % der Erwerbstätigen und stellt den am stärksten wachsenden Arbeitszweig dar.

Die Fischerei, der man auf Grund der langen Küsten eine bedeutende Rolle zuordnet, kann die Erwartungen nicht erfüllen. Die Ägeis ist im allgemeinen ein sehr fischarmes Meer, und daher kann Griechenland kaum seinen eigenen Bedarf decken. Ein wichtiger Nebenerwerbszweig ist die Schwammtaucherei, die in den Sommermonaten erfolgreich durchgeführt wird.

Klima

Griechenland hat ein typisches Mittelmeerklima mit sehr heißen und fast regenlosen Sommern sowie milden Wintern mit heftigen, aber kurzzeitigen Regenfällen. Selten sind Tage, wo nicht einmal die Sonne durch die Wolken bricht. Athen z. B. kann mit ca. 350 Sonnentagen im Jahr aufwarten.
Der Frühling, die schönste Jahreszeit in Griechenland wie in allen anderen europäischen Ländern, beginnt ca. im Monat März und zieht sich bis in den Mai hinein. Der Sommer macht sich dann durch steigende Hitze und Trockenheit bemerkbar und geht ca. Ende Oktober nahezu übergangslos in den Herbst über. Heftige Regenfälle von kurzer Dauer verkünden dann den Winter, die Sonne läßt sich jedoch nahezu täglich sehen.
Südliche Gebiete wie der Peloponnes oder gar Kreta und Rhodos werden daher in zunehmenden Maße auch ein Winterziel für den ausländischen Tourismus, was der Entwicklung des Landes sehr zugute kommt.

Reiseinformationen

Reisepaß und Visum
Ein Reisepaß und Visum
Ein Reisepaß ist für die Bewohner der meisten, mitteleuropäischen Länder nicht erforderlich. Zur Einreise genügt ein Personalausweis, wenn ein Aufenthalt unter drei Monaten geplant ist. Jedoch benötigt man für die Durchreise von Jugoslawien unbedingt einen Reisepaß.
Jugendliche und Kinder müssen in Besitz eines Kinderausweises sein. Ein Visum ist in keinem Fall erforderlich, wenn nicht ein Beruf ausgeübt werden soll.

Devisenbestimmungen
Ausländische Zahlungsmittel können in beliebiger Höhe eingeführt werden, jedoch bei Ausreise ohne Devisendeklaration darf der Gesamtbetrag die Höhe von 550 US-Dollar nicht überschreiten. Griechische Banknoten können in Höhe von 750 Drachmen ein- und ausgeführt werden. An den Grenzen wird häufig nach Höhe der Zahlungsmittel gefragt und gelegentlich werden auch Kontrollen durchgeführt.

Zollbestimmungen
Alle Gegenstände des persönlichen Bedarfes können zollfrei ein- und ausgeführt werden. Hierzu zählen Kleidungsstücke, ein Kofferradio, ein Fotoapparat, eine Schreibmaschine sowie ein Tonbandgerät etc.! Ungebrauchte, neue Gegenstände dürfen bei Import den Gegenwert von 150 US-Dollar nicht übersteigen.

Reiseinformationen

Antiquitäten aller Arten dürfen grundsätzlich nicht ausgeführt werden. Bei kleineren Gegenständen können unter Umständen Ausnahmen gemacht werden, jedoch muß man dann die Genehmigung der Direktion für Altertümer und Wiederaufbau in Athen einholen.

Gesundheitsvorschriften

Es herrschen keine ungewöhnlichen Gesundheitsvorschriften, außer man kommt aus Ländern, in denen schwere, infektiöse Krankheiten herrschen. Dann sind auf alle Fälle entsprechende Impfungen oder Gesundheitsatteste erforderlich.

Haustiere können auch in das Land gebracht werden, jedoch werden an der Grenze ein internationaler Impfpaß sowie häufig ein amtsärztliches Gesundheitsattest verlangt. Es empfiehlt sich, das Attest von einem offiziellen Übersetzer in die griechische Sprache übersetzen zu lassen.

Formalitäten für den Kraftfahrer

Für Aufenthalte unter 4 Monaten benötigen Touristen keinerlei Grenzdokument (Carnet de Passage, Triptik) für ihr Fahrzeug.

Jedoch wird von jedem Autofahrer ein nationaler Führerschein, die nationalen KFZ-Papiere und ein Nationalitätenschild (D, A CH) verlangt. Außerdem muß die ‚Grüne Versicherungskarte' ordnungsgemäß ausgestellt und mitgeführt werden. Andernfalls kann an der Grenze eine Kurzzeitversicherung abgeschlossen werden.

Schweizer benötigen einen internationalen Führerschein.

Verhalten bei einem Unfall

Sollten Sie in einen Unfall verwickelt werden, so rufen Sie unbedingt die Polizei und lassen den Vorgang aufnehmen. Außerdem empfiehlt es sich sehr, genaue Fotos von der Lage der Fahrzeuge, von den Schäden und evt. vom Fahrer zu machen, um spätere Komplikationen mit den Versicherungen zu erleichtern. Versuchen Sie auch, Zeugenadressen zu bekommen und die Polizeistelle festzustellen, die für das Gebiet des Unfalles zuständig ist.

Benzin

Auf Grund der steigenden Benzinpreise der letzten Jahre wurde auch in Griechenland das Benzin sehr teuer. Für Touristen wurden Benzingutscheine ausgegeben, ein Service, der im Jahr 1979 nicht mehr bestand.

Erkundigen Sie sich an der Grenze nach diesen Möglichkeiten, denn wenn Sie einmal im Land sind, ist es meistens zu spät.

Straßenkarten

In den Fachbuchhandlungen Ihres Heimatlandes lassen sich hervorragende Straßenkarten finden, die auf dem neuesten Stand sind.

Geld

Die Grundeinheit der griechischen Währung ist der Drachmen, der sich in 100 Lepta teilt.

Euroschecks werden in allen größeren Banken eingelöst, gegen Vorlage der Scheckkarte. Reiseschecks werden häufig direkt in Zahlung genommen.

Nach den gültigen Umwechselkursen erkundigen Sie sich am besten bei Ihrer Bank im Heimatland.

Uhrzeit
Griechenland liegt grundsätzlich eine Stunde vor der MEZ Zeit. Im Sommer, vom 12. April bis 26. Oktober, muß die Uhr zwei Stunden vorgestellt werden.

Bedienungs- und Trinkgelder
Trinkgelder sind in Griechenland ebenso willkommen wie in allen anderen Ländern Europas. Geben Sie nach Gefühl, speziell, wenn Sie mit dem Service zufrieden waren.
Sollten Sie einmal von dem Besitzer einer Taverna selbst bedient werden, so ist ein Trinkgeld unangebracht. Vergessen Sie aber möglichst nie den kleinen Jungen, der Ihnen die Getränke bringt, denn das Trinkgeld ist sein einziges Einkommen.

Ladenschluß
Griechische Läden sind im Sommer in der Regel von 8.30 bis 13.30 und von 17 bis 20 Uhr geöffnet.
Die Banken haben folgende Öffnungszeiten:
8–13 Uhr – Die Nationalbank ist auch samstags und sonntags in den Vormittagstunden geöffnet.
In stark besuchten Touristikorten sind die Läden auch zumeist an den Sonntagen geöffnet, und in den Abendstunden wird die Ladenschlußzeit sehr individuell gehandhabt.

Ärztliche Hilfe
Erkundigen Sie sich bei Ihrer örtlichen Krankenkasse nach den Auslandskrankenscheinen und sonstigen Serviceleistungen.

Information
Reiseinformationen über das Land erhalten Sie bei:
Griechische Zentrale für Fremdenverkehr, Neue Mainzer Straße 22, 6000 Frankfurt/Main, Tel. 23 65 61.
Griechische Zentrale für Fremdenverkehr, Pacellistraße 2, 8000 München 2, Tel. 22 20 35
Pressebüro Griechenland, Gottfried-Keller-Straße 7, Zürich, Schweiz
Pressebüro Griechenland, Kärntner Ring 5, 1100 Wien, Österreich

Konsulate
5300 Bonn/Bad Godesberg, Rheinallee 76 (Botschaft)
1000 Berlin 30, Nollendorfplatz 8/9
4600 Dortmund, Kaiserstraße 18
4000 Düsseldorf, Kaiserstraße 30 a
6000 Frankfurt/Main, Cronstettenstraße 64
2000 Hamburg 13, Abteistraße 33
8000 München 22, Prinzregentenstraße 78
Außerdem in Wien, Salzburg, Genf, Bern, Zürich.

Camping allgemein

Konsulat der BRD:
Athen, Loukianou 3
Patras, Platia Georgiou A 50

Österreichische Gesandschaft:
Athen 148, Alexandras 26
Saloniki, Egnatias 39

Schweizer Gesandschaft:
Athen 601, Iasiou 2

Camping allgemein

Vor zehn bis fünfzehn Jahren war Camping in Griechenland noch ein relativ unbedeutender Touristikzweig. Nur wenige, einfache Plätze boten Übernachtungsmöglichkeiten an.

Doch die Campingurlauber vermehrten sich, entdeckten die wunderschönen Buchten und Strände und zelteten in der freien Natur. Die griechische Bevölkerung paßte sich an und baute Campingplätze, um den Gästen mehr Komfort zu bieten. So entstand ein organisiertes Campingwesen, das speziell in den letzten Jahren rasche Fortschritte machte und sich über das ganze Land verbreitete. Heute hat man Auswahl unter ca. 100 Anlagen, deren Einrichtungen und Komfort äußerst unterschiedlich sind.

Private Platzhalter unternahmen bedeutende Anstrengungen, um ihre Anlagen den allgemeinen, westlichen Anforderungen gerecht werden zu lassen, und die Erfolge in qualitativer Hinsicht sind erstaunlich.

Die griechische Zentrale für Fremdenverkehr baute ein eigenes Netz von Campingplätzen auf, die alle unter den Buchstaben ‚EOT' benannt wurden. Diese Anlagen sind äußerst modern, nahezu steril, liegen jedoch an den schönsten Plätzen der griechischen Küsten.

Heute findet der Urlauber gewisse Campingzentren, die auf der Halbinsel Chalkidiki, bei Platamon, Athen, Tolon und Kalamata sind. In diesen Gebieten entstanden in erstaunlich kurzer Zeit zahlreiche Anlagen von guter bis sehr guter Qualität. Den Auswahlmöglichkeiten und Geschmäckern sind keine Grenzen gesetzt.

Auch auf den Inseln lassen sich Campingplätze finden, wobei Korfu an der Westküste des Landes und Kreta im Süden von Griechenland führend sind. Günstige Fährverbindungen erleichtern die Anfahrt, und die Nachfrage an Stellplätzen ist groß. Die zahllosen, restlichen Inseln weisen noch keine Campinganlagen auf, die erwähnenswert sind, will man einmal von Thassos an der nordgriechischen Küste absehen.

‚Wildes' Camping wird zwar toleriert und zumeist auch gestattet, jedoch ist es nicht gerne gesehen. In der Nähe antiker Stätten ist es grundsätzlich verboten. Entdeckt man ein paradiesisches Fleckchen, das seinem persönlichen Geschmack entspricht, so setzt man sich am besten mit dem Besitzer des Landes in Verbindung und holt eine Erlaubnis ein. Dies hat zugleich den Vorteil, daß man mit Trinkwasser und einfachen Grundnahrungsmitteln freundlichst versorgt wird.

Anfahrtswege nach Griechenland

Route 1: Der sogenannte „Autoput"

München – Salzburg – Klagenfurt – Dravograd – Maribor – Zagreb – Beograd – Nis – Skopje – Saloniki (1620 km)

Nach wie vor der schnellste, direkteste und einfachste Weg nach Griechenland ist der sogenannte „Autoput", ein zweispuriges, geradlinig durch das Inland von Jugoslawien führendes Betonband, das vor ca. 30 Jahren buchstäblich aus dem Dreck „gestampft" wurde. Heute bevölkern Unmengen von Gastarbeitern, Touristen, Fernlastwagen und der stark aufgekommene, innerjugoslawische Verkehr diese Route, die zum „Problemkind Nr. 1" des europäischen Straßennetzes wurde. Unfälle am laufenden Band, lange Kolonnen und stundenlange Wartezeiten sind an der Tagesordnung. Nur mit einer gehörigen Portion Vorsicht und sehr defensiver Fahrweise kann man heil „über die Runden" kommen.

Der Straßenzustand ist durchwegs als gut bis sehr gut anzusprechen, wird in den letzten Jahren ständig verbessert und neue Autobahnteilstücke werden dem Verkehr freigegeben.

Gelegentliche Nachtfahrten, speziell für gute Autofahrer, sind sehr zu empfehlen, da sie den Stundendurchschnitt erheblich erhöhen. Gerade der Autoput ist nachts zwischen 23.00 und ca. 6.00 Uhr so gut wie ausgestorben und selbst die Esel, die hier einmal auf der Straße schliefen, existieren nicht mehr. Vorsicht nur vor den unbeleuchteten, geparkten Lastwagen.

Warnen sollte man auf dieser Strecke noch vor den sogennanten „Geschwindigkeitskontrollen", die per Radar, Pseudo-Radar und „über den Daumen peilen" von der Polizei vorgenommen werden, um Devisen in die Staatskasse zu bringen. Vermeiden können Sie diesen „Aderlaß" nur durch äußerst korrekte Fahrweise und absolute Starrköpfigkeit. Nur nachts bleiben Sie unbehelligt.

Route:

0 km: Beginn der Autobahn Salzburg in Ramersdorf, einem Vorort von München.

9 km: Einmündung der Ringautobahn München (direkte Verbindung Autobahn Nürnberg mit der Autobahn Salzburg).

25 (16) km: Tankstelle und Ausfahrt Holzkirchen.

36 (11) km: Ausfahrt Seehamer See mit schöner Badegelegenheit und *Camping Seehamer See* (unmittelbar zwischen der Autobahn und dem Seeufer, sehr leicht zu finden, jedoch laut).

50 (14) km: Ausfahrt Bad Aibling – 4 km südlich der sehr empfehlenswerte *Camping Burmah Park* bei Bad Feilnbach (sehr gute Anlage mit bestem Komfort und Ruhe).

56 (6) km: Inntal – Autobahndreieck, direkte Autobahn über Kufstein und Innsbruck sowie Brenner nach Italien.

77 (21) km: Ausfahrt Bernau – Hauptzugang zum Chiemsee mit Ausflugsmöglichkeit zum Schloß Herrenchiemsee. In unmittelbarer Nähe der Ausfahrt beim Gästehaus Mariengrund der *Camping Mariengrund*, ein einfacher Übernachtungsplatz.

Anfahrtsrouten

99 (22) km: Ausfahrt Siegsdorf/Traunstein – Tankstelle mit Erfrischungen – Zufahrt zur Deutschen Queralpenstraße.

122 (23) km: Ausfahrt Bad Reichenhall – sehr besuchenswertes Salzbergwerk – *Camping Staufeneck,* von der Ausfahrt 2,5 km in Richtung Reichenhall, dann rechts ab (schön gelegener und ruhiger Übernachtungsplatz an dem Fluß Saalach mit sehr guter Ausstattung).

125 (3) km: Deutsch-österreichischer Grenzübergang Schwarzbach – bei langen Wartezeiten folgender Geheimtip: Vor der Grenze nimmt man die Autobahnausfahrt Bad Reichenhall, dann 3 km in Richtung Reichenhall bis zur Einmündung in die Straße Nr, 21, hier links ab in Richtung Salzburg, Wals, Siezenheim, und nach 5 km zum Grenzübergang Walserberg. Hier weiter in Richtung Salzburg und nach 4,5 km wieder auf die Autobahn in Richtung Hallein und München (!).

127 (2) km: Autobahndreieck Salzburg – nach links (nördlich) in Richtung Salzburg und Wien – wir halten uns nach rechts in Richtung Hallein.

156 (29) km: Autobahnausfahrt Golling – Tankstellen – Rastplatz – Beginn zweier langer, einspuriger Autobahntunnel – gelegentliche Wartezeiten.

174 (18) km: Autobahnausfahrt Werfen – Ausgangspunkt der sehr schönen „Eisriesenwelt", eindrucksvolle, 40 km lange Eishöhlen.

190 (16) km: Autobahnausfahrt Radstadt – von hier führt eine kürzere, aber vielbefahrene Strecke (Landstraße) über Liezen und Leoben nach Graz.

227 (37) km: Mautstelle der Tauernautobahn bei Murtal – Ausfahrt – von hier 3 km zum Ort St. Michael und zum *Camping St. Michael,* einer mit Bäumen bestandenen Bergwiese beim Sportplatz mit guten Einrichtungen.

237 (10) km: Autobahnausfahrt Rennweg – von hier breite, sehr kurvenreiche Landstraße zum Ort Gmünd.

254 (17) km: Autobahnausfahrt bei Gmünd –

265 (11) km: Autobahndreieck Lieserhofen – hier in Richtung Villach.

268 (3) km: Autobahnende Spittal – hier auf der Landstraße 100. Das hübsche Städtchen Spittal mit einem schönen Renaissanceschloß und prächtigem Park lohnt einen Besuch.

303 (35) km: Villach, die zweitgrößte Stadt Kärntens, mit der malerischen, gotischen St. Jakobskirche. Ab hier wieder Autobahn in Richtung Klagenfurt.

340 (37) km: Klagenfurt – mehrere Campingplätze am Seeufer, im Sommer meist überbelegt.

399 (59) km: von Klagenfurt über Völkermarkt und Lavamünd (Straße Nr. 80) zur österreichisch-jugoslawischen Grenzstelle bei Dravograd, allgemein wenig Grenzverkehr.

470 (71) km: Maribor – die Strecke von Dravograd nach Maribor ist landschaftlich sehr schön und führt an der Drau entlang. 7 km vor der Stadt der *Camping Bresternica,* eine ordentliche und saubere Anlage am Fluß.

594 (124) km: Zagreb – hier stößt man auf den sogenannten Autoput. Zagreb wird auf der neuen Stadtautobahn problemlos umgangen. Die folgenden 370 km bis Belgrad (Beograd) – hinter Zagreb ein neues Autobahnstück von ca. 120 km Länge – verlaufen in einer eintönigen, ermüdenden Landschaft, die außer weiten Feldern und ausgedehnten Wäldern nichts zu bieten hat. In Abständen von 30–40 km liegen Tankstellen am Straßenrand, die zumeist mit Motels und Restaurants

verbunden sind. Auch Campingplätze sind bei den Motels zu finden, jedoch ist von einem Besuch dieser Anlagen auf Grund der fehlenden Sauberkeit abzuraten. Der einzige geeignete Platz ist *Camping Motel Spacva* bei der Ortschaft Vinkovci, ein erstaunlich gut gepflegter und sauberer Camping.

Am Straßenrand werden von sehr freundlichen Bauern verschiedene Arten von Obst etc. angeboten, und die Preise sind äußerst bescheiden. Übernachtungen auf den großen, öffentlichen Parkplätzen empfehlen sich nicht, da man mit ständigen Ruhestörungen rechnen muß, und morgens unter Umständen total eingekeilt ist.

964 (370) km: Beograd – 35 km vor Beograd erreicht man wieder ein Teilstück Autobahn, auf dem man auch den Flughafen passiert. – An der Stadtgrenze am Autoput liegt der *Camping Nacional*, sehr gut beschildert und unübersehbar. Dieser schön angelegte Übernachtungsplatz wird zwar durch die Autobahn ruhegestört, ist jedoch auf Grund seiner sehr guten Einrichtungen sehr zu empfehlen.

Belgrad wird nun auf der supermodernen Stadtautobahn durchquert, die sich seit 1979 um ca. 170 km in Richtung Nis verlängert hat. Hierdurch erspart man sich zeit- und nervenraubendes Kurvenkriechen in der nun hügeligen Landschaft.

1204 (240) km: Nis – im Vergleich zu früheren Zeiten erreicht man Nis durch die bereits fertiggestellten Autobahnteilstücke sehr rasch – unterwegs ausreichende Tankstellen und Rastplätze sowie Reparaturwerkstätten. Man durchquert diese wenig einladende und freundliche Stadt rasch in Richtung Sofia, und findet am Stadtausgang das *Camping Motel Mediana*, einen ordentlichen und akzeptablen Übernachtungsplatz (ganzjährig geöffnet).

Andernfalls halten wir uns am Ortsanfang von Nis in südlicher Richtung auf dem Autoput weiter.

Der Verkehr läßt hier schlagartig nach, die Straßenverhältnisse verbessern sich zusehends, und man spürt, daß man den Hauptverkehrsstrom hinter sich gelassen hat.

Man folgt nun dem fruchtbaren Tal des Juzna Morava Flusses, durchfährt auf reizvoller Strecke die Grdelica-Schlucht, und weiter durch hügeliges, weites Land.

1267 (63) km: Ausfahrt Predejane – in unmittelbarer Nähe des Autoputs und hinter den Gebäuden des Motels liegt der *Camping Predejane*, eine eingefriedete Wiese mit betonierten Platzstraßen und ausreichenden Anlagen, für Übernachtungen geeignet.

1369 (102) km: Kumanovo – in der Nähe dieses Dorfes beginnt eine neuausgebaute, großzügige Autobahn, die den alten ‚Autoput‘ ersetzt. Nach ca. 30 km erreicht man dann die Ausfahrt ‚Skopje‘, die nach 12 km zum Stadtzentrum leitet. Am Stadtrand findet sich *Camping Bellevue*, eine gepflegte Parkanlage mit sauberen und funktionstüchtigen Anlagen, jedoch ohne Warmwasser. Angeschlossen ist ein gleichnamiges Hotel. Dieser Platz ist der günstigste Ausgangspunkt für einen Besuch von Skopje, das 1963 durch ein schweres Erdbeben zerstört wurde.

Von Skopje nun weiter in südlicher Richtung durch die „schweren" Landschaften von Mazedonien, zum Teil durch karstige Hügellandschaften und grüne Täler. Später durchfährt man die Felsschlucht von Demir Kapija, das eiserne Tor von Mazedonien, das schon in der Geschichte eine bedeutende Rolle spielte.

1518 (149) km: Jugoslawisch-griechische Grenze – Restaurants, Tankstellen und Geldwechsel – man sollte nicht den Kauf von Benzingutscheinen für Griechenland vergessen.

1620 (98) km: Thessaloniki.

Route 2: „Ein Schleichweg"

Ljubljana – Novo Mesto – Karlovac – Bihac – Petrovac – Jajce – Sarajevo – Titovo Uzive – Cacak – Mitrovica – Skopje – 1147 km

Diese Route, ein wahrhaftiger Schleichweg, ist eine echte Alternative zum Autoput, erfordert zwar ca. einen halben Tag mehr Fahrzeit, ist jedoch landschaftlich sehr interessant und verkehrsmäßig ohne Probleme zu bewältigen. Die Straßen sind ohne Unterbrechung gut ausgebaut, frisch asphaltiert und oftmals begradigt, was sich jedoch noch nicht herumgesprochen hat. Daher ist auch das Verkehrsaufkommen im Verhältnis sehr gering und man kommt zügig vorwärts.

Der Ausgangspunkt – Ljubljana – ist entweder von Triest (siehe Route C) auf größtenteils schon fertigen Autobahnen zu erreichen (104 km), oder von Klagenfurt über den kurzen Weg des Loibl-Passes (82 km) (siehe Route A-1).

Route:

0 km: Ljubljana – wir wenden uns in östlicher Richtung auf der Schnellstraße nach Zagreb – Achtung am Stadtrand, häufige Radarkontrollen.

63 km: Novo Mesto – wir verlassen den sogenannten Autoput, fahren durch die hübsche Stadt in einer Schleife des Flusses Krka und halten uns auf einer guten Asphaltstraße in südöstlicher Richtung.

131 (68) km: Karlovac – dies Städtchen kann auch von Zagreb über die neue Autobahn schnell erreicht werden (45 km) (Zagreb – siehe Route A-1). Am Stadtrand an der Straße nach Split liegt das *Autocamp Karlovac,* das unübersehbar zwischen Straße und Fluß sich als sehr günstige Übernachtungsmöglichkeit anbietet. Einfache Anlagen, jedoch Bademöglichkeit im Fluß.
Wir halten uns weiter auf der gut ausgebauten Straße nach Split, und erreichen nach 54 km das Städtchen Slunj mit äußerst malerischen Wasserfällen und zwei alten Burgruinen.
Weiter in südlicher Richtung.

216 (85) km: Parkplatz hoch über den Plitwitzer Seen. Ausgangspunkt für herrliche Ausflüge und Bademöglichkeiten.
Um die Seen voll kennenzulernen, bleiben wir auf der Uferstraße.

227 (11) km: Plitvicki Ljeskovac – hier am Südende der Seen biegen wir nach links ab, und folgen einer waldreichen Landstraße.
Im Ort Plitvice bietet sich der *Camping Medvedjak* an, ein ruhig gelegener, ausreichend ausgestatteter Übernachtungsplatz. Gute Beschilderung vorhanden.

255 (28) km: Bihac – das überwiegend mohammedanische Städtchen besitzt viele Überreste aus der lebhaften Vergangenheit.

Von hier fahren wir auf einer sehr gut ausgebauten Schnellstraße in südöstlicher Richtung.

309 (54) km: bos. Petrovav – im Städtchen eine Straßenkreuzung – nach Süden in Richtung Split – wir halten uns jedoch weiter in östlicher Richtung.

411 (102) km: Jajce – eine malerisch gelegene, alte bosnische Königsstadt mit dem prächtigen Pliva-Wasserfall (Parkplatz an der Hauptstraße). Gute Übernachtungsmöglichkeit auf dem *Autocamp Jezero,* einer teils schattigen Wiesenanlage mit ausreichender Ausstattung in der Nähe der alten Wassermühlen an der Straße von Bihac.
Weiter in südöstlicher Richtung.

446 (35) km: Donji Vakuf – hier links ab in Richtung Sarajevo.
Auf landschaftlich großartiger Strecke durch lange Flußtäler und flache Pässe mit vielen interessanten Sehenswürdigkeiten am Wegesrand.

577 (131) km: Sarajevo – die wegen ihres Stadtbildes besonders sehenswerte Stadt bietet neben einem Basar und etlichen Moscheen sehr interessante Museen und eine alte Zitadelle.
Auch eine Übernachtungsmöglichkeit wird auf dem *Camping Ilidza* geboten, jedoch lassen die Sanitäranlagen sehr zu wünschen übrig. Die Zufahrt zum Platz führt von der Stadt in Richtung Mostar, ca. 8 km.
Wir halten uns nach Nordosten in Richtung Beograd, und fahren in Windungen bergan mit Ausblicken auf den tief unten brausenden Fluß. Prächtige Ausblicke in die felsigen Täler.

624 (47) km: Prodromanija – wir verlassen die nach Belgrad führende Strecke und biegen nach rechts ab.

672 (48) km: Straßenkreuzung – rechts nach Dubrovnik – links weiter unsere Route über Visegrad.

776 (104) km: Titovo Uzive – eine hübsch gelegene Industriestadt (Milchwirtschaft). Weiter in östlicher Richtung.

840 (64) km: Cacak – hier stoßen wir auf die Hauptstraße Belgrad – Skopje. Über Mitrovica (siehe Route C) erreichen wir

1147 (307) km: Skopje (siehe Route 1) mit Campingplätzen.

Route 3: „Die Magistrale"

München – Innsbruck – Brenner – Verona – Venedig – Triest – Rijeka – Split – Dubrovnik – Titograd – Ivangrad – Mitrovica – Skopje – weiter Route 1 – 1964 km

Dieser Anfahrtsweg nach Griechenland erfordert zwar ca. einen vollen Tag mehr Zeit, zählt aber zu den schönsten Straßen, die in Europa zu befahren sind. Für Eilige absolut ungeeignet, da 1001 Kurven zu bewältigen sind, bietet diese Route für den „Verweilenden" unvergeßliche Natureindrücke und stellt bereits den Anfang vom Urlbaub dar.
Italien wird auf modernen Autobahnen rasch durchquert. Jugoslawien auf der „Magistrale" (Küstenstraße), die sich in einem hervorragenden Zustand befindet, gründlich erforscht, bevor man in die wilden Berge des „Montenegro" eintaucht und schließlich in Skopje die Zivilisation wieder erreicht. Der restliche Weg ist wieder der Hauptroute einzuordnen.
Abgesehen von den hohen Geschwindigkeiten auf den Autobahnen in Italien,

Anfahrtsrouten

den zahllosen Kurven der jugoslawischen Magistrale, die bei Regen durch glatten Asphalt und bei Wind durch die lawinenartigen Böen äußerst unangenehm sein können und den windungsreichen Bergstraßen des Montenegro mit unproblematischen Pässen, sind keine weiteren Schwierigkeiten zu erwarten. Städte, Dörfer, Tankstellen, Reparatur-Werkstätten und Campingplätze sowie herrliche Bademöglichkeiten liegen am Wegesrand, und bieten sich zu Ausflügen und Rastpausen an.

Route:

0 km: Beginn der Autobahn Salzburg in Ramersdorf, einem Vorort von München.

9 km: Einmündung der Ringautobahn München (direkte Verbindung Autobahn Nürnberg mit der Autobahn Salzburg).

25 (16) km: Tankstelle und Ausfahrt Holzkirchen.

36 (11) km: Ausfahrt Seehamer See mit schöner Badegelegenheit und *Camping Seehamer See* (unmittelbar zwischen der Autobahn und dem Seeufer, sehr leicht zu finden, jedoch laut).

50 (14) km: Ausfahrt Bad Aibling – 4 km südlich der sehr empfehlenswerte *Camping Burmah Park* bei Bad Feilnbach (sehr gute Anlage mit bestem Komfort und Ruhe).

56 (6) km: Autobahndreieck Inntal – hier biegen wir rechts in Richtung Kufstein ab und folgen dem breiten Tal des Flusses Inn in die Berge hinein.

98 (42) km: Grenzstation Kiefersfelden (deutsch-österreichische Grenze). Bei langen Wartezeiten folgender Tip: Man benützt die AB-Ausfahrt Kiefersfelden, fährt durch den Ort hindurch zur Grenzstation an der alten Landstraße, und trifft nach weiteren 3 km wieder auf Wegweiser zur Autobahn (Umweg ca. 8 km).
Wir passieren das malerische Städtchen Kufstein (in der alten Burg die „Heldenorgel" mit sonntag-morgendlichen Orgelkonzerten) und fahren das sich nun verengende Inntal hinauf.

139 (41) km: AB-Ausfahrt Zillertal/Achensee – unmittelbar bei der Ausfahrt liegt der *Camping Inntal-Stadl*, ein schön terrassiertes Wiesengelände mit herrlichem Blick über die Autobahn hinweg auf das Zillertal. Gute Einrichtungen und Service, idealer Übernachtungsplatz.

173 (34) km: Innsbruck – von der Autobahn bietet sich ein herrliches Panorama auf die Stadt und die umgebenden, hohen Kalkberge an. Anfang des mautpflichtigen Teiles der Brenner-Autobahn.

182 (9) km: Mautstelle der AB-Brenner und Ausfahrt ins Stubaital.
Im weiteren Verlauf der Autobahn Tankstellen mit günstigen Einkaufsmöglichkeiten von Benzingutscheinen für Italien (meist keine Wartezeiten).

210 (28) km: Grenzstation Brenner (österreichisch-italienische Grenze). Hier beginnt die italienische Autobahn, die sich in großzügigen Windungen auf modernen Trassen bergab schlängelt (Maut).

247 (37) km: Brixen (Bressanone) – die hübsch gelegene Stadt bietet sowohl einen ordentlichen Campingplatz *Camping Löwen* (ganzjährig geöffnet, gut ausgestatteter Platz beim gleichnamigen Gasthof an der alten Brennerstraße bei km 48/I) als auch ein vorzügliches Hotel-Restaurant „Zum Elephanten". Versuchen Sie die „Elephanten-Platte".

294 (47) km: Bozen (Bolzano) – AB-Ausfahrt – ein Besuch der Altstadt mit den diversen Weinlokalen ist sehr lohnenswert.

435 (141) km: AB-Ausfahrt Verona Nord – 4 km westlich von hier an der Hauptstraße nach Brescia liegt der gute Übernachtungsplatz *Camping Romeo und Julia* mit zufriedenstellenden Einrichtungen und Schwimmbad.
Kurz danach das Autobahnkreuz Verona – hier in östlicher Richtung nach Venezia.

545 (110) km: Autobahnende Mestre – Ausfahrt nach Venedig – wenn man der Hauptstraße nach Ravenna 400 m folgt, stößt man auf den *Camping Jolly Piscine*, einen sehr günstig gelegenen Übernachtungsplatz mit guten Anlagen und Schwimmbad.
Weiter auf der über den Häusern führenden Stadtautobahn in Richtung Trieste.

710 (165) km: Autobahnende Trieste – weiter in Richtung Rijeka.

722 (12) km: Grenzstation Trieste (italienisch-jugoslawische Grenze) – großer Grenzübergang mit Geldwechsel (Benzin-Coupons) und Restaurant.

768 (64) km: Rijeka – wichtiger Industrie- und Kriegshafen für Jugoslawien, Ausgangspunkt zahlloser Fähren auf die Inseln und nach Dubrovnik. Hier steht man am Anfang der „Magistrale", einer zauberhaften Küstenstraße mit herrlichen Badegelegenheiten und prächtigen Aussichten.

799 (13) km: Bakarac – im tiefsten Grund dieser fjordähnlichen Bucht liegt unmittelbar an der Küstenstraße der *Camping Bakarac*, ein günstiger Übernachtungsplatz mit ausreichenden Anlagen und erstaunlicher Ruhe. Ein Motel-Hotel ist dem Platz vorgelagert.
Wir folgen nun dieser Küstenstraße, die breit ausgebaut und sehr kurvenreich an den kahlen Abhängen des Dinara-Gebirges ständig am oder über dem Meer verläuft. Die Landschaft ist trotz ihres öden Charakters äußerst reizvoll und beeindruckend.
Man stößt immer wieder auf kleine Dörfer, Tankstellen und Mini-Campingplätze, die selbst in der Hochsaison genügend Platz bieten.

870 (71) km: Senj – Fährhafen zur Insel Krk und malerischer Fischerort.

942 (72) km: Karlobag – Fährhafen zur Insel Pag.

1036 (96) km: Zadar – dieses wunderschöne Städtchen mit subtropischer Vegetation lädt zu einer Badepause und einer evtl. Übernachtung ein. Hierzu ist der *Camping Borik* sehr geeignet, der einen kleinen Strand sowie sehr gute Anlagen besitzt. In der Hochsaison ist der Platz jedoch zum Teil überfüllt. Der Platz liegt 5 km nördlich der Stadt und ist nach der Beschilderung „Borik" leicht zu finden.
Der Charakter der „Magistrale" verändert sich nun, die Landschaft wird flach, mit weiten Feldern und Wäldern, wobei sich die Straße ständig weiter am Meer hält. Freie Campinggelegenheiten lassen sich zahlreich finden.

1199 (163) km: Split – diese ehemals schöne Stadt hat durch den Bau von großen Industrieanlagen wesentlich verloren, und besitzt nur noch ein schwaches Abbild ihrer früheren Schönheit.
Gute Möglichkeiten für Übernachtungen bietet das *Autocamp Ribnjak*, das ca. 40 km südlich von Split direkt an der Küstenstraße liegt, und einen

seltenen Sandstrand aufweist. Die Ausstattung ist einfach, aber ausreichend.

Die „Magistrale" verläuft nun weiter an den Hängen des Küstengebirges mit prächtigen Aussichten und Badegelegenheiten und vielen, kleinen Campingplätzen, die jederzeit für Übernachtungen zur Verfügung stehen.

1424 (225) km: Dubrovnik – diese Perle an der jugoslawischen Adria wurde 1979 durch ein Erdbeben zum Teil zerstört, ist jedoh immer noch einen Besuch wert. Prächtig ist die Aussicht von der hoch über der Stadt vorbeiziehenden Umgehungsstraße auf das Meer und den Hafen.

6 km südlich von Dubrovnik liegt bei dem Dorf Kupari der Campingplatz *Autocamp Kupari* mit modernen, jedoch nicht sehr gepflegten Anlagen. Zum Strand ca. 300 m über die vielbefahrene Küstenstraße.

Die Magistrale verläuft nun teilweise im Inland und stößt bei Hercegnovi wieder ans Meer. Der riesige Fjord (Bucht von Kotor) kann entweder umfahren werden, oder mit einer Fähre in 10 Minuten überquert werden. Weiter durch das Inland, bis man bei Budva wieder das Meer erreicht.

1518 (94) km: Budva – dieses kleine Ferienzentrum bietet neben drei schönen Sandstränden den *Camping Jaz*, eine ausgedehnte Anlage mit FKK-Strand. Die einfachen Sanitäranlagen stehen in keiner Relation zur Platzgröße, jedoch ist immer eine Übernachtungsmöglichkeit zu finden. 8 km südlich von Budva liegt Sveti Stefano, ein ehemaliges Dorf auf einer winzigen Insel, das heute rein als Hotel benützt wird. Schöne Badestrände.

1529 (11) km: Abzweig von der Küstenstraße – die Magistrale folgt weiterhin durch steile Berghänge dem Meer zum kleinen Städtchen Bar.

Unsere Route biegt links (nach Norden) ab, und zieht sich in Schleifen bergan (max. 12 %), überwindet einen Paß (schöner Rückblick auf die Küste) und fällt danach wieder in die Senke des Sees Skadarsko ab. Durchwegs gut und breit asphaltiert erreichen wir

1584 (55) km: Titograd – die unbedeutende Stadt weist am nördlichen Ortsrand das *Motel Camp Zlatica* auf, eine günstige Übernachtungsgelegenheit mit ausreichenden Anlagen und Versorgung.

Dies ist der letzte offizielle Campingplatz vor Erreichen von Skopje (ca. 270 km).

Von Titograd fahren wir in nördlicher Richtung (Straßenschilder: Beograd) im Moraca-Tal an zwei alten Klöstern vorbei bergan zum Crkvina-Sattel, dann hinab zu dem in prächtiger, bewaldeter Gebirgslandschaft gelegenen Luftkurort Kolasin. Weiter nun schönen Gebirgstälern folgend erreichen wir eine große Straßenkreuzung.

1698 (114) km: Bedeutende Straßenkreuzung in der Nähe der Ortschaft Bijelo Polje. Geradeaus nach Norden die Hauptstraße nach Beograd, wir wenden uns nach rechts und folgen einem schönen, bewaldeten Bergtal leicht abwärts.

1728 (30) km: Ivangrad – hier teilen sich die Routen (gerade nach Süden führt die anfangs asphaltierte, später sehr schmale und steinige E-27 über den Cakor-Paß und Pec nach Skopje (ca. 250 km), landschaftlich sehr schön, aber für Caravans nicht zu empfehlen – nach links führt unsere Route über neu ausgebaute Gebirgsstraßen immer dem Tal des Flusses Ibar folgend.

1839 (111) km: Kosovska Mitrovica – bei dieser Stadt haben wir das wilde, montenegrinische Gebirge hinter uns gelassen, und folgen nun weiten Ebenen nach Süden.

1875 (36) km: Pristina – hier stößt die Route über den Cakor-Paß wieder mit unserer Route zusammen.

Auf breiten, zum Teil sehr geraden Asphaltstraßen fahren wir weiter in südöstlicher Richtung.

1964 (89) km: Skopje – Fortsetzung der Route siehe Route 1.

Route 4: „Der Ostweg"

München – Salzburg – Wien – Budapest – Szeged – Arad – Belgrad – 1059 km

Diese selten befahrene Anfahrtsroute nach Griechenland bietet zwar gute Straßen, auf denen ein rasches Vorwärtskommen möglich ist, jedoch hat man an der ungarischen Grenze stets mit langen Wartezeiten zu rechnen. Von Belgrad aus benützt man wieder den Autoput (siehe Route 1).

Route:

0 km: München

127 km: Autobahndreieck Salzburg (bis hierher siehe Route A-1). Man hält sich weiter auf der Autobahn nach Wien.

430 (303) km: Wien – neben vielen Sehenswürdigkeiten bietet die Hauptstadt von Österreich eine Anzahl von guten Campingplätzen.

Über Schwechat erreicht man

488 (58) km: die österreichisch-ungarische Grenze. Mit langen Wartezeiten und sehr genauen Kontrollen ist zu rechnen. Weiter in östlicher Richtung, und über Györ.

686 (198) km: Budapest – zahlreiche Ausflüge und ein Campingplatz bieten sich an. Auf der E-5 nun nach Süden.

856 (170) km: Szeged – im Ortszentrum biegt man nach Südwesten ab.

870 (14) km: Ungarisch-jugoslawische Grenze. Auch hier kann man mit langen Wartezeiten rechnen. Weiter nun über Subotica auf der E-5.

978 (108) km: Anfang einer schnellstraßenähnlichen Autobahn bei Novi Sad.

1059 (81) km: Beograd (Belgrad) – nun weiter auf der Route 1.

Jugosl. Grenze – Thessaloniki

Route: Kommt man von **Skopje** zur jugoslawisch-griechischen Grenze, so erwartet einen eine großzügig ausgebaute Zollstation, in der die Fahrzeuge zumeist in mehreren Reihen abgefertigt werden. Die Paßkontrollen werden rasch vorgenommen, der Zoll fragt nach evtl. zu deklarierenden Artikeln und nimmt mitunter auch eine Durchsuchung des Fahrzeuges vor. Einige Hundert Meter weiter erreicht man dann eine Tankstelle mit Snack-Restaurant sowie einen Laden und eine Bank.

Auf einer modernen Autobahn, anfangs vierspurig, dann zweispurig (wie die üblichen Autobahnen in Griechenland), durchfährt man dann das mazedonische Land, das flachwellig und baumlos einen wenig einladenden Eindruck macht. Auf dieser Strecke werden keine Mautgebühren erhoben, was jedoch den Verkehr nicht vergrößert. Nach ca. 43 km, bei einem kleinen Parkplatz, sieht man rechter Hand ein Schild Restaurant-Camping. Der Autobahnzaun wurde hier durchbrochen und auf einer 100 m langen Staubstraße wird das einfache Campinggelände unmittelbar neben der Autobahn erreicht. Die Frage ist nur, wie lange die griechischen Behörden diese Mini-Ausfahrt genehmigen. Später erreicht man dann ein großes Autobahndreieck, geradeaus (Westen) führt die Route nach Athen, wir wenden uns nach rechts in Richtung **Thessaloniki,** das nach insgesamt 70 km erreicht wird.

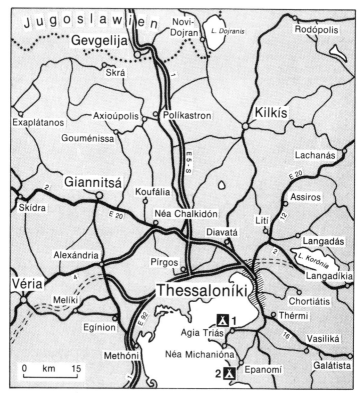

Thessaloniki (Saloniki)

Thessaloniki ist mit ca. 600000 Einwohnern die zweitgrößte Stadt von Griechenland und zugleich auch der zweitgrößte Hafen nach Piräus. Sie liegt am nördlichen Ende des Golfes von Saloniki an den Abhängen des ‚Chortiatis-Gebirges' und ist ein wichtiger Handelsknotenpunkt zwischen Europa und Asien. Der erste Eindruck auf den Besucher ist nicht gerade einladend, da an den Stadträndern zahlreiche Industrien zu finden sind, jedoch machen die byzantinischen Kirchen und der lebhafte Hafen es zu einem interessanten Ausflugsziel.

Die Stadt wurde bereits 315 v. Chr. von dem mazedonischen *König Kassandros* gegründet, der ihr nach einer Schwester von Alexander dem Großen den Namen *Thessaloniki* gab. Zur Zeit der Römer erfuhr die Stadt ihre erste, große Blütezeit, da sie ein Knotenpunkt für den Verkehr nach Byzanz wurde. Später gründete der *Apostel Paulus* hier die erste christliche Gemeinde Europas. Mit der Eroberung und Plünderung durch die Sarazenen begann ein wechselvolles Geschick. Sie fiel in die Hände der Normannen, Franken, Venezianer und der Türken, die sich bis 1912 halten konnten. Nach einem großen Brand im Jahre 1917 mußte die Stadt fast völlig neu aufgebaut werden, was heute vielfach zu sehen ist.

Wir beginnen unseren ersten Rundgang durch die Stadt am *König Konstantin Kai* (Vasileos Konstantinou Kai), der sich sehr belebt am Meer in südöstliche Richtung erstreckt. Am *Aristoteles-Platz* finden wir ein Informationsbüro, das kostenlos Unterlagen über die Stadt abgibt. Ein wenig weiter stoßen wir auf das *Volkskunstmuseum*, das einen guten Einblick in die regionalen Handwerkskünste gibt. Am deutschen Konsulat vorbei kommen wir dann zum *Weißen Turm,* der am Südostende des Kais liegt und eine herrliche Aussicht auf das Meer bietet. Dieser Turm war ehemals ein Wachturm der Venezianer, diente später als Gefängnis und erhielt vom Volk den Namen ,Blutturm'. Heute ist er das Wahrzeichen der Stadt.

Wir verlassen das Meer und gehen durch gepflegte Parkanlagen ein wenig stadteinwärts und stoßen auf den Haupteingang des Messegeländes. Gegenüber betreten wir das *Archeologische Museum*, das in seinen Räu-

Thessaloniki: Der weiße Turm

men vor allem Funde von Chalkidiki und Skulpturen aus allen Epochen sowie Mosaike etc. beherbergt.

Wir wenden uns nun in nördlicher Richtung in die Angelaki-Straße, biegen beim Platia Sintrivanig (Platz) in die Egnatia-Straße ab und stoßen kurz darauf auf den *Triumphbogen des Galerius*. Zwei Pfeiler dieses von Kaiser Galerius im III. Jahrhundert errichteten Bogens sind heute noch erhalten und zeigen Reliefdarstellungen aus seinen Feldzügen gegen die Perser.

Nur wenige Schritte weiter betreten wir die *Georgskirche* (Agios Georgiós), einen ursprünglich römischen Rundbau, der vermutlich als Mausoleum auf den Fundamenten eines Tempels errichtet wurde. Im 5. Jahrhundert wurde er in eine christliche Kirche umgewandelt, in der Türkenzeit als Moschee benützt (daher stammt auch die Ruine des Minaretts), und heute dient er als *Museum für byzantinische Kunst*. Beachtenswert sind die Mosaiken in der Kuppel. Nahezu unmittelbar benachbart ist die *Agios Panteleimon Kirche*, die wahrscheinlich aus dem 13. Jahrhundert stammt und von Besuchern gerne übersehen wird. Vielleicht gerade hierdurch ist sie besonders eindrucksvoll und lohnt einen kurzen Besuch. Wir gehen zurück in die Odos Egnatia Straße, die die Hauptverkehrsader der Stadt darstellt und mit zahlreichen Geschäften, Cafés und Restaurants zum Verweilen einlädt.

Nach wenigen Metern stoßen wir auf die *Agias-Paraskevi Kirche,* die aus dem 5. Jahrhundert stammt und als dreischiffige Marienbasilika mehrfach umgestaltet wurde. Im Jahr 1917 fiel sie dem großen Feuer zum Opfer, wurde jedoch wieder aufgebaut, wobei einige Mosaikreste erhalten blieben. Interessant ist die Raumwirkung im Inneren.

Gegenüber dieser Kirche wenden wir uns in die *Agia Sophia Straße* und kommen zur *Kirche der Heiligen Weisheit* (Agia Sophia), einem Kreuzkuppelbau aus dem 8. Jahrhundert, heute die Hauptkirche der Stadt. Beeindruckend ist die Architektur des Bauwerkes, das von den Bränden verschont blieb und daher noch ein schönes Mosaik – Madonna mit dem Jesuskinde – in der Hauptapsis zeigt.

Auch die Säulenkapitele verdienen besondere Beachtung.

Wir gehen zurück in die Egnatia-Straße und wenden uns nach links, wo wir bald die *Panagia ton Chalkeon Kirche* finden, die auch *Theotokos-Kirche* genannt wird. Sie stammt aus den Beginnen des 10. Jahrhundert und weist einige herrliche Fresken auf.

Durch die Aristoteles-Straße gehen wir südwärts, kommen an der Hauptpost vorbei und erreichen wieder unseren Ausgangspunkt am Meer in der Nähe des Aristoteles-Platzes.

Für einen zweiten Rundgang fahren wir vom erwähnten *Weißen Turm* stadteinwärts am Messeglände vorbei durch die ,Odos Vasilissis Sofias Straße', bis wir auf die Anfänge der Stadtmauer treffen. Hier parken wir das Fahrzeug und folgen der Stadtmauer hinauf zur *Zitadelle,* die an der Stelle der ehemaligen Akropolis in byzantinischer und türkischer Zeit angelegt wurde. Obwohl heute der Bau ein Gefängnis ist, sind die Reste der sieben Türme sehr sehenswert. Ein wunderbarer Blick erstreckt sich über die Stadt bis weit auf das Meer und zum Berg Olymp. Ein wenig unterhalb liegt die Kirche *Ossios David,* die ca. 500 n. Chr. erbaut wurde und ein herrliches Mosaik aufweist. Nicht weit entfernt sehen wir auf einem Felsen das *Kloster Vlatadon,* das als einziges erhaltenes Kloster von Saloniki kostbare, alte Handschriften besitzt. Speziell sehenswert sind die Kirche und ein schöner Garten, von wo aus man ein eindrucksvolles Panorama über die Stadt genießt. Gehen wir nun wieder in die Stadt hinunter, so können wir zahlreiche Gassen mit äußerst malerischem Charakter durchstreifen, die noch aus der Türkenzeit stammen. Ein kurzer Spaziergang nach Osten bringt uns zu unserem Ausgangspunkt zurück.

freytag & berndt
Autokarten

Österreich

AK 1 Österreich 1: 500 000 mit Kulturführer. Enthält u. a. auch Rastplätze, Mautstraßen, Fahrbeschränkungen
AK 13 Österreich 1: 600 000
GSÖ 1 Große Straßenkarte Österreich 1: 300 000 Bl. 1 (Nord)
GSÖ 2 Große Straßenkarte Österreich 1: 300 000 Bl. 2 (Süd)
GSÖ 3 Große Straßenkarte Österreich 1: 300 000 Bl. 3 (West)
GSÖ 4 Große Straßenkarte Österreich 1 : 250 000 Bl. Salzburg/ Salzkammergut
AK 25 Großglockner Hochalpenstraße 1: 50 000
AK 26 Autopanorama Tirol– Dolomiten 1: 460 000

Europa

AK 22 Europa 1: 3,5 Mill.
AK 14 Nordeuropa 1: 2 Mill.
AK 15 Westeuropa 1: 2 Mill.
AK 16 Mitteleuropa 1: 2 Mill.
AK 17 Osteuropa 1: 2 Mill.

Afrika

AK 30 Ägypten 1: 1 Mill. mit Kulturführer
AK 20 Nordafrika 1: 2 Mill.
AK 21 Kenya–Tanzania– Uganda 1 : 2 Mill.
AK 21T Tanzania 1 : 2 Mill.

Naher Osten

AK 18 Kleinasien 1: 2 Mill.
AK 19 Naher Osten 1: 2 Mill.

Mittel- u. Westeuropa

AK 2 Deutschland 1: 800 000
AK 3 Schweiz 1: 460 000
AK 4 Frankreich 1: 1 Mill.
AK 10 Ungarn 1: 600 000
AK 11 Tschechoslowakei 1: 600 000
AK 12 Polen 1: 750 000

Süd- und Osteuropa

AK 6 Italien 1: 650 000
AK 6N Norditalien 1: 500 000 mit Kulturführer
AK 061 Italien 1: 460 000 Bl. 1 (Riviera–Mailand– Verona)
AK 062 Italien 1: 460 000 Bl. 2 (Bozen–Triest– Ravenna)
AK 063 Italien 1: 460 000 Bl. 3 (Rom–Florenz– Ancona)
AK 5 Spanien–Portugal 1: 1 Mill.
AK 7 Jugoslawien 1: 600 000
AK 8 Griechland 1: 650 000 mit Kulturführer
AK 0802 Chalkidiki–Thessaloniki 1: 200 000 mit Kulturführer
AK 0803 Pelion–Skiathos–Skopelos 1: 100 000 mit Kulturführer
AK 0804 Athen–Delphi–Euböa 1: 250 000 mit Kulturführer
AK 0805 Peloponnes–Korinth 1: 300 000 mit Kulturführer
AK 0812 Kos–Samos–Ikaria 1 : 150 000 mit Kulturführer
AK 0813 Rhodos 1: 100 000 mit Kulturführer
AK 0814 Kreta 1: 250 000 mit Kulturführer
AK 0815 Korfu 1: 100 000 mit Kulturführer
AK 9 Rumänien–Bulgarien 1: 1 Mill.
AK 31 Zypern 1 : 250 000 mit Kulturführer

Camping Akti Thermaikou – EOT ✿ ✿ ✿ **1**

Ayia Trias – Thessaloniki (Makedonia), ☎ (0392)51360, I–XII
12 ha, 500 St.

Das weitflächige, ebene Wiesengelände ist durch zahllose Buschgruppen in
Einzelparzellen unterteilt, die zumeist über direkte Stromanschlußmöglichkei-
ten verfügen. Hohe Laubbäume, speziell Pappeln, spenden einen mehr als
ausreichenden Schatten und geben der gesamten Anlage einen gartenähnlichen
Charakter. Hierzu tragen auch die Platzwege bei, die zum Teil asphaltiert, zum
Teil mit feinem Schotter belegt sind.

Die Sanitäranlagen sind in zehn Gebäuden auf dem Gelände verteilt, so daß sich
nie lange Wege ergeben. Durch ihre größtenteils ordentliche Verfliesung
machen sie einen günstigen Eindruck, der durch eine regelmäßige Säuberung
verstärkt wird. Die Menge der Installationen sind als absolut ausreichend zu
bezeichnen, wobei die gute Versorgung aller Waschbecken und Duschen mit
Warmwasser positiv ins Auge fällt.

Für das leibliche Wohl der Gäste sorgen ein gut sortierter Supermarkt sowie ein
ansprechendes Restaurant, das auf einheimische Gerichte spezialisiert ist. Ein
Kinderspielplatz mit vielen, günstigen Geräten sowie ein Basketballfeld und ein
Tennisplatz sorgen für die sportliche Unterhaltung der Camper.

Dem Platz ist ein Strandbad angeschlossen, das der Öffentlichkeit zur Verfügung steht und gegen Eintrittsgebühr – für die Camper gratis – betreten werden
kann. Die weiten, gepflegten Wiesen, die einen parkähnlichen Charakter
aufweisen, ziehen sich am langen, feinsandigen Meeresstrand entlang, der
jedoch durch große Mengen von Seegras keinen sehr sauberen Eindruck macht.
Die Badegelegenheiten sind auch für Kinder als günstig zu bezeichnen, da der
Übergang ins Wasser verhältnismäßig flach ist. Strandduschen und eine Bar
stellen einen zusätzlichen Service dar.

Die aufmerksame Platzleitung verfügt über ein vielsprachiges Personal und
bietet einen eigenen Bankservice an, der unnötige Wege in die Stadt ersparen
kann. Als Zusammenfassung läßt sich feststellen, daß dieser Campingplatz eine
ideale und attraktive Übernachtungsmöglichkeit für Besucher von Thessaloniki
ist, jedoch als Ferienplatz nicht unbedingt empfohlen werden kann. Kein
Hundeverbot.

🏖 Meer und Strand, Tennis, Basketballfeld, Kinderspielplatz. Ca. 35
Bungalows stehen zur Vermietung bereit.

➡ Die Zufahrt führt von Thessaloniki nach Süden aus der Stadt heraus in
Richtung Flughafen, an diesem vorbei und geradeaus weiter, der Beschilderung folgend (34 km).

♜ Ausflüge und Sehenswürdigkeiten siehe Saloniki und Chalkidiki (Route
2).

Camping EOT Epanomis ✿ ✿ ✿ **2**

Epanomi – Thessaloniki (Makedonia), ☎ (0392) 41378, (V–X),
38 ha, 600 St.

Dieser jüngste Platz der griechischen EOT-Campingplatzkette liegt auf ebenem, gepflegtem Wiesengrund unmittelbar am Meer und ist durch Ziersträu-

cher sowie Büsche gärtnerisch gestaltet. Die unzähligen, jungen Bäumchen, die künstlich angepflanzt wurden, lassen in der Zukunft auf ständig wachsenden Schatten hoffen, der im Moment noch nicht vorhanden ist. Für Zelte stehen ein schöner Rasengrund, für Caravans eigene Betonflächen zur Verfügung, Stromanschlußmöglichkeiten sind auf dem gesamten Gelände verteilt.

Der moderne Eindruck des Platzes bestätigt sich in den Sanitäranlagen. Mehrere Gebäude sind auf dem weitflächigen Gelände verteilt, funktionell und zeitgemäß gestaltet, voll gefliest und an allen Becken und Duschen mit Warmwasser versehen. Durch regelmäßige Reinigung dieser ‚Waschhäuser' wird der positive Charakter verstärkt, jedoch ist von einer gewissen Sterilität nicht abzusehen.

Ein reichhaltig ausgestatteter Supermarkt, in dem so gut wie alles zu finden ist sowie ein modernes und nüchternes Restaurant stellen die Versorgung der Gäste sicher. Von griechischer Atmosphäre ist jedoch nicht viel zu finden.

Attraktiv ist der Tennisplatz für die Sportler und der ausgedehnte, feinsandige Strand, der flach ins Wasser abfällt und auch Kindern gute Planschmöglichkeiten bietet. Die Strandduschen sind ein Extra-Service, den man sehr rasch zu schätzen weiß.

Durch das vielsprachige Rezeptionspersonal ergeben sich gute Verständigungsmöglichkeiten. Insgesamt ist dieser Campingplatz sowohl für Besucher von Thessaloniki wie auch für Urlauber als gut zu bezeichnen.

🏊 Meer und Strand, Tennis.

➡ Die Zufahrt führt von Thessaloniki nach Süden zum Flughafen, an diesem vorbei und über die Orte Playiarion und Epanomi zum Meer und Platz (38 km).

♜ Ausflüge und Sehenswürdigkeiten siehe Beschreibung Thessaloniki. Auch die drei Finger der Halbinsel Chalkidiki können besucht werden (siehe Route 2).

Halbinsel Chalkidiki

Landschaft:
Eine der schönsten Landschaften Griechenlands befindet sich im Norden des Festlandsockels. Wie drei große Finger ragen die *Halbinseln von Chalkidiki – Kassandra, Sithonia und Ajion Oros* mit der berühmten *Mönchsrepublik Athos –* in das azurblaue, hier meistens kristallklare Wasser der nördlichen Ägeis hinein. Der besondere Reiz und Erholungswert dieser Landschaft liegt in der Vielfalt der Natur. Wo im Süden Griechenlands kahle, karge Steinlandschaften vorherrschen, gibt es hier üppiges Grün und fruchtbare Felder mit vielen landwirtschaftlichen Kulturen. Von nahezu allen Stellen der jeweiligen Halbinseln ist das Meer in seiner Farbenvielfalt zu sehen, denn die breiteste Stelle – auf Sithonia – mißt nicht mehr als 20 km Luftlinie. So bieten sich denn auch diese ‚Finger' dem Autotouristen als ideales Rundfahrtziel an.

Trotz der äußerst reizvollen Landschaft wäre Chalkidiki lange nicht so stark besucht, wären da nicht die prächtigen Sandstrände von absoluter Schönheit.

Manchmal ganz klein und versteckt zwischen steilen Felsklippen, dann wieder kilometerweit in sanft geschwungenen Buchten – für den die Natur liebenden Urlauber ist dies nahezu nicht mehr zu überbieten. Dementsprechend nimmt die touristische Entwicklung auf dieser Halbinsel einen raschen Aufschwung, doch noch immer findet man hier eines der lohnendsten Ziele ganz Griechenlands. Die günstigste **Anfahrt** verläuft von **Thessaloniki** nach Süden zum gut beschilderten Flugplatz und biegt hier nach links in Richtung **Néa Kallikratia** und **Néa Moudaniá** ab. Diese gut ausgebaute Landstraße ist ca. 70 km lang und führt größtenteils durch stark hügeliges Land. Am Straßenrand findet man zahllose Obsthändler, die frische Früchte je nach Jahreszeit feilbieten.

Kassandra

Der westlichste Finger der *Halbinsel Chalkidiki* ist Kassandra, der für den Tourismus am besten erschlossenste Landesteil. Zahlreiche Hotels mit dazugehörigen Komplexen, viele Campingplätze und noch mehr Pensionen bieten dem Urlauber reichlich Unterkunft. Eine asphaltierte Straße, zumeist der Küstenlinie folgend, umrundet die Halbinsel und erschließt eine Reihe von prächtigen Badeständen. Die Natur zeigt sich von ihrer üppigsten Seite. Fruchtbare Felder im hügeligen Land, dichte Pinienwälder säumen Berge und Küsten.
Der Anfang der Halbinsel ist äußerst schmal und bei dem Dorf **Néa Potidea** fährt man wie auf einem Damm (200 m Breite) durch das Meer. Ein kurzer Kanal für Fischerboote verbindet die beiden Meereshälften und erweckt den Eindruck, eine Insel zu betreten. In großem Bogen verläuft sich linker Hand ein einsamer Sandstrand in der Ferne, in Richtung zum zweiten Finger, nach Sithonia. Rechts sieht man einen schmalen Strand mit teilweise flacher Düne, dahinter viel Landwirtschaft. Ca. 9 km nach dem Kanal zweigt rechter Hand eine kleine Nebenstraße zum auffallend beschilderten Ferienkomplex Sani-Beach ab. Diese Touristik-Anlage besteht aus einem Hotel und einem Campingplatz, der leicht abseits am ruhigen Strand einer schönen Bucht liegt.
Camping Sani
Die Halbinselrundfahrt setzt sich an der Ostküste fort und passiert die Orte **Néa Fókea** und **Afitos,** um nach wenigen Kilometern schöner, pinienwaldreicher Panoramastraße den Weiler **Kallithéa** zu erreichen. Das ganze Dorf besteht aus einigen Häusern entlang der Straße und einem sehr schönen Strand, an den zwei Monumentalpaläste von Hotels (Pallini-Beaoh, Athos-Palaca) gebaut wurden. Neben einem unglaublichen Sportangebot wird viel Tourismus geboten. Wie Ameisen schwimmen die Urlauber in dem hier nicht sehr sauberen Wasser. In **Kallithéa** verzweigt sich nun die Küstenstraße, und man kann wie in einem Kreis die Spitze der Halbinsel umfahren. Wir bleiben an der Ostküste und erreichen bald darauf das Örtchen **Kriopigi,** an dessen Strand ein EOT-Campingplatz liegt.
Camping Kriopigi
Durch wunderschöne Pinienwälder mit herrlichen Aussichten auf das azurblaue Meer und lockende, goldgelbe Sandstrände fahren wir weiter nach Südosten. Leider wurden die ehemals einsamen Landschaften durch zahlreiche Bauten beeinträchtigt, doch der Gesamteindruck ist immer noch sehr positiv. Kurz vor Erreichen des unberührten Dorfes **Paliouri** entdeckt man linker Hand ein Xenia-Motel und an zwei zauberhaften Buchten einen weiteren EOT-Campingplatz.

Kassandra

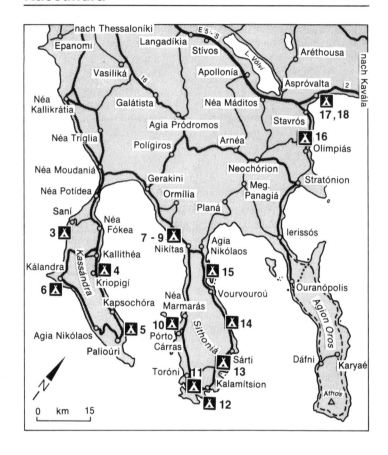

Camping Paliouri
Durch Getreidefelder und Olivenhaine stößt man dann auf **Paliouri,** ein tagsüber verschlafenes Nest mit einigen Cafés, unter deren schattigen Terrassen die Dorfbewohner vor sich hindösen. In den Abendstunden tauchen dann zahlreiche Touristen auf und bevölkern die einfachen Tavernen. Auch einige, kleine Läden fangen nun an zu arbeiten. Doch verhältnismäßig früh kehrt wieder die gewohnte Ruhe ein. Vom Ort kann man einen sehr schönen Spaziergang zur südlichsten Halbinselspitze machen, um an wunderschönen Stränden in aller Einsamkeit zu baden (½ Std. Fußweg).
Ab Paliouri führt die Straße über mehrere Hügelrücken an die noch einsamere Westküste. Die Strände machen hier einen weniger einladenden Eindruck, dafür begegnet man zumeist keiner Menschenseele, abgesehen von Neubauten und Strandhäusern. Nach abwechslungsreicher Fahrt stößt man dann auf den Weiler **Kalándra,** der in seiner Nähe ein Hotel (Mendi-Hotel) und einen Campingplatz beherbergt.

Camping Posidion-Kalandra
Ab hier geht es weiter an der Küste entlang, am Straßenrand grüßen einige, uralte Kirchen sowie weite Pinienwälder, bis sich schließlich das Asphaltband entschlossen in das Inland wendet. Man passiert den Hauptort der Halbinsel – **Kassándria** – und stößt bei **Kallithéa** an der Ostküste wieder auf das Meer. Insgesamt läßt sich feststellen, daß im Laufe der letzten Jahre auch auf dieser Halbinsel eine rege Bautätigkeit einsetzte, leider nicht zum Vorteil der Landschaft. Doch noch konnte Menschenhand nicht verderben, was die Natur so schön angelegt hat.

⛺ Camping Sani ✿ ✿ ✿ ✿ 3
Sani auf Kassandra (Chalkidiki), ☎ (0374) 31224, (IV–IX),
7 ha, 320 St.

Eine auffallende, große Beschilderung an der Küstenstraße von Kassandra weist bereits auf den Platz hin. Unmittelbar am Meer, an einer durch Felsen begrenzten Bucht liegend, ist der schöne Strand nur vom Publikum des Platzes frequentiert. Das Gelände neigt sich sanft von einem Hügel herab, die Stellplätze wurden weitgehend geebnet, liegen zum Teil auch auf flachen Wiesen und sind in Parzellen unterteilt. Die Durchschnittsgröße der einzelnen Stellplätze ist ausreichend, auch in der Hochsaison wird es nicht eng. Ein Teil der Stellplätze wurde speziell für Caravans mit Betonplatten versehen, etwa die Hälfte des Geländes besitzt Stromanschlußmöglichkeiten mit 220 V, die Zeltzone Stromanschlußmöglichkeiten für 42 V (Licht). Angenehm ist auch der gute Schatten durch Pinien und halbhohe Pappeln, zusätzliche Blumenanlagen geben einen gartenähnlichen Charakter.
Was weiterhin gut gefällt, sind die sanitären Bauten. Auf ordentliche Pflege und Instandhaltung wurde geachtet, die Sauberkeit ist tadellos und auch die Warmwasserversorgung an allen Becken und Duschen läßt nichts zu wünschen übrig.
Ansprechend ist das Versorgungszentrum mit einem guten SB-Markt, einer Boutique, Souvenirs, folkloristischen Erzeugnissen sowie einem kleinen Reisebüro. Herausragend ist das gemütliche Restaurant, in dem man wie in einer Laube sitzend die sehr gute Küche des Platzes genießen kann. Auf keinen Fall sollte man die einheimischen Spezialitäten der Taverne versäumen. Für die Unterhaltung der Gäste gibt es Tanzabende, zur Einstimmung sei der Cocktail-Spezial des Hauses empfohlen. Der Wassersportfan kommt voll auf seine Kosten. Windsurfer sind in großer Überzahl, aber auch Segeln und Wasserski sind durch eine am Platz befindliche Schule zu betreiben. Die Bucht ist geradezu ideal für Segelsport, der Übergang ins Wasser ist seicht, also für Kinder gefahrlos. Eine spezielle Liegewiese mit gepflegtem Rasen steht für Sonnenanbeter bereit, daneben können die „Kleinen" ungestört an einigen Geräten spielen.
Das Management ist aufmerksam, der Empfang ist perfekt und mit mehrsprachigem Personal besetzt. Eine Anzahl von Bungalows ist mietbar, kein Hundeverbot.
Fazit: Ein hervorragender Urlaubsplatz für jeden Geschmack.

🏊 Meer und Strand, Segeln, Wasserski, Kinderspielplatz, Reiten.

Kassandra

➡ Der Platz ist ca. 9 km nach Passieren des kleinen Fischerkanals auffallend beschildert.

♜ Halbinselrundfahrt, Thessaloniki, Athos.

▲ Camping Kriopigi EOT ✿ ✿ ✿   4
Kriopigi auf Kassandra (Chalkidiki), ☎ (0374) 22321), (V–IX), 2,5 ha, 120 St.

Das ebene Campinggelände liegt auf längsgestreckten, schmalen Wiesen parallel zum Meer sowie auf einer Terrasse, die in den das Gelände begrenzenden Hügel gebaut wurde. Das Terrain ist kaum mehr als etwa 50 m breit und so gut wie alle Stellplätze, die zum größten Teil auch über Stromanschlußmöglichkeiten verfügen, haben Aussicht auf den Strand und den Golf von Kassándras. Sogar Parzellen unmittelbar am Wasser sind zu finden. Der rückwärtige Hang ist mit natürlichen, dichtem Pinienwald bewachsen, so daß die Farben ‚grün und blau' das Landschaftsbild beherrschen. Der Boden ist ziemlich hart und Gras ist nur spärlich vorhanden. Künstlich gepflanzte Pappeln spenden guten Schatten, der von Jahr zu Jahr ausreichender wird.

Die sanitären Anlagen in mehreren Gebäuden sind recht gut, sauber und mit genügend Warmduschen und Warmwasserbecken ausgestattet. Die Versorgung der Camper erfolgt durch einen Selbstbedienungsladen und Restaurantbetrieb, der eine schöne, schattige Freiterrasse mit Aussicht bietet. Weitere Serviceeinrichtungen sind eine Waschmaschine sowie ein Kinderspielplatz, der von den ‚Kleinen' gerne besucht wird.

Der Strand ist sehr lang, jedoch relativ schmal, weist einen feinsandigen, weißen Charakter auf und bietet durch seinen flachen Übergang ins klare Wasser auch gute Bademöglichkeiten für Nichtschwimmer.

Der Gesamteindruck des Campings ist sehr gepflegt, Ruhe und Natur herrschen vor. Individualisten können sich hier sehr wohl fühlen. Kein Hundeverbot.

🄹 Meer und Strand, Kinderspielplatz. Günstig für Bootssport.

➡ Die Zufahrt führt beim Ort Kriopigi bei einer deutlichen Beschilderung links ab und auf einer schmalen Asphaltstraße mit teils stärkerem Gefälle ca. 1,5 km hinab zum Meer und Platz.

♜ Halbinselrundfahrt, Thessaloniki, Athos.

▲ Camping Paliouri EOT ✿ ✿   5
Paliouri auf Kassandra (Chalkidiki), ☎ (0347) 92206, (V–IX), 6 ha, 200 St.

Der Hauptanziehungspunkt dieses Platzes ist die Landschaft, denn es gibt in ganz Griechenland nur sehr wenige Campinggelände in vergleichbar schöner Lage. Ein ebener Streifen auf Wiesen- und Sandgrund an einer herrlichen Sand-Felsenküste mit prächtigen Bade- und Wassersportbedingungen, das ist Camping Paliouri.

Das Gelände ist teilweise in Parzellen aufgeteilt. Am beliebtesten sind naturgemäß die Stellplätze nahe dem Wasser. Auf der einen Seite der Anlage wurden flache Terrassen in einen kleinen Hügel gebaut, die eine herrliche Aussicht bieten und zumeist schon früh in der Saison belegt sind. Schatten ist nur in den vorderen Zonen unter Pappeln vorhanden, die hinteren Platzteile sind der Sonne ausgesetzt und sehr heiß. Doch der fast immer fächelnde Wind kühlt sehr angenehm.

Die Sanitäranlagen sind zweckmäßig und bis auf Spitzenbelastungen auch ausreichend. Warmwasser-Installationen sind an allen Becken und Duschen zu finden und auch für Sauberkeit wird ausreichend gesorgt. An den Außenwänden sind die Bauten mit dichtem Grün überrankt und fallen so zwischen den Büschen kaum ins Auge. Gut die Hälfte des Geländes ist mit Stromanschlußmöglichkeiten versehen und für die Versorgung der Gäste dienen ein Lebensmittelladen sowie eine kleine Bar. Ein Restaurant ist im nahegelegenen Xenia-Hotel zu finden.

Wie schon erwähnt, finden Wassersportler hier ein kleines Paradies. Die gegliederte Küste bildet viele natürliche Häfen, und das Wasser ist kristallklar und seicht. Vor allem Windsurfer sind in großer Menge vorzufinden, wie überhaupt sehr stark deutschsprachiges Publikum anzutreffen ist. Kein Hundeverbot.

🅟   Meer und Strand, Kinderspielplatz. Für Bootsbesitzer steht ein natürlicher Hafen zur Verfügung.

▶   Ca. 2 km vor dem Ort Paliouri sieht man den Campingplatz bei dem auffälligeren Xenia-Hotel am Meer liegen. Beschilderung ist vorhanden.

♖   Halbinselrundfahrt, Thessaloniki, Athos.

⛺ Camping Posidion-Kalandra EOT   ✿ ✿ ✿   6
Kalandra auf Kassandra (Chalkidiki), (I–XII), 5 ha, 200 St.

Etwas abseits und in sehr ruhiger Lage liegt dieser ansprechende Campingplatz unmittelbar am Meer. Das Gelände ist nicht sehr breit, dafür aber sehr lang gestreckt, was einen äußerst attraktiven, großen Strand ergibt. Obwohl zahlreiche Bäume gesetzt sind, gibt es bislang noch keinen Schatten, denn auch ein Versuch mit Mattendächern schlug fehl. Der größte Teil des Terrains ist ein ebener, englisch anmutender Rasen von großer Gepflegtheit, ein kleiner Teil sandiger, harter Boden, vor allem der Streifen am Meer. Ein flacher Erdwall schützt geringfügig vor Wind und Wellen, nimmt aber auch die direkte Sicht auf das Meer. Die einzelnen Stellplätze wurden speziell für Caravans und Autos betoniert, Blumengebüsch begrenzt die Parzellen und der Lebensraum des Einzelnen ist garantiert.

Die sanitären Blocks sind im Gelände verteilt anzutreffen, und die Gestaltung ist den Landesgegebenheiten entsprechend mit offenen Durchlässen versehen. Architektonisch fallen die Bauten angenehm ins Auge. Die Warmwasser-Installationen an allen Becken und Duschen sind zufriedenstellend. Nur bei Vollbelegung des Platzes können Engpässe auftreten.

Im Campingzentrum steht in einem stilvollen Gebäude das Restaurant mit Snackbar, Caféshop, Einkaufsladen und Freiterrasse zur Verfügung und man kann sich eines leichten Südseecharakters nicht erwehren. Ganz in der Nähe finden die ‚Kleinen' einen Spielplatz, der mit einigen, guten Geräten ausgestattet ist.

Der Strand ist sehr lang, weitläufig und durch seinen feinen Sand sowie dem flachen Übergang ins Wasser sehr attraktiv. Über Einsamkeit und Platzangebot braucht man sich hier keine Gedanken machen – sie sind selbstverständlich. Bootseigner und Wassersportfreunde erwartet ein ideales Revier. Kein Hundeverbot.

🅿️ Meer und Strand, Kinderspielplatz. Gute Wassersportmöglichkeiten für Bootsbesitzer.

➡️ Der Platz ist an der westlichen Küstenstraße der Halbinsel gut beschildert und in der Nähe des Ortes Kalándra zu finden.

♟ Thessaloniki, Halbinselrundfahrt, Athos.

Sithonia

Der mittlere Finger der Halbinsel Chalkidiki ist Sithonia. Erst in den letzten Jahren wurde es durch eine Küstenstraße erschlossen, was man mit Wehmut oder aber auch mit Freude registriert, denn diese Halbinsel ist ein landschaftliches Juwel. An der Westseite verläuft die Straße bis **Marmarás** am Meer und erschließt zahlreiche, schöne und wenig besuchte Sandstrände an weiten Buchten. In der Folge und vor allem im Süden steigt die Straße schnell an und überwindet in Meeresnähe den Höhenrücken der Halbinsel in vielen Kurven. Die sehr gut ausgebaute Straße erreicht dann bei **Sarti** und **Kalamitsion** wieder das Wasser. Der folgende Streckenabschnitt bis hin nach **Nikólaos** ist von außerordentlicher Schönheit. In stetem auf und ab führt das Asphaltband in vielen Windungen durch steiles Berggelände. Immer wieder zweigen Wege zu markierten ‚Beaches/Strände' ab, die für den das freie Zelten bevorzugenden Urlauber das Paradies schlechthin sind. Da stehen sie – in der Hochsaison leider schon in Scharen – am Strand direkt am Wasser, im Zelt, im Caravan und im Wohnmobil. Man findet ‚Beaches' ohne Schatten, wundervoll zwischen Felsen eingebettet, aber auch Strände, von dichten Macchia und Kiefernwald umgeben sind. Allen gemein ist der goldgelbe, körnige Sand und das kristallklare Wasser. In den Felsen gibt es zahlreiche, schöne Liegeplätze für das Sonnenbaden, und besonders Segler und Windsurfer haben hier ein Revier mit hervorragenden Bedingungen.

Leider weisen die Strände keinerlei hygienische Einrichtungen auf, und dies führt zu einer totalen, trostlosen Verschmutzung der Waldzonen. Dabei wäre es kein großer Aufwand, Abfälle etc. zu vergraben, um nicht auch noch die letzten Paradiese zu vermasseln.

Und noch eine Tatsache von Bedeutung – nirgendwo auf dem griechischen Festland kann offiziell FKK betrieben werden. Hier aber hat es sich inoffiziell eingebürgert, niemand nimmt Anstoß daran und in voller Eintracht tummeln sich ‚Textile' neben ‚Nackten'!

Touristisch lag Sithonia lange Zeit im Dornröschenschlaf. Erst vor wenigen Jahren entstand bei Marmarás an der Westküste ein großer Hotelkomplex: *Porto Carras*. Einige wenige Campingplätze, von der Lage und Ausstattung der beste bei Kalamitsi, stehen dem Urlauber zur Verfügung, ebenso auch zahlreiche Privatpensionen und Zimmer sowie vereinzelte Villen.

An den Beaches gibt es weder Versorgungsmöglichkeiten noch Trinkwasser, und alles muß aus den nahegelegenen Dörfern besorgt werden. Einer der ansprechendsten Orte ist Sarti, direkt an einer weitgeschwungenen Bucht gelegen. Die Strandduschen sind für jeden Besucher kostenlos zugänglich, Wasser gibt es aus Zapfstellen. In den Kramerläden geht es beschaulich zu, nach ein paar Tagen kennt man sich, es gibt Kredit auf Gutglauben – herzliche Gastfreundschaft – und auf dem Dorfplatz mit den zwei Tavernen sitzt man bei Wein, Ouzo oder Kaffee und nimmt teil an dem geruhsamen Leben.

Ein **wichtiger Hinweis:** Manchmal gibt es sehr heftige Regenfälle mit starken Gewittern. Dann empfiehlt es sich, sein Zelt oder Caravan nicht in einer Mulde aufgeschlagen zu haben, denn in kürzester Zeit reißen vom Berg kommende Fluten alles fort, was im Wege steht! Wählen sie mit Bedacht ihr Ferienplätzchen!

Die **Anreise** nach Sithonia erfolgt am besten auf den guten Straßen von **Saloniki** an Kassandra vorbei in Richtung Osten. In **Néa Moudaniá** zweigt man links ab und fährt über **Jerakini**, einem trostlosen Örtchen mit einem kleinen Campingplatz, nach **Nikitas.** Hier findet man mehrere Campings. Die Küste bildet eine kleine Steilstufe, zwischen 5 bis 30 m hoch, und unter der Klippe dehnt sich ein schmaler, sehr schöner Sandstrand.

Touristischer Hinweis:
Auf **Sithonia,** dem mittleren Finger der Halbinsel von Chalkidiki, entstanden in den letzten Jahren noch eine Reihe von Campingplätzen, die jedoch touristisch noch von untergeordneter Bedeutung sind und deren Fortbestand auch durch die neuen, griechischen Campingplatzgesetze nicht gesichert ist. Dies sind die Campingplätze *Afroditi, Nikitas, Marmara, Neptunus, Areti* und *Stavros Nanos.* Außerdem sind noch bei gelegentlichen Restaurants in schönen Buchten Stellmöglichkeiten zu finden, zuweilen mit Kaltduschen, zuweilen auch mit Toiletten, die jedoch nicht als Campingplätze angesprochen werden können.

◣ Camping Sithon ✿ ✿ 7
Metamorfosis auf Sithonia (Makedonia), (V–IX), 4 ha, 200 St.

Auf einem abfallenden Hanggelände wurde unter gut schattigen, hohen Pinien der Campingplatz auf großen Terrassen sowie kleinen Stellplätzen angelegt. Die landschaftliche Lage ist ruhig, die Umgebung besteht aus begrünten Hügeln. Bemerkenswert ist die sehr schöne Badebucht, deren flaches, klares und seichtes Wasser zum Baden einlädt. Seitlich sind auch einige Felsen zu finden, was die Tauchfreunde ansprechen kann.

Sechs kleine Sanitärbauten sind auf dem Gelände verteilt und bieten alle Arten von Installationen. Auch Warmduschen sind vorhanden. Im Platzzentrum, auf einer Hügelkuppe, liegt das neuerbaute Restaurant mit Supermarkt und Terrasse. Stromanschlüsse für Caravans sowie ein gut ausgestatteter Kinderspielplatz runden das Serviceangebot ab.

Der Platz befindet sich noch im Ausbau und wird von Jahr zu Jahr verbessert.

🔟 Meer und Strand (durch eine kleine Fahrstraße vom Platz getrennt), Kinderspielplatz, Disco.

Sithonia

▶ Die Zufahrt zum Platz zweigt von der Straße nach Sithonia ca. 2 km hinter der BP-Tankstelle unmittelbar hinter der Flußbrücke meerwärts ab und führt noch 2,5 km über eine breite Staubstraße zum Gelände.

♜ Ausflüge und Sehenswürdigkeiten siehe Beschreibung Sithonia und Kassandra.

Camping Silva ✿ ✿   8
Nikiti auf Sithonia (Makedonia), ☎ (0375) 22496, (IV–IX), 1,5 ha, 120 St.

Unterhalb einer langgezogenen Kurve der Küstenstraße nach Sithonia erstreckt sich dieses Gelände auf einem abfallenden Hang in vielfältigen Terrassen, die durch Mattendächer beschattet werden. Auch Olivenbäume sowie Nadelbäume sind zu finden, vereinzelte Büsche sorgen für Auflockerung. Der Boden ist hart und steinig, spezielle Häringe werden empfohlen.

Am Platzeingang bei der Rezeption findet man einen einfachen Lebensmittelladen sowie ein bescheidenes Restaurant. Auf dem Terrain verteilt stehen zwei Sanitäranlagen zur Verfügung, die neben einigen Warmduschen (Solarenergie) auch alle Arten von Installationen bieten. Stromanschlüsse für Caravans auf einigen Terrassen runden den Gesamtservice ab.

Zum Strand führt ein durch Pinien beschatteter Weg durch eine kleine Schlucht (100 m). Flaches Wasser und feiner Sand garantieren hier vorzügliche Bademöglichkeiten, Pinienbäume überschatten das kleine Steilufer.

🏊 Meer und Strand (100 m).

▶ Die Zufahrt zum Platz zweigt im Ortsbereich gut beschildert von der Küstenstraße nach Sithonia ab und kann nicht übersehen werden.

♜ Ausflüge und Sehenswürdigkeiten siehe Beschreibung Sithonia und Kassandra.

Camping Mylos ✿ ✿   9
Nikiti auf Sithonia (Makedonia), ☎ (0375) 22042, (V–IX), 2 ha, 120 St.

Das vielfach durch Einzelterrassen unterteilte Hanggelände erstreckt sich unter halbhohen Pappeln sowie Mattendächern, die guten Schatten spenden. Durch diese Landschaftsform ist eine natürliche Auflockerung des Terrains geboten, wobei bemerkenswert ist, daß einzelne Stellplätze eine schöne Aussicht auf das Meer bieten. Am Platzeingang hinter der Rezeption findet sich ein Lebensmittelladen, der ein ordentliches Sortiment bietet. Angeschlossen ist ein Restaurant mit großer Freiterrasse, die gut beschattet wird.

Neben zwei kleinen Sanitärbauten wurde eine Zentralanlage geschaffen, die alle Arten von Installationen sowie Warmduschen bietet. Der Bauzustand ist älterer Art, die Sauberkeit jedoch als ordentlich zu bezeichnen. Zahlreiche Stromanschlüsse für Caravans (220 V) sowie einige gemauerte Bungalows runden den Gesamtservice ab.

Der weite, flache und schöne Sandstrand mit vereinzelten Kieselsteinen erstreckt sich unterhalb einer ca. 10 m hohen Steilterasse und wird durch

Treppen sowie eine steile Betonrampe erreicht. Die Badefreuden sind unbeschwert, auch Wassersportfans kommen auf ihre Rechnung.

🏖 Meer und Strand, einige Kinderspielplätze.

➡ Der Platz ist im Ortsbereich von Nikiti unmittelbar an der Küstenstraße nach Sithonia gut beschildert und unschwer zu finden.

♜ Ausflüge und Sehenswürdigkeiten siehe Beschreibung Sithonia und Kassandra.

⛺ Camping Europa-Beach ✿ ✿ ✿   10
Marmarás auf Sithonia (Chalkidiki), ☎ (0375) 7 1078, (V–X),
3 ha, 250 St.

In abgeschiedener Lage liegt dieser Campingplatz an einer großen, von Felsen begrenzten Sandbucht an der Westküste von Sithonia. Auf der großen, ebenen Wiese haben die Camper recht viel Lebensraum auf großen Parzellen, die alle über Stromanschlußmöglichkeiten verfügen. Der Schatten, durch viele gepflanzte Pappeln, wird von Jahr zu Jahr besser. Das Gelände macht bereits einen sehr grünen Eindruck.
Die sanitäre Einrichtung ist ordentlich, die Gebäude sind gekachelt und die Warmwasserversorgung der Duschen ist ausreichend. Sogar Waschmaschinen sind zu finden. Zur Versorgung dient ein gut sortierter Lebensmittelladen, das gemütliche Restaurant bietet griechische Spezialitäten besonderer Art.
Für Kinder ist der Strand vorbehaltlos zu empfehlen, denn das Wasser ist anfänglich seicht und sehr klar. Badefreuden steht nichts im Wege, auch Wassersportler finden ihr Revier.
Fazit: Ein empfehlenswerter Urlaubsplatz für alle, die Ruhe suchen.

🏖 Meer und Strand. Der Platzbesitzer veranstaltet Bootstrips. Diskothek, Kinderspielplatz. Flächen für Sport- und Spielaktivitäten.

➡ Die Zufahrt führt von der guten Küstenstraße abzweigend noch ca. 6 km auf schlechter Wegstrecke durch bergiges Land zum Platz am Meer.

♜ Ausflüge und Sehenswürdigkeiten siehe Thessaloniki und Athos.

⛺ Camping Porto Koufo ✿ ✿   11
Porto Koufo auf Sithonia (Chalkidiki), ☎ (0375) 7 1398, (V–IX),
4 ha, 300 St.

Landwärts einer langgezogenen Kurve der Küstenstraße von Sithonia erstreckt sich das neu erschlossene Campinggelände auf einer flachen Wiese mit Olivenbäumen sowie auf langen Terrassen am steilen Berghang mit prächtigem Panorama auf die Bucht von Porto Koufo. Zum Teil spenden Strohdächer Schatten, zum Teil sind die Plätze der Sonne ausgesetzt. Neben Stromanschlüssen für Caravans (220 V) finden sich auch Strommöglichkeiten für Zelte (42 V). Am Platzeingang bei der Rezeption liegt der kleine, aber gut sortierte Supermarkt. Nicht weit entfernt wurde eine sandige Fläche mit Spielgeräten für Kinder geschaffen. Das Restaurant liegt im mittleren Teil des Berghanges, die

schattige Terrasse bietet eine herrliche Aussicht. Unterhalb des Restaurants ist noch ein Swimmingpool mit Meerwasser zu finden, der von Olivenbäumen umgeben ist.
Der weitläufige und noch sehr einsame Sandstrand wird jenseits der Küstenstraße erreicht. Die Bademöglichkeiten sind sehr gut, die Bucht macht insgesamt den Eindruck eines natürlichen, großen Hafens. Speziell zu erwähnen sind die Sanitäranlagen, die nicht nur an allen Installationen über Warmwasser (Solarenergie) verfügen, sondern auch vollständig gefliest sind und sehr sauber gehalten werden. Das Management ist freundlich und bemüht sich, seine Gäste zufriedenzustellen.

🅿 Meer und Strand (100 m), Kinderspielplatz, Swimmingpool.

➡ Der Platz liegt unmittelbar an der westlichen Küstenstraße von Sithonia, ist auffallend beschildert und kann nicht übersehen werden.

♜ Ausflüge und Sehenswürdigkeiten siehe Beschreibung Sithonia und Kassandra sowie Chalkidiki.

▲ Camping Kalamitsi ✿ ✿ ✿ ✿ 12
Kalamitsion auf Sithonia (Chalkidiki), ☎ (0375) 4 14 10, (V–IX), 5 ha, 450 St.

Mit Sicherheit einer der schönsten und von der Lage besten Campingplätze von Sithonia ist Camping Kalamitsi. Das sehr gepflegte Rasen- und Wiesengelände liegt an einem herrlichen, ca. 60 m breiten Strand mit körnigem Sand. Die Bucht ist beiderseits von angrenzendem, felsigen Steilgelände abgeschlossen, was einen sehr malerischen Eindruck macht. Das Platzgelände ist in Parzellen von etwa 80 qm aufgeteilt, die größtenteils über Stromanschlußmöglichkeiten verfügen. Kleine Buschgruppen und junge Bäumchen lockern das Gelände auf, Schatten bietet nur eine alte, ausladende Kiefer, zumeist von Campern dicht belagert. Es wird jedoch nur noch kurze Zeit dauern, bis die jungen Pappeln auch ausreichenden Schatten spenden.
Die Sanitäranlagen dieses Platzes stellen vollauf zufrieden. Sowohl von der Einrichtung als auch anzahlmäßig liegen die mehrfach im Gelände verteilten Gebäude mit weißgetünchtem Mauerwerk über dem Maß, was sonst allgemein in Griechenland zu finden ist. Die Warmduschen genügen den allgemeinen Anforderungen, bei Spitzenbelastungen können aber Engpässe auftreten.
Die sonstige Infrastruktur des Platzes ist ebenfalls über der Norm. Man findet einen guten SB-Laden. Gefällig wirkt das Selbstbedienungs-Restaurant mit anliegender Bar. Die überdachte und schattige Freiterrasse lädt zum Verweilen und als Treffpunkt ein. Der Empfang ist mit mehrsprachigem Personal besetzt. Neu gebaut wurde ein Tennisplatz.
Fazit: Ein sehr angenehmer Ferienplatz für Familien und Paare, die eine schöne Natur genießen wollen. Kein Hundeverbot.

🅿 Meer und Strand. Besonders gutes Revier für Bootssport, Surfen und Tauchen. Seilwinde für Boote. Kleiner Kinderspielplatz. Volleyball, Tischtennis, Tennis.

➡ Kalamitsion liegt am südlichsten Zipfel der Halbinsel Sithonia. Die

Sithonia

günstigste Zufahrt führt über Sárti entlang der Ostküste und ist gut beschildert.

♟ Ausflüge und Sehenswürdigkeiten siehe Thessaloniki und Athos.

◤ Camping Hotel Sarti Beach ✿ ✿ ✿   13
Sarti auf Sithonia (Chalkidiki), ☎ (0375) 41450, (V–IX), 2 ha, 160 St.

Das ebene, zwischen der Küstenstraße von Sithonia und dem Meer gelegene Wiesengelände wurde mit jungen Pappeln bepflanzt, die teilweise schon guten Schatten spenden. Mattendächer sorgen zudem für Schutz vor der Sonne. Das zum touristischen Komplex gleichen Namens gehörende Hotel ist einem Teil des Campingterrains vorgelagert, so daß sich hier kein Blick auf das Meer ergibt. Die restlichen Stellplätze erstrecken sich seitlich des vierstöckigen Gebäudes bis unmittelbar an den schönen Sandstrand, der leichte Dünen aufweist und im Wasser schnell tiefer wird. Die Bademöglichkeiten sind hervorragend.
Die modernen Sanitäranlagen sind an allen Installationen mit Warmwasser versorgt (Solarenergie), machen einen ordentlichen Eindruck und werden sauber gehalten. Außerdem steht ein Lebensmittelladen zur Verfügung, ein Restaurant mit geschlossenem Raum sowie offener Terrasse, verschiedene kleine Geschäfte und eigene Räume zum Geschirrspülen und Wäschewaschen sowie Kochen. Auch das Hotel mit seinem Restaurant und der Discothek kann von den Campern benützt werden. Besonders erwähnenswert ist der schöne Blick, der sich vom Strand aus über eine weite Bucht auf die hohen, steilen Berge der Halbinsel von Athos ergibt. Die Wassersportmöglichkeiten sind sehr günstig. Insgesamt ist dieser Platz für einen Urlaub sehr gut zu empfehlen.

🄿 Meer und Strand, Discothek, einige Kinderspielplätze, Ausflüge.

➡ Platz liegt unmittelbar an der Küstenstraße von Sithonia auf dem Ostufer, ist von weither schon gut beschildert und kann nicht übersehen werden.

♟ Ausflüge und Sehenswürdigkeiten siehe Beschreibung Sithonia, Kassandra und Thessaloniki.

◤ Camping Lacara ✿ ✿   14
Akti Koutloumousi bei Vourvouru auf Sithonia (Chalkidiki), ☎ (0375) 21215, (V–IX), 10 ha, 200 St.

Camping Lacara ist ein noch junger Platz. Er liegt in einem tiefen Taleinschnitt mit eigenem, von außen nicht zugänglichem Strand. Das Gelände weitet sich von der Einfahrt hin zum Meer, wo es dann ca. 150 m breit ist. Eine Besonderheit ist der teilweise sehr schöne, alte schattenspendende Baumbestand.
Der einer Gesellschaft gehörende Camping weist gute, mehrfach im Gelände verteilte Sanitärbauten auf, die aus Sichtziegelsteinen erbaut wurden. Die Pflege und Ausstattung ist gut, die Warmwasserversorgung funktionell. Am Strand ist ein kleines Restaurant mit Bar, ein ausreichendes Lebensmittelsortiment wird geboten. Am Platzeingang ist ein Disko-Night-Club, nicht jedermanns Sache, aber zur Zerstreuung manchmal recht angenehm. Kein Hundeverbot.

Ayion Oros

🏊 Meer und Strand, Diskothek.

➡️ Der Platz ist von der gut ausgebauten Küstenstraße zwischen Vourvouru und Sárti gut erreichbar und beschildert.

♜ Ausflüge und Sehenswürdigkeiten siehe Thessaloniki und Athos.

◣ Camping Poseidonion ✿   15
Vourvouru auf Sithonia (Chalkidiki), ☎ (03 75) 3 12 51, (V–X),
5 ha, 200 St.

Das Kapital des Privatcampingplatzes Poseidonion ist die Natur. In einem fast völlig unberührten, lichten Mischwaldgelände besteht Stellmöglichkeit bis hin an den prächtigen Strand der stark gegliederten Küste mit Felsen, unzähligen Buchten und Inselchen – ein Paradies für Wassersportler aller Art.
So schön die Natur, so bedauerlich der Zustand der sanitären Einrichtungen des Platzes, denn diese sind mehr als einfach. Ein Camper mit dem Wunsch nach ein wenig hygienischem Komfort ist auf diesem Gelände fehl am Platz!
Zur Versorgung dient ein Lebensmittelladen, und am Strand steht ein Bau mit dem Restaurant. Hier wird viel gefeiert und der nächtliche Lärm stört leider auch die Gäste, die im Umkreis dieses ‚action-center‘ ihre Behausung aufgeschlagen haben. Kein Hundeverbot.

🏊 Meer und Strand. Auffallend viel Motorbootverkehr am flachen Strand.

➡️ Der Platz ist an der ostseitigen Küstenstraße in der Nähe der Ortschaft gut beschildert.

♜ Ausflüge und Sehenswürdigkeiten siehe Thessaloniki und Athos.

Ayion Oros (Athos)
Der östlichste Finger der Halbinsel Chalkidiki ist Ayion Oros, besser bekannt als der *Mönchstaat Athos*, der eine anerkannte Verwaltungsautonomie besitzt und nur von Männern bewohnt wird.
Die günstigste **Zufahrt** führt von **Thessaloniki** auf der gut asphaltierten, jedoch zum Teil schmalen und sehr kurvenreichen Straße über die Orte **Vassilika**, **Galátista** und **Arnéa** quer durch die Halbinsel, um bei **Stratónion** wieder das Meer zu erreichen. Weiter geht es südwärts an der Küste entlang nach **Terissós** und **Ourano polis,** dem letzten Fleckchen der ‚weltlichen‘ Erde.
Ein landschaftlich reizvollerer Weg führt von der *Halbinsel Sithonia* vom Städtchen **Nikitas** zur Ostküste nach **Aj. Nikólaos** und am Meer entlang zum Fischernest **Pyrgadikia** (letztes Wegstück schlechte, staubige Wegstrecke!). Von hier geht es in vielen Serpentinen ebenso schlecht weiter nach **Plana** (8 km). Probieren Sie in den kleinen Tavernen am Dorfplatz die schmackhaften Spieße (Souvlaki), die frisch vom Holzkohlengrill zum Spottpreis angeboten werden. Dazu ein Schluck Rezina und Sie sind gut gewappnet für die folgende, schlechte Wegstrecke nach **Megali Panajia** (11 km), die nicht markiert ist und durch einsame Hochlandschaften führt. Eine gute Straße folgt bis **Neochórion** (12 km), wo man die erstgenannte Hauptroute erreicht.

Ouranopolis

Ouranopolis (deutsch: Himmels-stadt) ist der Ausgangspunkt zum *verbotenen Land* von Athos und zugleich einkleiner Fremdenverkehrsort mit urwüchsigem Leben. Sein Wahrzeichen ist der alte, *byzantinische Meldeturm*, der die prachtvollen Sandstränade unterteilt und dem Dorf seinen Charakter auferlegt. In seiner Nähe liegt ein großer Parkplatz, wo man sich entscheiden muß, ob man in die ‚klerikale‘ Welt, in die kühlen, sauberen Fluten oder in die verführerisch duftenden Tavernen der westlichen Promenade will. Diese Restaurants haben einen ausgezeichneten Namen und von weit her kommen die Einheimischen, um sich hier lukullischen Genüssen hinzugeben. Wer einsame Strände sucht, kann sich per Motorboot zu den vorgelagerten Inseln übersetzen lassen und dort seine private Robinsonade erleben. Ehefrauen brauchen sich also sicherlich nicht einsam und verlassen vorkommen, wenn ihre Männer die Mönche besuchen gehen.

Athos

Wer Athos besuchen gehen möchte, muß eine Erlaubnis haben, die es beim Generalgouverneur in Thessaloniki oder beim deutschen Konsulat in Athen oder Thessaloniki gibt. Frauen, Kinder und Jugendliche bis 25 Jahre dürfen zwar bis zum Haupthafen Dáfni per Schiff mitfahren, das Land aber nicht betreten.

Die Männer gehen am Hafen an Land und streifen nun zu Fuß, oft stundenlang, von Kloster zu Kloster, denn Straßen oder Verkehrsmittel gibt es im Lande der Mönche nicht. Meistens wird der Hauptort des Staates, *Karyá*, besucht, dessen prachtvolle Klöster und Kirchen sehr sehenswert sind.

Wer gern wandert, kann noch verschiedene, entferntere Klöster und

Kloster auf dem Berg Athos

Einsiedeleien besuchen und die Ruhe und Stille dieses einmaligen Landes genießen. Übernachtungsmöglichkeiten werden gegen ein geringes Entgelt geboten, in Verbindung mit Halbpension aus der Klosterküche.

Ein Tip:

Wer von Kassandra, Sithonia oder von Athos die griechische Nordküste von Kavála und weiter die **türkische Grenze** erreichen will, kann sich den weiten Umweg über Thessaloniki ersparen und eine versteckte Geheimroute fahren. Von der Ortschaft Neochórion (erwähnt unter ‚Ayion Oros‘) führt linker Hand eine passabel befahrbare Staubpiste in Form einer Bergstraße durch herrliche, einsame Mischwaldzonen. Kleine Hinweisschilder zeigen den Weg. Durch die unendlich vielen Kurven hat man den Eindruck, niemals sein Ziel zu erreichen. Doch schließlich glänzt weit unterhalb der Golf von Orfánu, und bald darauf erreicht man bei Olimpiás das Meer. Auf weiterhin schmaler, staubiger Straße folgt man der Küste, unberührte Sandstrände laden zum freien Campen und Baden ein und nach insgesamt 34 km ist man in Stavros, das nahe der Hauptstraße E5 liegt.

▲ Camping Olympias ✿ ✿   16
Olympias-Chalkidiki (Makedonia), ☎ (031) 419308, (V–IX), 2,2 ha, 150 St.

Dieses neuerbaute und äußerst ruhig liegende Campinggelände erstreckt sich auf weitflächigen Wiesen unter hochstämmigen, ausladenden, sehr schönen alten Bäumen sowie unter jüngeren Pappeln. Das gesamte Gelände ist parzelliert, Stromanschlüsse für Caravans mit 220 V stehen überall zur Verfügung. Platzstraßen erschließen das Terrain, der Lebensraum für jede Camperfamilie ist großzügig bemessen.

Vier Sanitäranlagen mit Warmwasserversorgung an allen Becken und Durschen sind auf dem Gelände verteilt und werden durch zwei Extragebäude (Geschirr und Wäsche), ebenfalls mit Warmwasser, ergänzt. In Punkto Sauberkeit und Pflege findet man hier Bestes, auch die Anzahl ist großzügig bemessen. Eine bar im griechischen Tavernenstil sowie ein Supermarkt ergänzen den gebotenen Gesamtservice.

Der Platz liegt ein wenig im Inland in äußerst ruhiger Lage, zum Strand sind 200 m zurückzulegen. Das Wasser ist klar und sauber, die Bademöglichkeiten hervorragend und der feine Sand ist auch für Kinder sehr günstig. Deutsches Management.

🏊   Meer und Strand (200 m).

➡   Die Zufahrt zum Platz zweigt von der Hauptstraße E5 kurz vor Asprovalta in Richtung Stavros ab, führt durch diesen Ort und noch 10 km auf Schotterstraße in Richtung Olympias. Kurz vor diesem reizenden Ort ist das Campinggelände gut beschildert.

♜   Nahe Ausflüge bieten sich nach Olympias, einem reizenden Dorf, an. Auch Wanderungen in flacher oder hügeliger, gut bewaldeter Landschaft sind durchzuführen. Außerdem führt eine direkte Staubstraße zur Halbinsel Athos mit den berühmten Klöstern.

Thessaloniki – Türkische Grenze

Route: Man verläßt **Thessaloniki** nach Norden durch lange Vororte in Richtung ‚Kavala‘ (schwierig zu findende Beschilderung) und hält sich entlang der Ausläufer des Kissos-Gebirges, bis man nach 12 km auf eine große Straßenkreuzung trifft. Leicht links führt die Hauptstraße E20 nach ‚Serre‘, wir biegen nach rechts auf die E5 (Kavala) ab. Durch eine fruchtbare Ebene erreichen wir den *Koronia-See*, halten uns an dessen Südufer und stoßen bald darauf auf den *Volvi-See*. Wir passieren den Ort **Apollonia**, das an der Stelle der gleichnamigen, antiken Stadt liegt und überwinden kurz darauf einen Engpaß, der von einer Burgruine gekrönt wird.

Nach ca. insgesamt 80 km erreichen wir wieder das Meer bei dem kleinen Badeort **Stavros,** bei dem auch der Schleichweg von der Halbinsel Athos mündet.
Nach weiteren 7 km fahren wir dann in **Asprovalta** ein.

Asprovalta

Asprovalta ist ein kleines Dorf am weitgeschwungenen Golf von Orfánu und so unbedeutend, daß es in keinem Reiseführer beschrieben wird. Man findet einen kleinen Dorfkern mit einfachen Cafés, einer ländlichen Taverne und freundlichen Einheimischen, die noch Muße und Ruhe haben.

Sein größter Vorzug ist der lange, feinsandige Strand, der erstaunlich einsam ist, wenn man einmal von der nahen Hauptstraße absieht. Als Ausgangspunkt für Ausflüge in das unberührte Hinterland, zum hübschen Städtchen Sérre sowie speziell auf die Halbinsel Athos ist es sehr günstig gelegen. Ansonsten bietet es sich mit seinen zwei Campingplätzen als guter Übernachtungspunkt an.

Camping Asprovalta EOT ✿ ✿ ✿   **17**
Asprovalta (Makedonia), ☎ (0397) 3249, (I–XII), 40 ha, 1200 St.

Das ebene Wiesenterrain ist teilweise parzelliert und erstreckt sich zwischen der Hauptstraße und dem langen Strand. Alte, hohe und weit auslaufende Laubbäume spenden reichlichen Schatten, und durch eine ansprechende, gärtnerische Gestaltung erweckt das Gelände den Eindruck eines gepflegten Parks. Bemerkenswert ist die Weitläufigkeit des Platzes, die für den individuellen Camper viel Lebensraum läßt. Staubfreie Straßen sowie vereinzelte Blumenanlagen runden das positive Bild dieses Campings ab.
Die Sanitäranlagen sind in zahlreichen Gebäuden auf dem Gelände verteilt und an allen Becken und Duschen mit Warmwasser versehen. Die vollständige Kachelung sowie eine regelmäßige Reinigung fallen angenehm ins Auge. Für die Versorgung der Gäste steht ein kleinerer Lebensmittelladen zur Verfügung, ein Restaurant ist nahe des Platzeinganges zu finden. Stromanschlüsse für Caravans und einige Bungalows runden den Service ab.
Als besonders angenehm ist der lange und schöne Sandstrand zu bezeichnen, der breit und flach ins Wasser abfällt und auch Kindern gute Bademöglichkeiten verspricht. Wer ein wenig Sport treiben möchte, kann Tischtennis spielen oder sich auf dem Basket- und Volleyballfeld einem ‚Team' anschließen. Für die ‚Kleinen' wurden zahlreiche Spielgeräte am Strand installiert, die gerne und viel benützt werden.

🏊   Meer und Strand, Tischtennis, Basketball, Volleyball, Tennis.

➡   Die Zufahrt führt von Asprovalta auf der Hauptstraße ca. 2 km in Richtung Kavala, bis man unmittelbar am Straßenrand auf die Platzeinfahrt stößt.

♟   Ausflüge und Sehenswürdigkeiten siehe Ortsbeschreibung und Thessaloniki sowie Kavala.

Asprovalta

▲ Camping Europa ✿ ✿   18
Asprovalta (Makedonia), ☎ (0397) 31319, (V–X), 1,5 ha, 200 St.

Der kleine, familiäre Campingplatz macht auf den ersten Blick einen sehr ansprechenden Eindruck, der sich bei näherer Betrachtung als wahr erweist. Das ebene, sehr gepflegte Rasengelände ist in vier Felder unterteilt, die durch mittelhohe Laubbäume gut beschattet werden.

An der Platzeinfahrt findet man neben der Rezeption einen kleinen, aber gut ausgestatteten Einkaufsladen und unmittelbar gegenüber eine einladende Bar, die auf ihrer Freiterrasse auch einen Restaurationsbetrieb bietet. Nicht weit entfernt liegt ein einfacher Kinderspielplatz, in dessen sandigen Untergrund einige Geräte gestellt wurden.

Bemerkenswert sind die sanitären Anlagen, die neben einer guten Warmwasserversorgung in den Duschen und an den Geschirr- sowie Wäschewaschbecken durch eine erlesene Kachelung ins Auge fallen. Sauberkeit ist hier Trumph und man bemerkt auf Schritt und Tritt die Fürsorge der familiären Führung, die auch vier Appartements zur Vermietung bereit stellt.

Der schöne, feinsandige Strand grenzt unmittelbar an den Platz, ist äußerst weitläufig und fällt flach ins Wasser ab. Auch Kinder finden hier ein ungetrübtes Planschvergnügen. Kein Hundeverbot.

🏊 Meer und Strand, Kinderspielplatz.

➡ Die Zufahrt führt von Asprovalta auf der Hauptstraße in Richtung Kavala und zweigt nach ca. 3 km meerwärts zum Platz ab.

🏛 Ausflüge und Sehenswürdigkeiten siehe Ortsbeschreibung, Thessaloniki und Kavala.

Route: Wir verlassen **Asprovalta** in nordöstlicher Richtung auf der Hauptstraße E5 und fahren an den langen Sandstränden des *Golfes von Orfanu* entlang. Hier kann man auch zahlreiche Möglichkeiten für ‚wildes' Camping finden, die schönen Bademöglichkeiten lohnen eine Pause. Auf der Inlandseite der Küstenstraße erblickt man nach einigen km den kleinen und einfachen Campingplatz *Matsiki,* eine preiswerte, jedoch laute Übernachtungsmöglichkeit.

Kurz vor der Brücke über den Fluß Strymón erblickt man linker Hand einen mächtigen, steinernen Löwen, vermutlich der Rest eines hellenistischen Grabbaues. Ebenfalls nach links kann man zu dem 6 km entfernten, unbedeutenden ‚Amfipolis' abzweigen, das einst eine römische Provinzhauptstadt war. Ca. 6 km nach der Brücke über den Fluß Strymón zweigt rechter Hand eine sehr staubige und schlechte, aber breite Feldstraße Richtung Meer ab. Auf diesem Feldweg erreicht man den Campingplatz *Ofriniu Duzla,* ein karges und staubiges Terrain zwischen dem schönen Sandstrand und dem parallel dazu verlaufenden Feldweg. Auch die Anlagen sind sehr einfach. Junge gepflanzte Pappeln spenden noch äußerst wenig Schatten. Insgesamt kann hier nur von einer notdürftigen Übernachtungsmöglichkeit gesprochen werden.

In einer Talfurche und an den Hängen des Pangeon und Simvolon-Gebirges verläuft die Straße sehr kurvenreich weiter nach Osten, passiert den Ort **Polochórion** und erreicht das Dorf **Elefteroúpolis,** in dem rechter Hand eine Nebenstraße an die Küste bei Nea Iraklitsa abzweigt (Camping Estrelle!).

Kurz darauf mündet von Norden kommend die Hauptstraße von der Stadt Dráma. Dann geht es über einen kleinen Paß und jenseits hinunter mit schönem Panorama nach **Kavala** (80 km).

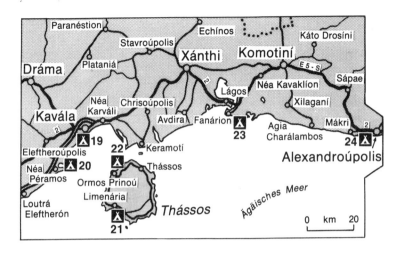

Kavala

Kavala, ein bedeutendes Provinzstädtchen mit ca. 60 000 Einwohnern, liegt malerisch am gleichnamigen Golf und zieht sich an den Hängen des Simvolon-Gebirges hinauf. Schon in der Antike war es unter dem Namen *Neapolis* ein bedeutender Hafen der alten Stadt *Philippi* und später die erste, europäische Siedlung, die der *Apostel Paulus* besuchte. Daher wurde es auch zuweilen als ‚Christopolis‘ bekannt. In byzantinischer Zeit entstand eine bedeutende, gewaltige Festung, die von den Türken verstärkt wurde. Erst durch den ersten Balkankrieg (1912) kam es wieder in griechischen Besitz.

Sehenswert ist die *Altstadt* mit ihrem orientalischen Charakter sowie das *Archeologische Museum* am Hafen, das interessante Funde aus Neapolis, Philippi und Amfipolis beherbergt. Die Reste der alten *Festung* mit ihren Türmen und Bastionen (an der Stelle der antiken Akropolis) bietet sich als wunderschöner Aussichtspunkt an, und nicht weit entfernt liegt das *Geburtshaus von Mehmet Ali*, dem einstigen Begründer der ‚ägyptischen Dynastie‘ (um 1800). Nördlich des Stadtzentrums erhebt sich ein großes, eindrucksvolles *Aquädukt* aus römischen Zeiten, dessen imposanter, zweistöckiger Bau noch heute das Stadtbild beherrscht.

Als wichtige Industriestadt und Zentrum des mazedonischen Tabakhandels ist Kavala heute ein lebendiger Handelshafen, dem es zwar an Ferienatmosphäre fehlt, der jedoch im Südwesten einige, sehr schöne Strände besitzt. Hier liegen auch die nachfolgend beschriebenen Campingplätze. Außerdem ist Kavala der Haupthafen für die Fähren zur Insel Thassos!

49

Kavala

Touristischer Hinweis:
1 km östlich der Stadt **Kavala** in Richtung Xanthi ist ein neuerer Campingplatz zu finden. *Camping Irini* liegt zwischen der Hauptstraße und dem Meer auf einer flachen Wiese unter mittelhohen Pappeln, die bereits Halbschatten spenden. Neben ordentlichen Sanitäranlagen findet man ein Restaurant, ein Einkaufsgeschäft sowie ein Café. Stromanschlüsse für Caravans sind vorhanden. Bademöglichkeiten bestehen am schönen Sandstrand, der auch für Kinder geeignet ist. Insgesamt ist das Gelände speziell für Übernachtungsgäste in Richtung Türkei geeignet, wie auch für Besucher der Stadt Kavala.

▲ Camping Akti Kavala EOT ✿ ✿   19
Kavala (Makedonia), ☎ (051) 227151, (I–XII), 3 ha, 150 St.

Der teilweise leicht terrassierte, ansonsten vollkommen ebene Platz liegt auf gepflegten Wiesen unterhalb der hier einen weiten Bogen beschreibenden Küstenstraße. Durch seine Lage in einer Art Talkessel wird ein in sich geschlossener Eindruck erweckt, der durch die hohen, gut schattigen Laubbäume noch verstärkt wird. Die Umgebung besteht aus verhältnismäßig kahlen Hügeln, die keinen sehr einladenden Charakter besitzen.
Die Ausstattung des Campingplatzes ist als zufriedenstellend zu bezeichnen. Ins Auge fallen die modernen Sanitäranlagen, die neben einer guten Warmwasserversorgung (an den Duschen sowie an den Geschirr- und Wäschewaschbecken) eine ansprechende Kachelung und einen regelmäßigen Reinigungsdienst aufweisen. Für die Versorgung der Gäste stehen ein ordentlicher Supermarkt sowie ein Restaurant zur Verfügung. Stromanschlußmöglichkeiten für Caravans und ein großer Kinderspielplatz mit zahlreichen Geräten runden den Service ab.
Dem Platz ist ein öffentliches Strandbad angeschlossen, das die Camper gratis benützen können. Der Strand ist feinsandig, weitflächig und fällt flach ins Wasser ab, so daß auch Kinder gut baden können. Weniger begeisternd ist das starke Vorkommen von Seegras, das zuweilen den ganzen Strand bedeckt. Dafür findet man einen gewissen Service, der mit Duschen, Bar und Liegestuhl-Verleih angenehm vermerkt werden kann. An den Wochenenden ist dieses Strandbad von den Einheimischen aus Kavala zumeist stark frequentiert, so daß dann auch die Segelschule und Wasserskischule ausgebucht sind. Kein Hundeverbot.

🏊 Meer und Strand, Kinderspielplatz, Segel- und Wasserskischule, Volleyball.

➡ Die Zufahrt führt von Kavala entlang des Meeres in westliche Richtung, über einige kleine Hügel hinweg und zum Platz (4 km). Die steile Einfahrtsrampe zur Rezeption ist asphaltiert.

♜ Ausflüge und Sehenswürdigkeiten siehe Kavala und Thassos. Die Städte Dráma und Sérre lohnen ebenfalls einen Besuch.

▲ Camping Estella ✿ ✿ ✿ ✿   20
Nea Iraklitsa bei Kavala (Makedonia), ☎ (0592) 71465, (V–X), 1,5 ha, 100 St.

Die Überraschung ist perfekt: Camping Estella ist mit Abstand der beste Platz weit und breit hinsichtlich der Sanitäreinrichtungen. Da wurde doch tatsächlich auf einem verhältnismäßig kleinen Gelände nicht an kostbaren Quadratmetern gespart und zwei moderne, vollgekachelte, luxuriöse Sanitärbauten mit hervorragenden Installationen stehen dem Camper zur Verfügung, auch in Hinsicht auf eine spätere Platzvergrößerung.

Doch das ist nicht alles, denn der gesamte Platz erweckt den Eindruck des Besonderen. Die Einfahrt von der Küstenstraße zum Camping führt auf einen Parkplatz gleich hinter dem Tor, bei dem die Rezeption zu finden ist. Man kann sich auf dem überschaubaren Gelände umsehen und sich dann einen der freien, äußerst gepflegten und abgeteilten Stellplätze aussuchen. Die Parzellen liegen im Schatten halbhoher, lichter Bäume. Der Strand ist direkt vor dem Platz relativ schmal, aber gleich daneben erstreckt sich auf vielen Hundert Metern herrlicher Sandstrand von bester Qualität in einer weitgeschwungenen Bucht. Auch die Versorgungseinrichtungen des Campings können sich sehen lassen. Ein modernes Selbstbedienungs-Restaurant, blitzblank und sehr sauber, mit einer schönen, geschmackvoll gestalteten Freiterrasse mit Café-Bar läßt den Urlaub zum Genuß werden.

Für Kinder ist der Strand paradiesisch, der Übergang ins klare Wasser flach und der Strand sehr fein. Auch Bootssportler, vor allem Segler und Windsurfer, finden hier ein ideales Revier für ihre Hobbys.

🅿 Meer und Strand, gute Segelmöglichkeiten.

➡ Vom Hafen von Kavala fährt man in westlicher Richtung am Meer entlang, passiert den EOT-Camping und erreicht nach insgesamt 12 km den Platz.

♜ Ausflüge und Sehenswürdigkeiten siehe Kavala und Thassos. Die Städte Dráma und Sérre lohnen ebenfalls einen Besuch.

Insel Thassos

In Sichtweite des Festlandes liegt hier im Norden der griechischen Küste eine der schönsten, vom Wildwuchs moderner Ferienzentren und Hotelbaulöwen verschonten Insel der nördlichen Ägeis. Sie ist so grün und fruchtbar, daß es schwer fällt, sich vorzustellen, im tiefsten Süden Europas zu sein. Ausgedehnte Pinienwälder ziehen sich über die Berge und Hügel, reichen bis an die Strände heran und wechseln sich mit Weinfeldern und Olivenplantagen ab. Das Leben geht noch seinen besonderen Gang. Ruhe und Muße sind allgegenwärtig und die Zeit scheint stillgestanden zu haben. Die Insel ist klein genug, um sie in ca. 2 Stunden mit dem Auto zu umrunden, aber es wäre fast eine Sünde, zu versuchen, dieses herrliche Stückchen Erde so schnell zu erkunden.

Thassos reizt in vieler Hinsicht. Es hat nicht nur eine sehr gastfreundliche Bevölkerung, sondern auch zahllose Reste einer großen Vergangenheit, hervorragende Strände und glasklares, azurblaues Wasser. Es locken noch fast unberührte Buchten mit schönen Kies- bzw. Sandstränden, die von hohen Felskippen begrenzt sind und einen nahezu paradiesischen Eindruck machen. Die **Anreise** von **Kavala** erfolgt mit Schiffsfähren, die täglich mehrmals verkehren, zum Hauptort der Insel, **Thassos.** Wer die 2stündige Schiffahrt abkürzen möchte, kann auch vom Festlanddorf **Keramoti** in einer knappen

Insel Thassos

Stunde nach Thassos übersetzen. Eine dritte Möglichkeit ist die Autofähre von Kavala nach **Ormos Prinou,** einem kleinen Hafennest mit hübschen Cafés und gemütlichen Tavernas. Einheimische, die ihre Privatzimmer vermieten wollen, sprechen die Ankommenden in der jeweiligen Sprache des Autokennzeichens an. Wer unmittelbare Kontakte zu diesen freundlichen Menschen sucht, dem bieten sich hier beste Möglichkeiten an.

Eine Inselrundfahrt erschließt die lieblichen Landschaften dieses Kleinods. Durch gepflegte Olivenhaine, Weingärten, Pinienwälder und Macchia-Karstgelände führt die sehr gut ausgedehnte Straße in stetem Wechsel von auf und ab, sehr kurvenreich und fast stets in Meeresnähe entlang.

Die Westküste besteht aus sehr schroffen, teils hohen und zerklüfteten Steilküsten, in die einige der schönsten Strände eingelagert sind. Selten mit Sand, meistens grobsteinig oder mit mehr oder minder großen Kieselsteinen bestechen sie durch ihr glasklares Wasser. An einige der Buchten gelangt man mit dem Auto, und dort ist der das freie Campingleben bevorzugende Reisende König. Solche Taleinschnitte und Buchten sind bei Limenaria, Potos, Alyki, Krini und Makriammo zu finden.

Der Hauptort **Thassos,** Anlegehafen mehrerer Fähren, ist ein liebenswerter, gemütlicher Ort mit einem erstaunlichen Reichtum antiker Sehenswürdigkeiten. Neben hübschen Promenaden, originellen Boutiquen, gemütlichen Tavernas wird ein sehr bescheidenes Angebot an Zerstreuung tags wie nachts geboten. Ruhe, Flair und Atmosphäre herrschen vor, ein unschätzbares Positivum, das für die ganze Insel gilt.

▲ Camping Pefkari ✿ ✿   21
Limenaria auf Thassos (Makedonia), ☎ (0593) 51595, (V–IX), 1,5 ha, 100 St.

Ein sympatischer Platz, ein schöner Strand und eine sehr freundliche, zuvorkommende Besitzerfamilie – das sind die Kennzeichen dieses sehr zu empfehlenden Campings. Das Gelände liegt in einem ebenen, natürlichen, alten Olivenhain, zum Meer hin leicht abgestuft. Der Boden ist sandig und steinig, die Bäume spenden einen leichten Halbschatten. Die Ruhe, besonders nachts, ist bemerkenswert, denn keinerlei Störungen sind vorhanden, weil die Küstenstraße abseits liegt.

Einer der Gründe, daß der Campingplatz innerhalb kurzer Zeit ein zahlreiches Stammpublikum haben wird, ist der prächtige Sandstrand. Dieser ist etwa 600 m lang, bis zu 40 m breit und liegt sehr schön zwischen von Wald bestandenen Felsen. Das Wasser ist glasklar und Kinder, Badende sowie Wassersportler kommen voll auf ihre Kosten.

Die Leitung des Platzes liegt in den Händen einer Familie, die sich um ihre Gäste rührend bemüht, der Eigner lebt seit Jahren in Deutschland. Aus der Kenntnis der Mentalitäten heraus bemüht er sich speziell um seine deutschen und nordeuropäischen Gäste und die Zufriedenheit aller Urlauber ist der beste Dank.

Die Mühen der Eigner zeigen sich auch in den sanitären Bereichen. Nicht nur, daß die Bauten architektonisch sehr geschmackvoll aus Stein erstellt wurden, auch die Innenausstattung geht über das Maß hinaus, das man normalerweise erwartet. Die Einrichtungen sind modern, voll gekachelt und weisen sehr geräumige Waschräume auf. Die Anzahl der Warmduschen ist zufriedenstellend, die vielen Außenduschen im Freien werden ohnehin mehr benützt.

Für Caravans ist eine kleine Anzahl von Stellplätzen mit Stromanschlußmöglichkeiten versehen, ein Restaurant soll noch gebaut werden. In Platznähe entlang des Zufahrtsweges findet man aber bereits mehrere Imbisse und Tavernen.

Bootsbesitzer haben gute Liegemöglichkeiten am Strand. Interessante Ausflüge und Entdeckungsfahrten zu Wasser bieten sich an. Kein Hundeverbot.

🄿 Meer und Strand.

▶ Von der Hauptstadt Thassos fährt man in westlicher Richtung auf der Küstenstraße, passiert den zweiten Fährhafen Prinos und erreicht bald darauf den Ort Limenaria. Ca. 2 km danach biegt man zum Meer ab und erreicht auf einem schmalen Feldweg den Platz.

♜ Ausflüge und Sehenswürdigkeiten siehe Inselbeschreibung und Kavala.

Camping Ioannidis ✿ ✿   22
Rachoni auf Thassos (Makedonia), ☎ (0593) 71377, (V–IX),
5 ha, 350 St.

Camping Ioannidis ist schon ein betagterer Platz und war lange Zeit der einzige auf der Insel. Dadurch kann es in der Hauptsaison manchmal schwierig werden, einen Stellplatz zu erhalten, denn das Gelände hat bereits einen hohen Prozentsatz an Gästen, die in Treue alle Jahre wiederkommen.

Das ebene Wiesengelände liegt in bevorzugter Lage unmittelbar am Meer. Das gesamte Terrain ist in geräumige Parzellen unterteilt, dadurch ist jedem Camper der zugeteilte Lebensraum gewiß. Im Gegensatz zu der im nördlichen Küstenbereich der Insel sehr schönen, schattigen Wälder ist das Platzgelände selber ziemlich schattenlos und es wird noch einige Zeit dauern, bis die jung gepflanzten Bäumchen größer werden. Bis es einmal soweit ist, behilft man sich mit Mattendächern.

Dem angenehmen Charakter des Platzes entsprechen auch die Sanitäranlagen. Sehr zahlreich sind da z. B. Warmduschen anzutreffen, selbst Geschirr- und Wäschewaschbecken sind mit Warmwasser versorgt. Die Räumlichkeiten sind großzügig und zahlreich und verdienen das Prädikat ‚sehr ordentlich‘. Die Stromversorgung für Caravans ist ebenso ausreichend wie die übrigen Serviceleistungen.

Sehr gefällig ist das kleine Ladenzentrum nahe dem Strand, das neben einem Vollservice-Restaurant einen guten SB-Laden, Bazar, Zeitungsstand, Souvenirladen und vor allem eine gemütliche Café-Bar bietet. Auf der Freiterrasse sitzt man dann im Schatten bei einem Glas Ouzo oder Campari, genießt den schönen Blick auf das Meer, den breiten Strand und die vielen Badenixen, die gelegentlich durch englische Busgruppen scharenweise gebracht werden. Mitunter kann es dann auch zu Ruhestörungen kommen, denn die lauen Sommernächte verlocken zu ausgiebigen Feiern. Kein Hundeverbot.

🄿 Meer und Strand, Kinderspielplatz (klein). Ein Tennisplatz ist in Vorbereitung.

Fanárion

▶ Von der Hauptstadt Thassos fährt man in westlicher Richtung am Meer entlang und stößt nach ca. 14 km auf die gut beschilderte Einfahrt zum Platz.

Kommt man mit der Fähre nach Prinos, wendet man sich ca. 2 km auf der Küstenstraße nach Norden in Richtung Thassos und erreicht ebenfalls den Camping.

♟ Ausflüge und Sehenswürdigkeiten siehe Beschreibung der Insel und Kavala.

Bei Vollbelegung des Platzes weichen zahlreiche Camper auf die benachbarten Oliven- und Pinienhaine aus, die sich durch ihre Lage am Meer als sehr attraktiv zeigen. Die Campingverbotsschilder werden hierbei nicht beachtet und die Einheimischen schreiten auch nicht ein, solange man sich an die Hauptregel hält, daß offenes Feuer strikt verboten ist – Waldbrandgefahr!

Route: Wir verlassen **Kavala** auf der Hauptstraße E5 in östlicher Richtung, fahren unter dem bereits beschriebenen Aquädukt hindurch und folgen einige Kilometer der Küstenlinie, die neben bescheidenen Stränden eine ansprechende Aussicht auf die Insel Thassos bietet. Die Route wendet sich nun landeinwärts, durchquert fruchtbare, landwirtschaftlich genutzte Ebenen und erreicht nach ca. 27 km den Abzweig nach Keramoti, einem kleinen Fischerdorf mit Fährhafen zur Insel Thassos.

Kurz darauf überqueren wir den Fluß Néstos, der die Grenze zwischen Mazedonien und Thrakien bildet. Nach weiteren 14 km passieren wir das Städtchen **Xánthi,** das ein malerisches, türkisches Viertel besitzt und zugleich Mittelpunkt des Tabakanbaugebietes ist.

Wir verbleiben auf der Hauptstraße E5, die sich nach Südosten wendet und bald wieder ans Meer stößt. Durch lagunenartige Gebiete erreichen wir dann den Abzweig nach **Fanárion.**

▲ Camping Fanari-Komotini EOT ✿ ✿ ✿ ✿ 23
Fanárion bei Komotini (Thrace), ☎ (0535) 3 12 17, (I–XII), 6 ha, 250 St.

Kommt man zu diesem weitläufigen Gelände, so schaut man unwillkürlich zweimal, ob es sich hier auch wirklich um einen Campingplatz handelt. Denn die ausgedehnten Wiesen mit einer Art englischem Rasen, die von Laub- und Nadelbäumen bestanden sind, sind so einnehmend gärtnerisch gestaltet, daß man den Eindruck hat, in einem Privatpark zu sein.

Hier und da stehen einige Caravans oder Zelte verstreut in der Landschaft, Lebensraum in Hülle und Fülle und jeder Stellplatz durch schattige Bäume und blühende Büsche unterteilt. Asphaltierte Platzwege und die ungewöhnliche Ruhe runden den hervorragenden Eindruck ab.

Die Ausstattung des Platzes entspricht in allen Belangen dem positiven Gesamteindruck und die modernen, sehr sauberen Sanitäranlagen mit zahlreichen Warmduschen und Warmwasser an den Geschirr- und Wäschewaschbecken sind mehr als zufriedenstellend. Auch Waschmaschinen werden zur

Verfügung gestellt. Der gut ausgestattete Supermarkt sowie das moderne Selbstbedienungs-Restaurant mit überdachter Freiterrasse und eine Snackbar sorgen für das leibliche Wohl der Gäste.

Im vorderen Teil grenzt der Camping an einen ca. 500 m langen, sehr feinsandigen und weißen Strand, der durch seinen flachen Übergang ins Wasser auch Kindern ungetrübte Badefreuden verspricht. Strandduschen, eine Bar und ein Kinderspielplatz vervollständigen den Badeservice.

Die engagierte Platzleitung sorgt für eine nahezu perfekte Organisation und wer Ruhe und Erholung sucht, wird hier bestens aufgehoben sein. Jüngere Leute mit viel Unternehmungsgeist werden sich nicht sehr wohl fühlen. Kein Hundeverbot.

🏊 Meer und Strand, Kinderspielplatz, Tischtennis, Volleyballfeld.

➡ Die Zufahrt führt von der Hauptstraße E5 ca. 2 km nach dem Ort Lágos (östlich) auf einer Stichstraße nach Fanárion und zum Platz, gute Beschilderung.

♜ Ausflüge nach Kavala, Xánthi, Komotini und zur Insel Thassos.

Route: Bei dem Abzweig der Nebenstraße nach Fanárion wendet sich unsere Hauptstraße E5 wieder landeinwärts, zieht sich durch weite, sehr flache und fruchtbare Ebenen und erreicht nach ca. 30 km das Städtchen **Komotini,** Sitz eines orth. Erzbischofes und reger Tabakumschlagplatz. Das friedvolle Nebeneinander christlicher und türkischer Elemente sowie die ansprechende Lage an den Ausläufern des mächtigen Rhodópe-Gebirge geben dieser Stadt einen besonderen Flair.

Unsere Straße wendet sich nun wieder nach Südosten, durchquert weiterhin eine ausgedehnte Ebene, überwindet mehrere Flüsse und zieht dann sehr kurvenreich über das Küstengebirge hinweg ans Meer und nach **Alexandroupolis** (65 km).

Alexandroupolis

Alexandroupolis, 1877 erst gegründet, ist der letzte, bedeutende Ort vor der griechisch-türkischen Grenze und besitzt neben einem Flughafen einen malerischen, alten Hafen. Dieser ist Ausgangspunkt für die Fähren zur Insel Samothráki sowie nach Thessaloniki und Piräus. Das hübsche Städtchen wird in erster Linie von griechischen Touristen besucht, die die langen Sandstrände bevölkern. Das Wasser ist sauber, jedoch fehlen fast sämtliche Einrichtungen für den Fremdenverkehr.

Für ausländische Urlauber stellt der Campingplatz des EOT die letzte, günstige Übernachtungsmöglichkeit vor der türkischen Grenze dar, die in wenigen Minuten erreichbar ist.

▲ **Camping Alexandroupolis EOT** ✿ ✿ ✿   **24**
Alexandroupolis (Thrace), ☎ (0551) 26055, (I–XII),
7 ha, 250 St.

Thessaloniki – Platamon – Lárissa

Das ausgedehnte, weitflächige Campinggelände liegt auf geräumigen Wiesen längsgestreckt am Meer und ist durch zahllose, ausladende Laubbäume gut beschattet. Buschwerk unterteilt den Platz in stattliche Parzellen, die zumeist über Stromanschlußmöglichkeiten verfügen. Der Gesamtcharakter ist durch seinen gartenähnlichen Effekt sehr günstig.
Mehrere Sanitäranlagen sind auf dem Gelände verteilt und angenehm fällt die gute Warmwasserversorgung an den Duschen sowie Geschirr- und Wäschewaschbecken ins Auge. Auch an Sauberkeit und regelmäßiger Pflege fehlt es nicht, was zahllose, ausländische Touristen bestätigen können.
Ein gemütlich wirkendes Restaurant mit großer Freiterrasse sowie ein ordentlich ausgestatteter Supermarkt stehen für die Versorgung der Gäste bereit. Ein Kinderspielplatz mit zahlreichen Geräten findet großen Anklang bei den ‚Kleinen‘.
Der Strand ist ca. 500 m lang, sehr breit und angenehm feinsandig. Ein flacher Übergang ins Wasser läßt auch Kindern und Nicht-Schwimmern das Baden zum Vergnügen werden. Hier findet man auch einige Spielfelder sowie eine Bar, die tagsüber gerne besucht wird. Kein Hundeverbot.

🛝 Meer und Strand, Kinderspielplatz. Schwimmbad (500 m).

➡ Der Platz liegt am Westrand des Ortes zwischen der Hauptstraße E5 und dem Meer und hat eine nicht zu übersehende Einfahrt.

♜ Ein abendlicher Bummel durch das noch sehr originelle und vom Tourismus verschonte Dorf sollte nicht versäumt werden. Als spezieller Ausflug, der äußerst lohnend ist, bietet sich das 125 km entfernte, türkische Edirne an.

Thessaloniki – Platamon – Larissa

Route: In den letzten Jahren wurde die Hauptroute von Thessaloniki in den Süden über Larissa nach Athen als Anschluß der jugoslawischen Autobahn schnellstraßenähnlich ausgebaut und gegen Mautgebühr der Öffentlichkeit zur Verfügung gestellt.
Wir verlassen **Thessaloniki** durch die lebhaften, nördlichen Vororte und beachten die Hinweise ‚Athen‘, um nicht auf die nach Norden führende Autobahn zu geraten. Auf schnurgerader, breiter Schnellstraße durchfahren wir die weite, flache Ebene des Mündungsgebietes des Flusses Ariós, passieren linker Hand die Einmündung der Autobahn, die von der jugoslawischen Grenze kommt, überqueren den Fluß Aliákmon und erreichen nach ca. 60 km das Städtchen **Katerini.**
Wir folgen nun dem Küstenverlauf des ägeischen Meeres und stoßen nach weiteren 15 km auf den Abzweig zum Ort Litóchoron, günstigster Ausgangspunkt und zugleich Standquartier für die Besteigung des *Berges Olymp*.
In der Folge verläuft unsere Route der Küste und Eisenbahn folgend in Meeresnähe mit prächtigen Ausblicken auf den Olymp und die schönen Strände von Litóchoron. Kurz nach Passieren des einheimischen Badeortes **Platamon,** der eine malerische Burg auf einem begrünten Felshang oberhalb des Meeres

bietet, wenden wir uns landeinwärts in das ca. 10 km lange ‚Tempetal'. Die zum Teil bewaldeten Talschluchten mit steil aufragenden Felswänden waren schon in der Antike berühmt und eine Sehenswürdigkeit, die Heilquellen erfreuen sich noch heute eines regen Besuches.

Dann kommen wir in die ostthessalische Ebene und erreichen nach insgesamt 135 km die rege Industrie- und Handelsstadt **Larissa.**

Berg Olymp

Der Olymp, der in der Antike als Sitz der Götter bekannt und gefürchtet war, bildet heute nicht nur die höchste Erhebung Griechenlands, sondern zugleich auch die Grenze zwischen Mazedonien und Thessalien. Seine mit dichten Wäldern bestandenen Hänge bieten herrliche Möglichkeiten zu Spaziergängen, und der Gipfel gewährt den Besuchern eine prächtige Aussicht über das Meer in die endlose Ferne.

Litóchoron ist der günstigste Ausgangspunkt für einen Ausflug, und hier lassen sich auch Bergführer finden, die einen zum Gipfel bringen. Über eine 18 km lange Forststraße fährt man die Hänge hinauf und erreicht eine Berghütte, die von Juni bis September bewirtschaftet ist (Stavros). Ein wenig weiter stößt man

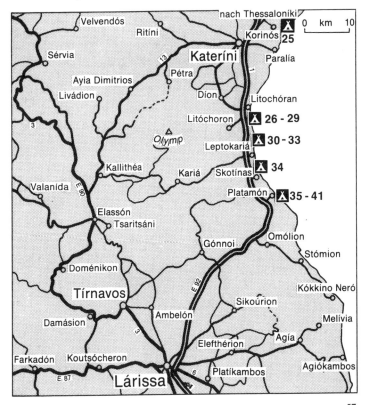

Methoni – Pierias

dann auf den Wasserfall Prioni (1100 m), in dessen Nähe der Endparkplatz angelegt wurde. Auf rot markiertem Weg wandert man in ca. 2 ½ Std. zu einer weiteren, bewirtschafteten Berghütte (offen von Mitte Mai bis Mitte Oktober). In knappen 3 Std. kann man dann den höchsten Gipfel (Mytikas, 2917 m) erreichen.

Ein Tip:
An der Küste zwischen **Katerini** und **Platamon** findet man auf einer Entfernung von ca. 25 km ein Ballungszentrum von Campingplätzen (15 Plätze), die zum Teil unmittelbar nebeneinanderliegen und sich alle zwischen der Eisenbahn und dem Meer erstrecken. Diese Plätze sind von sehr unterschiedlicher Qualität und werden im Juli sowie im August sehr stark von jugoslawischem Publikum besucht. Die Hinweistafeln und Beschilderungen an der Schnellstraße sind unübersehbar, und meist hat man nur wenige Meter zu fahren, um die Eingänge zu erreichen.
In der Folge wird eine Auswahl der besten oder touristisch interessantesten Campingplätze beschrieben, wobei die Reihenfolge von Nord nach Süd eingehalten wird.

▲ Camping-Hotel Agiannis ✿ ✿   25
Methoni-Pierias (Makedonia), ☎ (0353) 41216, (IV–X), 2 ha, 150 St.

Das abseits und inmitten von Feldern gelegene Campingterrain erstreckt sich auf erdigen und wiesigen Terrassen an einem leicht zum Meer hin abfallenden Hang. Teils geben Pappeln bereits guten Schatten, teils sind die Stellplätze noch der Sonne ausgesetzt. Unmittelbar hinter dem Platz verläuft die Eisenbahnlinie, die zuweilen Zugverkehr aufweist.
Zwei größere und eine kleine Sanitäranlage sind auf dem Gelände verteilt, bieten alle Arten von Installationen sowie einige, wenige Warmduschen. Der Zustand ist einfach und ein wenig improvisiert. Besser gefallen kann der Einkaufsladen mit einem guten Sortiment sowie das Restaurant beim Hotel, das schattige, kleine Einzelterrassen mit Blick auf das Meer aufweist.
Der weitläufige Sandstrand mit einigen, im Wasser vorgelagerten flachen Felsen erstreckt sich unterhalb einer Steilstufe von 20 m Höhe. Die Badegelegenheiten, auch für Kinder, sind ordentlich, das Wasser ein wenig trüb.

 Meer und Strand (30 m).

➡ Zufahrt zum Campingplatz führt von der großen Ausfahrt der Küsten-Mautstraße beschildert zum Ort Methoni, hier einige Meter am Meer entlang und dann rechter Hand in das Inland. Nach 3,5 km staubigem Feldweg wird dann der mehrfach beschilderte Platz erreicht.

▲ Camping Gritsa ✿ ✿   26
Litóchoron (Makedonia), ☎ (0352) 21210, (V–X), 1,8 ha, 150 St.

Das ebene Campingterrain erstreckt sich rechteckig vom Inland bis an das Meer. Eine asphaltierte Campstraße, von der seitlich eingefaßte, geschotterte Nebenstraßen abzweigen, erschließt das Gelände. Zahlreiche, vielfältige Laubbäume sowie Büsche und einzelne Blumenanlagen unterteilen die Stellplätze, die zum größten Teil über guten Schatten verfügen. Stromanschlußmöglichkeiten für Caravans auf allen Parzellen sind vorhanden, zahlreiche Trinkwasserzapfstellen auf dem Terrain verteilt.

In der Mitte des Platzes wurde die Sanitäranlage angelegt. Außen größtenteils durch Grünes bewachsen, versteckt sie sich im Gelände und macht einen positiven Eindruck. Neben allen Arten von Installationen mit Warmwasserversorgung, vermerkt man eine schöne, bunte Kachelung und Extra-Stromanschlüsse. Die Sauberkeit ist in Ordnung, die Pflege durchschnittlich. Unmittelbar am Strand, in der Nähe des Wassers, liegt ein stilvolles Restaurant mit Bar mit einer schattigen Freiterrasse, wo gute, einheimische Speisen serviert werden. Dies ist der Treffpunkt für jung und alt, denn die Aussicht ist sehr schön. Im gleichen Gebäude findet man auch einen gut sortierten, kleinen Supermarkt mit Strandartikeln und Boutique-Sachen.

Der Strand selbst ist sehr weitläufig, besteht größtenteils aus Sand, auch Kiesel ist zu finden, das Wasser ist klar und sauber. Die Bademöglichkeiten sind gut. Wassersportler können sich mit einigen Geräten austoben.

Meer und Strand, Folklore- und Tanzveranstaltungen.

Die Zufahrt zum Platz führt 14 km südlich von Katerini in Richtung Gritsa-Beach, überquert die Bahnlinie und hält sich dann rechter Hand gut beschildert zur Rezeption. Der letzte Teil ist ein schottriger, breiter Feldweg.

Ausflüge und Sehenswürdigkeiten siehe Thessaloniki, Chalkidiki, Platamon und Katerini.

Camping Kalypso ✿ ✿   27
Litóchoron (Makedonia), ☎ (0352) 21270, (I–XII), 2,5 ha, 200 St.

Das in der Mitte eine leichte Mulde bildende Campinggelände erstreckt sich auf zumeist ebenem Erd- und Wiesenboden unter hochstämmigen, vielfältigen Laubbäumen, die guten Schatten spenden. Nur die Zonen unmittelbar am Strand weisen noch dürftigen Schatten auf. Teils sind auf dem Terrain Stromanschlüsse für Caravans verteilt, die Platzbeleuchtung ist mehr als ausreichend.

Zwei Sanitäranlagen moderner Bauart und ansprechender Kachelung sowie Warmwasserversorgung an allen Installationen sind an den Platzrändern zu finden, zentraler gelegen sind zwei Anlagen zum Geschirrspülen und Wäschewaschen, von einem Betondach überdeckt. Unmittelbar am Strand liegt das Restaurant mit Selbstbedienung und schattiger Freiterrasse, die einen schönen Blick auf das Meer gibt. Hier besteht auch die Möglichkeit zum einfachen Lebensmitteleinkauf.

Der Strand selbst besteht größtenteils aus Sand und Kies, wird relativ rasch im Wasser tiefer und bietet gute Bademöglichkeiten. Strandduschen sind vorhanden. Kein Hundeverbot.

Meer und Strand.

Plaka – Litóchoron

▶ Gleiche Zufahrt wie bei Camping Gritsa, jedoch noch 100 m auf dem Feldweg in südlicher Richtung. Gute Beschilderung.

♜ Ausflüge und Sehenswürdigkeiten siehe Thessaloniki, Chalkidiki, Katerini und Platamon.

▲ Camping Sylvia ✿ ✿ 28
Litóchoron (Makedonia), (V–IX), 1,5 ha, 80 St.

Ein recht hübscher, relativ kleiner und familiärer Platz ist Camping Sylvia. Er liegt etwa 12 m über dem Meer an einer Klippe, unter der sich ein kiesiger Strand erstreckt, dessen Zugang über eine Treppe führt.
Das Gelände hat Steine und Gras als Untergrund und fällt zum Meer hin in flachen Stufen ab. Vielfältige Bäume und Bäumchen spenden einen guten Halbschatten. Die Anlage macht einen durchaus positiven Eindruck. Die nahe hinter dem Platz vorbeiführende Bahnlinie macht sich zuweilen störend bemerkbar.
Die sanitären Einrichtungen, die in zwei Gebäuden verteilt sind, hatten schon einmal bessere Zeiten gesehen, und speziell in der Hochsaison lassen Pflege und Sauberkeit zu wünschen übrig. Recht schön ist der Ausblick von der schattigen Terrasse des Restaurants auf die weiten Küstengebiete und das Meer. Ein Lebensmittelladen und Stromanschlüsse für Caravans vervollständigen den Service. Insgesamt läßt sich der Platz hauptsächlich für Übernachtungen empfehlen. Kein Hundeverbot.

⬤ Meer und Strand.

▶ Der Platz ist an der E92 (Schnellstraße) ca. 16 km südlich von Katerini deutlich beschildert und zu sehen.

♜ Ausflüge nach Katerini, zur Burg von Platamon, auf den Olymp und nach Thessaloniki.

▲ Camping Olympus Plaka Beach ✿ ✿ 29
Plaka-Litóchoron (Makedonia), ☎ (0352) 7 12 12, (IV–X), 2,5 ha, 200 St.

Etwa 15 m über dem Meer liegt der Platz auf einem teils schattigen Wiesengelände unter vielfältigen Laubbäumen, die einen gartenähnlichen Charakter geben. Eine zweite Platzzone ist von halbhohen Pinien bestanden, die mit ihren ausladenden Zweigen vollkommenen Schatten bieten. Durch Blumenanlagen und Büsche ist das Terrain günstig unterteilt und in Parzellen geformt, die größtenteils Stromanschlußmöglichkeiten für Caravans besitzen. Die Bahnlinie führt nahe vorbei, dadurch ist mit gelegentlichen Ruhestörungen zu rechnen. Der hier gemischte, feine, verhältnismäßig schmale Kies- und Sandstrand ist über Treppen (Steilstufe) zugänglich. Die Wasserqualität ist gut und Strandduschen bieten die Gelegenheit, das Meersalz abzuspülen. Zwei längliche Flachbauten an diesem kleinen Steilhang bilden zwei große Terrassen, deren Dächer mit Sand aufgefüllt wurden, sodaß hier Sonnenbademöglichkeiten bestehen. Die Sanitäranlagen mit Warmwasser an allen Becken und Duschen sind durchschnittlich, die Pflege und Sauberkeit ist als normal zu bewerten. Waschmaschinen.

Auf dem Platz sind etwa 50 Miethäuschen verteilt und im ansprechenden Selbstbedienungsrestaurant mit schöner Freiterrasse und Fernseher werden gute, einheimische Gerichte serviert. Ein kleiner Supermarkt bietet ein ausreichendes Sortiment an Lebensmitteln. Kinder finden einen eingezäunten Spielplatz. Kein Hundeverbot.

⚑ Meer und Strand, Kinderspielplatz.

➡ Der Platz ist an der Schnellstraße E92 gut beschildert und liegt ca. 17 km südlich von Katerini.

♜ Ausflüge nach Katerini, auf den Olymp, zur Burg von Platamon und nach Thessaloniki.

◣ Camping Helena ✿ ✿ 30
Plaka-Litóchoron (Makedonia), (V–IX), 4 ha, 320 St.

Camping Helena ist ein neuerer Platz, der sich auf etwas schrägen, ausgedehntem Wiesengelände bis ans Wasser erstreckt. Im oberen Teil mit jungen Pappeln und Pinien bestanden, liegt der größere Teil in einem aufgelassenen Obstanger. Neben zwei größeren, auf dem Terrain verteilten Sanitärbauten mit Warmwasser an allen Installationen sowie sehr durchschnittlicher, normaler Pflege und Sauberkeit, findet man einen gutsortierten Einkaufsladen. Nahezu benachbart wurde in einem modernen Gebäude ein neues Restaurant installiert, das auch eine Terrasse mit Blick auf das Meer bietet. Stromanschlüsse für Caravans (auf einigen Platzteilen) sowie ungewöhnlich viel Lebensraum für den einzelnen Camper runden den Service ab.

Der Strand ist sehr weitläufig, besteht aus Sand, mit Kies gemischt und bietet gute Bademöglichkeiten. Auch Kindern kann hier das Planschen größtenteils empfohlen werden. Strandduschen sind vorhanden, Boote können gut zu Wasser gebracht werden. Hunde sind erlaubt.

⚑ Meer und Strand.

➡ Ca. 20 km südlich von Katerini zweigt man von der Schnellstraße E92 meerwärts ab (große Beschilderung) und fährt noch ca. 1 km zum Eingang auf staubiger Straße. Camping Minerva Beach ist unmittelbar benachbart.

♜ Ausflüge nach Katerini, zur Burg von Platamon, auf den Olymp und nach Thessaloniki.

◣ Camping Minerva Beach ✿ 31
Plaka-Litóchoron (Makedonia), ☎ (0352) 71234, (I–XII),
3 ha, 240 St.

Auf ebenem, im mittleren und unteren Teil am Meer dicht bewachsenem Gelände (die oberen Zonen weisen lichtere, aber auch schattige Laubbäume auf) erstreckt sich Camping Minerva bis hin zum flachen, schmalen Strand. Der Boden ist steinig und sandig. Ins Auge fallen sofort die zahlreichen „Miethütten", insgesamt über 60 Hüttchen einfachster Bauart.

Die sanitäre Einrichtung des Platzes ist mäßig. Drei Gruppen von Bauten mit Installationen aller Art sowie Warmwasserversorgung sind vorhanden, jedoch die Pflege und Sauberkeit sind sehr bescheiden, auch die Funktionalität läßt zu wünschen übrig. Ein kleiner Supermarkt bietet alles Notwendige und am Strand findet man ein Restaurant mit schattiger Terrasse. Hier bietet sich ein schöner Blick auf das Meer. Der Strand mit Sand und Kies macht einen guten Eindruck. Das Wasser ist glasklar, wenn nicht gerade Wellengang herrscht. Auch Boote können abgestellt werden, für Trailer ist ebenfalls Platz. Kein Hundeverbot. Stromanschlüsse für Caravans.

🔅 Meer und Strand, Kinderspielplatz.

➡ Der Platz liegt ca. 20 km südlich von Katerini und man zweigt bei den großen Hinweisschildern von der Schnellstraße E92 meerwärts ab und folgt einer Asphaltstraße noch ca. 1 km. Die Einfahrt zu Camping Apollon ist unmittelbar benachbart.

♜ Ausflüge nach Katerini, auf den Olymp, zur Burg von Platamon und nach Thessaloniki.

▲ Camping Apollon ✿ ✿   32
Plaka-Litóchoron (Makedonia), ☎ (0352) 7 12 09, (V–IX), 2,5 ha, 250 St.

Auf einem leicht geneigten, gut schattigen Gelände erstreckt sich Camping Apollon unter hohen Pappeln und zahlreichen Obstbäumen. Der Untergrund des Platzes ist nur spärlich bewachsen – die Stellplätze sind reichlich bemessen, viel Lebensraum wird geboten.

Die Einrichtungen des Terrains wurden in den letzten Jahren erheblich verbessert. Speziell die Sanitäranlagen machen einen sehr ordentlichen Eindruck. Neben allen Arten von Installationen findet man Warmduschen und Kachelung, die Pflege ist durchschnittlich. In Strandnähe liegt zentral ein großer Bau, der auf der Rückseite einen gut sortierten Einkaufsladen, auf der Vorderseite ein Restaurant mit offener und geschlossener Terrasse bietet. Unmittelbar am Strand befindet sich eine kleine Bar – beliebter Aufenthaltsort des Besitzers, der mit Freundlichkeit und Originalität seine Gäste unterhält und eine gewisse griechische Atmosphäre schafft.

Der Strand, sandig und mit Kieseln durchsetzt, ist sehr weitläufig und bietet gute Bademöglichkeiten, auch Wassersportler können mit eigenen Geräten viel Spaß finden.

Fazit: Ein Urlaubsplatz, dessen Atmosphäre durch den Besitzer getragen wird. Bungalows.

🔅 Meer und Strand.

➡ Ca. 22 km südlich von Katerini biegt man von der Schnellstraße bei deutlichen Schildern meerwärts ab und folgt einer staubigen Straße noch 1 km. Einfahrt zu Camping Helena und Camping Minerva ist unmittelbar benachbart.

♜ Ausflüge nach Katerini, Thessaloniki, zur Burg von Platamon und auf den Olymp.

▲ Camping Olympios Zeus ✿ ✿ ✿   33
Plaka-Litóchoron (Makedonia), ☎ (0352) 71215, (IV–X),
8 ha, 340 St.

Mit Sicherheit ist im Bereich des Strandes von Plaka-Litóchoron Camping Olympios Zeus als der angenehmste Platz in jeder Hinsicht zu bezeichnen. Auf im oberen Teil leicht abfallendem, zum Meer hin ebenem Gelände kann je nach Bedarf auf Grasnarbe oder hartem Boden gezeltet werden. Natürlich strebt alles möglichst nah ans Wasser, was aber nicht immer vorteilhaft ist, weil die persönliche Ruhe und Individualität in den hinteren Zonen besser gewährleistet ist.

Auffallend für das ausgedehnte Wiesengelände sind die zahlreichen Holzbungalows (ca. 100 Stück) auf einem separaten Platzteil entlang des zentralen Weges. Der Camping ist gänzlich in Parzellen aufgeteilt und durch Pappeln gut schattig. Alle Stellplätze weisen Stromanschlußmöglichkeiten auf, und der Gesamteindruck ist sehr gepflegt, was auch für die sanitären Verhältnisse und Versorgungs-einrichtungen gilt.

Die Sanitärbauten sind mehrfach auf dem Gelände verteilt, entsprechen modernen Anforderungen durch vollständige Kachelung, und sind auch in der Anzahl der Installationen den hohen Belegungszahlen des Platzes durchaus gewachsen. Wartezeiten dürften selbst bei Spitzenbelastungen nicht auftreten. Waschmaschinen.

Das moderne Restaurant bietet eine sehr gute Küche und besitzt neben einer gern besuchten Freiterrasse auch einen geschlossenen, gepflegten Eßraum mit Bar. Der Lebensmittelladen mit Selbstbedienung befindet sich in einem sehr schönen Holzgebäude mit skandinavischen Stilelementen.

Der Strand ist hier bereits verhältnismäßig breit, gemischt mit Sand und Kies und wird saubergehalten. Eine besondere Stellung wird dem Wassersportler zuteil, denn Motorbootfahren, Segeln, Windsurfen und Wasserski werden angeboten. Wer sich bei Tennis austoben will kann dies ebenso tun wie bei Basketball, Volleyball oder Tischtennis.

Fazit: Ein echter Ferienplatz unter vorzüglicher Verwaltung, auf dem sich gut Urlaub machen läßt, wenn man einmal von den zahlreichen Jugoslawen absieht, die im Juli ein leichtes Chaos verursachen. Kein Hundeverbot.

🎏 Meer und Strand, Kinderspielplatz, Tennis, Volleyball, Basketball, Segeln, Windsurfen, Wasserski, Tretboote, Sauna, Friseur, Massage, Schönheitssalon.

➡ Der Platz ist an der Schnellstraße ca. 22 km südlich von Katerini groß und unübersehbar beschildert.

♜ Ausflüge nach Katerini, Thessaloniki, zur Burg von Platamon und auf den Olymp.

Skotinas

 Camping Olympou EOT ✿ ✿ ✿   **34**
Skotina Beach-Pierias (Makedonia), ☎ (0352) 41463, (IV–X),
7 ha, 300 St.

Dieser Platz des griechischen Touristenministeriums liegt ebenso wie die
anderen EOT-Plätze auf sehr gepflegten, ebenen Rasenflächen, die bis ans
Meer reichen. Schatten ist sowohl in einem kleinen, dichten Laubwäldchen
vorhanden, wie auch durch Reihen von Pappeln. Die Caravanparzellen sind
betoniert, mit Büschen umgeben und verfügen über Stromanschlußmöglichkeiten. Durch die Weitflächigkeit des Geländes ist zumeist sehr viel Lebensraum
geboten, der am Strand leider fehlt, denn dieser ist sehr schmal, kiesig und
sandig.

Die modernen Sanitäranlagen mit Warmwasser an allen Becken und Duschen
können auch gehobene Ansprüche zufriedenstellen, wenn auch Sauberkeit und
Pflege nicht optimal sind. In Strandnähe findet man einen nüchternen Versor-
gungsbau, der neben einem Restaurant eine Bar sowie eine teils schattige
Freiterrasse bietet, die einen schönen Ausblick auf das Meer gewährt. Auch ein
Supermarkt ist zu finden. Ein großzügiger Kinderspielplatz sowie Tennis sorgen
für die Unterhaltung der Gäste, die sich international zeigen. Hundeverbot.

 Meer und Strand, Tennis, Kinderspielplatz.

 Ca. 31 km südlich von Katerini kurz nach der Mautstelle biegt man bei
einer großen Beschilderung meerwärts ab zum Platz.

♜ Ausflüge nach Katerini, Thessaloniki, zur Burg von Platamon und auf den
Olymp.

 Camping Orpheus ✿ ✿   **35**
Platamon-Pierias (Makedonia), ☎ (0352) 41709, (V–X), 1,8 ha, 100 St.

Das ebene, durch eingefaßte Campwege erschlossene Wiesengelände erstreckt
sich auf flachem Terrain inmitten von Feldern in sehr ruhiger Lage. Alte,
ausladende Laubbäume sowie jung angepflanztes Mischwaldgelände bieten
zunehmends Schatten. Der Gesamteindruck gleich einem Garten.
Am Platzeingang befindet sich die Rezeption, zentral in der Platzmitte ein
Gebäude mit Supermarkt, Bar sowie Restaurant. Gleichmäßig auf beiden
Seiten stehen zwei Sanitärgebäude, die nicht nur alle Arten von Installationen
mit Warmwasserversorgung bieten, sondern auch sehr modern, sauber und
gepflegt sind. Vollständige Kachelung ist selbstverständlich.
Zum Strand führt ein kleiner Weg durch einen Obsthain, ca. 100 m lang, und
schattig. Die Bademöglichkeiten (feiner Sand) bei flachem Wasser sind gut.

ɔ Meer und Strand (120 m).

ᴄ Die Zufahrt zum Gelände führt von der Küstenschnellstraße (Mautstraße)
150 m nach der Mautstation linker Hand meerwärts ab (Beschilderung
vorhanden), über die Eisenbahn und unmittelbar danach rechts ab noch
600 m zur Rezeption.

♜ Ausflüge und Sehenswürdigkeiten siehe Beschreibungen Thessaloniki,
Katerini, Berg Olymp und Platamon.

▲ Camping Arion ✿ ✿   **36**

Platamon-Pierias (Makedonia), ☎ (03 52) 4 11 15, (IV–X), 1,2 ha, 100 St.

Das sich zum Meer hin leicht verjüngende Gelände erstreckt sich auf ebenem Wiesenterrain unter zum Teil bereits gut Schatten spendenden Laubbäumen. Das Camp macht einen sauberen Eindruck. Eingefaßte Platzstraßen erschließen das Gelände, Stromanschlüsse für Caravans sind überall vorhanden. Hübsch ist auch hier die Sicht auf das höher liegende Kastell von Platamon auf dem grünen Hügel.

In einem zentralen Gebäude wurden die Rezeption, ein ordentlicher Supermarkt sowie das Restaurant mit Snack und Bar untergebracht. Hier findet man ebenfalls auch die sehr guten Sanitäranlagen. In getrennten Räumen sind Waschbecken zum Wäschewaschen und Geschirrspülen vorhanden, eigene Räume bestehen für die Waschbecken und die Duschen. Überall ist Warmwasser sowie komplette Kachelung zu finden, auch Sauberkeit und Pflege läßt nichts zu wünschen übrig.

Der Strand, wie auch auf den Nachbarplätzen, ist sehr weitläufig, feinsandig und fällt flach ins Wasser ab. Die Bademöglichkeiten sind gut. Wassersportler finden ein gutes Revier, vorausgesetzt, sie bringen ihre eigenen Geräte mit.

🏊   Meer und Strand.

➡   Die Zufahrt ist die gleiche wie bei Camping Poseidon-Beach und Camping Castle, gut beschildert und unschwer zu finden.

♜   Ausflüge und Sehenswürdigkeiten siehe örtliche Beschreibungen sowie Katarini, Thessaloniki und Meteora-Klöster.

▲ Camping Poseidon Beach ✿ ✿ ✿ ✿   **37**

Pierias-Platamon (Makedonia), ☎ (03 52) 4 16 54, (I–XII), 4 ha, 400 St.

Unter der Fülle der Plätze am Strand von Platamon ragt dieser Camping dank des ausgezeichneten Zustands und der Leitung hervor. So nimmt es nicht Wunder, daß das Gelände schon in der Vorsaison sehr stark belegt ist. Reservierung ist unbedingt anzuraten.

Der Platz liegt auf ebenem, hartem Boden gut schattig unter mittelhohen Laubbäumen zwischen der schmalen Zufahrtsstraße und dem Meer. Das gesamte Gelände ist parzelliert und durch befestigte, staubfreie Platzwege erschlossen. Am Eingang befindet sich die Rezeption. Hier wird man sehr zuvorkommend empfangen und den Stellplätzen zugewiesen.

Die Sanitäranlagen verdienen das Prädikat sehr gut. Drei große Bauten verfügen über mehr als ausreichende Ausstattung und angenehm ist die große Zahl der Warmduschen. Alles ist mit neuen Installationen versehen und pflegeleicht gekachelt, die Bauten selber modern und gut in die Landschaft integriert.

Auch die übrigen Einrichtungen des Platzes können sehr gut gefallen. Am Strand, der sehr schön ist – Sand feinster Qualität, sauberes Wasser und viel Platz – befindet sich das Selbstbedienungsrestaurant mit guter Küche, eine sehr frequentierte Bar als Treff der Jugend und vor allem eine sehr ansprechende,

Platamon

begrünte Freiterrasse. Auch ein großer Supermarkt, Waschmaschinen und dry-cleaning sind zu finden.

Am Strand sind für Kinder Spiel- und Turngeräte aufgestellt. Bootsbesitzer und Surfer können ihre Geräte abstellen, und immer noch ist mehr als reichlich Platz für die Badenden. Nicht zuletzt sei auf die Platzleitung hingewiesen. Der reine Familienbetrieb wird mit viel persönlichem Engagement geführt – zum Vorteil der Gäste. Bungalows und Zimmer.

🏊 Meer und Strand, Kinderspielplatz, Bootsliege, attraktive Bar, Bootsverleih, Wasserski, Windsurfen.

➡️ In Sichtweite der Burg von Platamon biegt man bei der ersten, ansteigenden Kurve der Schnellstraße meerwärts ab (große Beschilderung), folgt einer schmaleren Straße in Richtung Meer abwärts, überquert die Eisenbahn und gelangt linker Hand zur Platzeinfahrt.

♜ Ausflüge zur Burg von Platamon, nach Katerini und Thessaloniki sowie auf den Olymp.

⛺ Camping Heraklia ✿ ✿   38
Platamon-Pierias (Makedonia), ☎ (0352) 4 14 03, (IV–X), 1,2 ha, 100 St.

Das kleine, sehr familiäre und ebene Wiesengelände erstreckt sich unter schönen, teils sehr ausladenden Laubbäumen bis an den Strand und macht einen sehr sauberen Eindruck. Hübsch ist der Blick auf das venezianische Kastell, das oberhalb auf einem grünen Hügel liegt.

Die zentrale Sanitäranlage mit Warmwasser an allen Installationen ist vollkommen gefliest und sehr sauber. Die Anzahl ist entsprechend der Besucher ausreichend, die Pflege und Erhaltung sehr gut. Ein sehr gut sortierter Lebensmittelladen mit zahlreichen Strandartikeln sowie Tageszeitungen steht in der Mitte des Platzes, unmittelbar vorne am Strand findet man ein Restaurant mit Bar und schöner Freiterrasse (Schatten). Stromanschlüsse für Caravans (220 V) sowie einige, gute Bungalows runden den Gesamtservice ab.

Der Strand ist breit, feinsandig und äußerst attraktiv. Er verläuft flach ins Wasser, so daß auch Kinder gut planschen können. Auch alle Arten von Wassersport sind hier durchzuführen, vorausgesetzt, man bringt seine eigenen Geräte mit. Das Management ist freundlich und spricht gut englisch.

🏊 Meer und Strand.

➡️ In Sichtweite der Burg von Platamón biegt man bei der ersten, ansteigenden Kurve der Schnellstraße meerwärts ab (große Beschilderung), folgt einer schmaleren Straße in Richtung Meer abwärts, überquert die Eisenbahn und gerät unmittelbar zur Rezeption des Platzes.

♜ Ausflüge zur Burg von Platamón, nach Katerini und Thessaloniki sowie auf den Olymp.

⛺ Camping Castle ✿ ✿ ✿ ✿   39
Pierias-Platamon (Makedonia), ☎ (0352) 4 12 52), (IV–X)
4 ha, 350 St.

Zu den Campingplätzen der Spitzenklasse gehört auch Camping Castle, der unter der gleichen Verwaltung steht wie Camping Olympios Zeus. Wie dort ist auch hier das Management mit vollstem Engagement für den Urlauber präsent. Der Platz liegt ca. 150 m von Camping Poseidon am gleichen, hier sehr schönen Strandabschnitt mit ähnlichen, landschaftlichen Bedingungen.

Das Gelände ist eben, zu zwei Drittel in kleinere, aber auch bis 80 qm große Parzellen aufgeteilt und mit Stromanschlußmöglichkeiten versehen. Der Rest ist freie Stellfläche unter lichten Obstbäumen im rückwärtigen Platzteil. Nahe der Einfahrt bis hin an den Strand sind begehrte Stellplätze auf gepflegtem Rasen, individuell abgeteilt. Einige größere, alte Bäume sowie zahlreiche Pappeln spenden guten Schatten.

Castle Camping besticht auch durch die bestens gepflegten Sanitäreinrichtungen, deren Bauten, alle gekachelt, mit zahlreichen Installationen versehen sind. Wartezeiten sind auch in den drangvollen ‚rush-hours' ein sehr seltenes Vorkommnis. Ständige Pflege rund um die Uhr durch festangestelltes Personal ist hier eine Selbstverständlichkeit. Waschmaschinen.

Sehr gefällig sind auch die restlichen Einrichtungen des Platzes. In der Rezeption an der Einfahrt weist mehrsprachiges Personal den Stellplatz zu. Am Strandteil ist das Selbstbedienungsrestaurant, dicht gegenüber der SB-Laden, in dem auch internationale Zeitungen und deutschsprachige Bücher erhältlich sind. Auf der Freiterrasse unter Weinreben trifft man sich abends zu einem kühlen ‚drink' oder einem guten Glas Rezina.

Am Strand findet man eine Segelschule, die auch Kurse in Windsurfing und Wasserskifahren anbietet. Bootsbesitzer können ihre Fahrzeuge am Strand abstellen, eine Seilwinde ist zur Unterstützung vorhanden. Für Kinder sind einige Spielgeräte im Sand aufgebaut, die sehr fleißig benützt werden.

Zum Platz gehört ein 2 km entferntes Hotel (Maxim) mit schönen Zimmern, die recht gut eingerichtet sind und gerne belegt werden. Durch die Bekanntheit und Beliebtheit des Platzes ist eine rechtzeitige Reservierung anzuraten, denn sehr viel Stammpublikum schätzt die relativ strenge Platzordnung mit vorgeschriebener Mittagsruhe. Kein Hundeverbot.

🔊 Meer und Strand, Kinderspielplatz, Segeln, Windsurfen, Wasserski, Soft-Eis, Reisebüro, Folkloreabende.

➡ Die Anfahrt ist wie bei Camping Poseidon, nur wendet man sich nach der Bahnlinie nach rechts.

♜ Ausflüge zur Burg von Platamon, auf den Olymp, nach Katerini und Thessaloniki.

▲ Camping Platamón ✿ ✿   40
Platamon-Pierias (Makedonia), ☎ (0352) 41301, (V–IX), 1,5 ha, 140 St.

Das kleine, familiär wirkende Campinggelände erstreckt sich auf ebenem Erd- und Rasenboden unter alten, ausladenden und gut Schatten spendenden Laubbäumen. Im Hintergrund verläuft die Eisenbahn, im Vordergrund erstreckt sich der lange Strand, der teils aus groben Kies, teils aus Sand besteht. Die Bademöglichkeiten sind recht ordentlich.

Zwei Sanitärbauten älterer Bauart, jedoch gepflegt und sauber gehalten sowie an allen Installationen mit Warmwasser versehen, sind auf dem Terrain verteilt. Im vorderen Bereich, am Strand, findet sich noch ein Restaurant mit kleiner Terrasse, das auch einen einfachen Lebensmittelladen beinhaltet. Die Platzleitung ist freundlich und bemüht sich, ihre Gäste zufriedenzustellen.

Meer und Strand.

Die Zufahrt ist an der Küstenautobahn (Mautstraße) im Ortsbereich von Platamón in Richtung Platamón-Beach beschildert und unschwer zu finden.

Ausflüge und Sehenswürdigkeiten siehe örtliche Beschreibungen.

Camping Kalamaki ✿ ✿   41
Platamon-Pierias (Makedonia), ☎ (0352) 4 16 75, (IV–X), 3,6 ha, 200 St.

Das ebene, rechteckige und flache Wiesengelände erstreckt sich parallel zum Strand und ist von älteren und jüngeren Laubbäumen bestanden, die teils schon guten Schatten spenden. Das Gelände macht einen sehr sauberen Eindruck, das Management ist sehr freundlich und spricht gut deutsch.
Die Sanitäranlagen sind in 6 Gebäuden an den Rändern des Platzes verteilt, bieten an allen Installationen Warmwasserversorgung und machen einen guten Eindruck. Auch die Sauberkeit und Pflege kann als befriedigend bewertet werden. Ansprechend ist das Restaurant am Strand mit einer erhöhten, schattigen Terrasse, das mit seinem Selbstbedienungssystem gute, einheimische Speisen bietet. Hier ist auch die Bar zu finden. Der Supermarkt wurde seitlich des Platzes in ein altes, attraktives Haus gebaut und bietet ein gutes Sortiment. Stromanschlüsse für Caravans runden den Gesamtservice ab.
Der Strand ist sehr weitläufig, feinsandig und fällt flach ins Wasser ab – daher auch für Kinder zum Planschen gut geeignet. Auch alle Arten von Wassersport können hier ausgeübt werden, vorausgesetzt, man bringt seine Geräte mit.

Meer und Strand.

Die Zufahrt zum Platz zweigt von der Küstenstraße (Mautstraße) im Ortsbereich von Platamón-Beach in Richtung Platamón ab und führt beschildert zum Platz.

Ausflüge und Sehenswürdigkeiten siehe örtliche Beschreibungen.

Lárissa – Kalambáka – Ioánnina – Igoumenitsa

Route: Wir verlassen **Lárissa** in westlicher Richtung durch längere Vororte hindurch auf der gut ausgebauten Hauptstraße E87 und folgen von weitem dem Flußlauf des ‚Piniós‘. Nach ca. 17 km überqueren wir den Fluß, der linker Hand aus der Schlucht von Kalamáki kommt. Bald darauf fahren wir in die weite, steppenartige Ebene von Westthessalien ein und finden beim Dorf **Farkadon** einen Abzweig nach *Vlochós*, das in seiner Nähe eine antike *Akropolis* und eine fränkische Burg beherbergen (Abstecher 7 km). Weiter geht es an den ausgedehnten Sümpfen des Vúla entlang, die sich linker Hand der Straße erstrecken. Auf nun zusehend geraderer Strecke erreichen wir das Marktstädtchen **Trikala.**

Trikala liegt zu beiden Seiten des Flusses Lithäos, der vielfach durch alte Stein- und Holzbrücken mit romantischen Promenaden überspannt wird. Malerisch ist der stets belebte Bazar sowie die Aussicht von den Ruinen des antiken, byzantinischen *Kastells.*

Wir wenden uns nun ein wenig mehr nach Norden und stoßen nach kurzer, rascher Fahrt auf das Städtchen **Kalambaka,** Ausgangspunkt zum Besuch der berühmten *Meteora-Klöster* (Gesamtstrecke: 84 km).

Kalambaka

Kalambáka ist mit ca. 5000 Einwohnern ein kleines, bescheidenes Landstädtchen, das malerisch unter den Meteora-Felsen liegt und von diesen landschaftlich beherrscht wird. Der Fluß Piniós tritt hier in einem lieblichen Tal aus dem Pindos-Gebirge heraus und diese ersten, ebenen Flächen waren schon in der Antike beliebte Schlachtfelder für Römer und Mazedonier. Im frühen Mittelalter wurde der Ort dann ein Bischofssitz, aus dessen Zeit noch die Metropolis-Kirche stammt, eine der ältesten Kirchen von Griechenland. Sehenswert sind die prachtvollen Fresken und der Mosaikfußboden in der Apsis.

Heute hat sich das Städtchen ein wenig dem Tourismus angepaßt, der durch die äußerst eindrucksvollen Meteora-Klöster angezogen wird.

Meteora-Klöster

Durch Erosion entstanden bizarre Konglomeratfelsen, die durch senkrechte, glatte Wände, spitze, steile Nadeln und mächtige Blöcke nahezu unwirklich in der Landschaft stehen. Tiefe Kamine, Schluchten und Einschnitte gliedern sie in gigantischer Form auf und geben ihnen trotz der umgebenden, heiteren und lieblichen Landschaft ein beinahe düsteres Aussehen.

Auf den Höhen dieser Felsen liegen zahlreiche, alte Klöster, die Meteora-Klöster (die im Himmel schwebenden Klöster), die früher nur mit Hilfe von einziehbaren Leitern, Saumpfaden oder Seilwinden zu erreichen waren. Wie uneinnehmbare Festungen boten sie den Mönchen das ganze Mittelalter hindurch Schutz und Fluchtburg vor den zahlreichen Feinden.

Heute führen zwei bequeme Asphaltstraßen zu den beiden Hauptklöstern, dem Meteoron und dem Ajia Trias. Gegen ein kleines Entgelt sind Teile

Meteorakloster Russani

Kalambáka

dieser Anlagen zu besichtigen, und der hinterbleibende Eindruck ist tief und unvergeßlich.

Es bleibt jedem Besucher überlassen, seine eigenen ‚Spezialitäten' zu finden. Fotomotive bieten sich in Hülle und Fülle an. Lohnenswert sind kleine Spaziergänge auf den schmalen Pfaden abseits der Hauptrouten, die durch Ruhe und Beschaulichkeit die besten Erinnerungen bieten werden. Einen besonderen Reiz stellen die oft senkrechten Felsen für Kletterer dar. Hier sei auf das Geobuch ‚Wander- und Kletterführer Metéora-Felsen' hingewiesen.

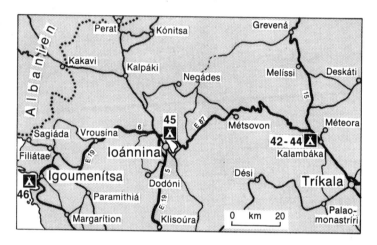

 Camping Kalambaka ✿   **42**
Kalambaka (Thessalia), ☎ (0432) 22309, (I–XII), 5 ha, 500 St.

Ungewöhnlich und beeindruckend ist die landschaftliche Lage dieses Platzes. Ein wenig außerhalb der Ortschaft Kalambaka liegt er auf einem Hügel. Nahezu alle terrassierten Stellplätze haben eine prächtige Aussicht auf die bizarren Meteora-Felsen. Durch dieses Panorama und den guten Schatten, durch ausladende Laubbäume sowie durch seine Ruhe, ist dieser Camping empfehlenswert.

Seine Sanitärausstattung ist als ordentlich anzusprechen, wenn auch die Kapazität der Installationen und der Warmduschen nicht gerade üppig ist. Auf Sauberkeit wird nach besten Kräften geachtet, und ein Ausbau dieser Serviceeinrichtungen ist für die nächsten Jahre geplant. Ein Lebensmittelladen und eine Art Snackbar stehen für die Versorgung der Gäste bereit, Restaurants findet der Camper im nahen Ort.

Die gesamte Anlage wurde von dem freundlichen Besitzer als Übernachtungsplatz und Ausgangspunkt zum Besuch der Klöster geplant, und man kann guten Gewissens behaupten, daß sie ihren Zweck voll erfüllt. Kein Hundeverbot.

➡️   Kommt man von Trikala, so zweigt die Platzzufahrt ca. 1 km vor dem Ort Kalambaka rechter Hand ab und man folgt noch wenige Hundert Meter der ausreichenden Beschilderung.

♜ Guter Ausgangspunkt für Besuche der Meteora-Klöster sowie des Ortes Kalambaka.

◪ Camping International Rizos ✿   43
Kalambaka (Thessalia), ☎ (0432) 22954, (I–XII),
1,5 ha, 100 St.

Das ebene Wiesengelände liegt unmittelbar an der Zufahrtsstraße nach Kalambaka und wurde mit jungen Laubbäumen bepflanzt, die jedoch noch sehr wenig Schatten spenden. Aus diesem Grunde wurden Mattendächer gebaut, die einen gewissen Schutz vor der sengenden Sonne bieten, jedoch optisch nicht gerade sehr attraktiv sind. Die aufgeschütteten Platzwege tragen insgesamt zu einem gepflegten Geländecharakter bei, die Unterteilung in Parzellen ergibt sich dabei automatisch. Fertiggestellt wurde der Swimmingpool (12 × 25 m), eine willkommene Erfrischung bei heißen Tagen.
Die Sanitäranlagen sind recht ordentlich und neben einer modernen Gestaltung findet man Warmduschen sowie alle Arten von Waschbecken. Auch auf Sauberkeit wird in der Regel geachtet. Ein Einkaufsladen mit teilweiser Selbstbedienung, ein Restaurant mit guten, einheimischen Gerichten und eine Bar mit kleiner, schattiger Terrasse vervollständigen den Service. Stromanschlußmöglichkeiten für Caravans sind ebenfalls wie auf den meisten Plätzen Griechenlands zu finden.

🔁 Der Platz liegt unmittelbar neben der Hauptstraße in der Nähe des Ortseinganges, wenn man von Trikala nach Kalambaka kommt.

♜ Ausflüge zu den Meteora-Klöstern und nach Kalambaka.

◪ Camping Vrachos-Kastraki ✿ ✿   44
Kastraki bei Kalambaka (Thessalia), ☎ (0432) 22293, (I–XII),
2 ha, 200 St.

Kleingriechenland aus dem Bilderbuch – unter alten, knorrigen Olivenbäumen liegt ein steiniger, teils wiesiger und leicht abfallender Hügel, ein altes Bauernhaus, von Weinreben und Büschen umrankt, natürliche, gastfreundliche Einheimische und viel Originalität – das ist Camping Vrachos.
Bemerkenswert und nahezu überwältigend ist das Panorama auf die steilen Felsen, die zum Teil von den alten Klöstern gekrönt sind. Man fühlt sich in eine bizarre Welt versetzt, die nahezu unwirklich wirkt.
Wenn auch das Gelände nicht gepflegt und abgeschleckt wirkt, so ist es doch naturbelassen und einladend. Die Sanitäranlagen gehören nicht zu den modernsten, dafür sind sie aber funktionell, sauber und mit zahlreichen Warmduschen versehen. Die insgesamt drei Gebäude sind auf dem Terrain verteilt, weisen alle Arten von Installationen auf, reichen mengenmäßig aus und sind hübsch gekachelt. Stromanschlüsse für Caravans sind vorhanden. Anziehend wirkt der Restaurantbau, der durch einfache Gemütlichkeit noch ein wirkliches Stückchen Landeskultur widerspiegelt. Hier findet man auch einen Einkaufsladen ‚alter Art', in dem die Campinghausfrau gestenreich beraten wird.
An allen Ecken und Enden des Platzes trifft man auf eines der Familienmitglieder, die den Camping bewirtschaften und sich um jeden ihrer Gäste persönlich

bemühen. Bei Bedarf wird sofort ein Arzt per Telefon herbeigeholt, Ausflüge und besondere ‚Schmankerl‘ der Gegend werden in der Zeichensprache erklärt und einige Brocken deutsch oder englisch fließen in die allabendliche Unterhaltung ein.

Wer mit Griechenland und seinen Bewohnern gerne näher in Kontakt kommen möchte, dem sei dieser Platz als Übernachtungsmöglichkeit und Ausgangspunkt zum Besuch der Meteora-Klöster sehr empfohlen.

➡   Die Zufahrt führt von Kalambaka ca. 3 km in Richtung Kastraki, einem Dorf unterhalb der Meteora-Felsen.

♜   Ausflüge zu den Meteora-Klöstern und nach Kalambaka.

Touristischer Hinweis:
Kurz vor dem Ort **Kalambaka** findet sich noch ein weiterer Campingplatz, der unmittelbar neben der Hauptstraße liegt und mit „*Theopetra*“ beschildert ist.

Route: Wir verlassen **Kalambaka** in nordwestlicher Richtung, passieren kurz darauf die Abzweigung zu den Meteora-Klöstern und nach weiteren 8 km eine große Straßengabelung. Rechter Hand führt eine Hauptstraße in das Landesinnere von Nordgriechenland, wir halten uns leicht links entlang des Piniós in einem einsamen, lieblichen Bergtal, dessen Wiesen und Wälder ungezählte, schöne Campingmöglichkeiten bieten.

Durch mehrere, kleine Ortschaften hindurch winden wir uns auf kurvenreicher Strecke in herber Gebirgslandschaft auf den *Katará-Paß* (1705 m) hinauf. Dieser höchste Straßenpaß Griechenlands ist im Winter zuweilen wegen Lawinengefahr unpassierbar und stellte im Zweiten Weltkrieg die Frontlinie zwischen italienischen und griechischen Truppen dar. Wer selbst im Hochsommer eine kühle Nacht verbringen möchte, sollte hier oben sein Zelt aufschlagen – Möglichkeiten bieten sich in Hülle und Fülle an.

Jenseits geht es nun auf kurvenreicher Route bergab und nach ca. 10 km stößt man auf den Abzweig zum 2 km entfernten Bergdorf **Métsovon,** das wegen seiner guten Luft, seiner schönen, waldreichen Umgebung und den hervorragenden Bergsteige- und Jagdmöglichkeiten ein beliebter Sommer- und Winterferienort wurde. Bei einem Besuch dieses Ortes sollte man nicht versäumen, das in ein Heimatkundemuseum umgewandelte Herrenhaus sowie die alte *Kirche Agia Paraskevi* und das *Kloster Agios Nikólaos* mit prächtigen Mosaiken und Fresken aus byzantinischer Zeit zu besuchen. Die örtlichen Souvenirs in Form von ausgefallenen *Holzschnitzarbeiten* erfreuen sich großer Beliebtheit.

In endlosen Kurven geht es weiter bergab und man folgt den Hängen des Flusses Metsovitikos über den *Kiripaß* (945 m), bis man weit unter sich den malerischen See von Ioánnina sieht. Am Kloster Panagia Durachani vorbei erreicht man den Eingang des Pérama, einer großen, erschlossenen *Tropfsteinhöhle*, die zu besichtigen ist. Kurz darauf fahren wir in **Ioánnina** ein.

Ioannina

Ioánnina ist die Hauptstadt der Landschaft Epirus und ein wichtiges Han-
delszentrum, dessen Kunstgewerbe –   Leder, Silber und Teppiche – in den
romantischen Gassen der maleri-
schen *Altstadt* erworben werden

kann. Sehenswert ist die Burg mit der *Aslan-Aga-Moschee,* die heute ein Völkerkundemuseum ist. Anschließend lohnt ein Bummel auf der Seepromenade, an der zahlreiche, gemütliche Restaurants liegen. Nicht versäumen sollte man eine Bootsfahrt auf die Insel, die sieben Klöster beherbergt und der letzte Zufluchtsort von Ali Pascha, einem autonomen, regionalen Herrscher, war.

Nach Süden erschließt ein Abstecher auf der Straße nach Arta das *Zeusorakel Dodóna,* in dem alljährlich sommerliche Festspiele abgehalten wer-

Ioannina: Kloster Zitsa

den. Die Funde dieses Heiligtums können heute im Nationalmuseum von Athen besichtigt werden.

Camping Limnopoula ✿ 45
Ioánnina (Ipiros), ☎ (0651) 33288, (V–X), 1 ha, 80 St.

Das ebene, so gut wie ausschließlich staubige Gelände erstreckt sich linker Hand des örtlichen Boots- und Ruderverbandes entlang des Seeufers unter hochstämmigen, ausladenden Laubbäumen, die guten Schatten spenden. Die Einfahrt macht einen guten Eindruck, jedoch das Campinggelände selbst wirkt etwas dürftig. Ein kleines Sanitärhaus mit Waschbecken, Kaltduschen sowie Wäsche- und Geschirrwaschbecken steht in der Mitte und macht den Eindruck, schon bessere Zeiten gesehen zu haben. Leicht improvisierte Stromanschlußmöglichkeiten für Caravans sind ebenso vorhanden. Als hübsch könnte man die Stellmöglichkeiten bezeichnen, die unmittelbar am Seeufer liegen.

Das sehr gemütliche und moderne Restaurant sowie die ausladende Bar des Ruderclubs können von Campern mitbenutzt werden. Sie stellen die einzigen Versorgungsmöglichkeiten dar. Das Wasser sieht trüb und milchig aus.

Insgesamt ist dieser Platz nur für Übernachtungen zu empfehlen, interessant sind die Ausflugsmöglichkeiten in der näheren Umgebung.

🏊 See und Strand, Bademöglichkeiten.

➡️ Der Platz im nördlichen Stadtbereich von Ioannina im Ortsteil Limnopoula zwischen der Hauptstraße und dem See ist beim Straßenrondell beschildert.

♜ Ausflüge und Sehenswürdigkeiten siehe Stadtbeschreibung.

Route: Wir verlassen **Ioánnina** in nördlicher Richtung am Seeufer entlang, passieren linker Hand die Abzweigung der Hauptstraße nach Kalambaka und stoßen kurz darauf auf eine Straßenkreuzung. Geradeaus führt eine Route nach Kónitsa, einem sehr hübschen Bergdorf nahe der albanischen Grenze. Wir wenden uns nach links auf die Hauptstraße E19 in Richtung Igoumenitsa. Auf kurvenreicher Strecke durchfahren wir einsam wirkende, hügelige Weidelandschaften, erklimmen später waldreiche Gebirgshänge auf der hier gut

Igoumenitsa

ausgebauten Schnellstraße und fahren hinab in das Tal des Flusses Thiamis. Zahlreiche wildromantische, freie Campingmöglichkeiten bieten sich entlang dieses Flußbettes an, und selbst im Hochsommer findet man genügend frisches Wasser sowie trockenes Holz, um eine echte Campingnacht mit Lagerfeuer unter Sternenhimmel verbringen zu können.

Später lassen wir den Abzweig einer direkten Verbindungsstraße nach Prévesa links liegen und erreichen bald darauf **Igoumenitsa** (gesamt: 100 km).

Igoumenitsa

Igoumenitsa ist das nördlichste Hafenstädtchen der griechischen Westküste und gelangte als Hafen für die Fährschiffe von und nach Italien sowie hinüber nach Korfu zu größerer Bedeutung. Die zahlreich verkehrenden Fähren sowie die malerischen, alten Fischerboote lassen das Städtchen lebhaft und aktiv erscheinen, und die gemütlichen Tavernas am Hafen mit schattigen Terrassen sind vielbesuchte Ziele.

Als Ferienort ist Igoumenitsa trotz einiger, kleinerer Hotels und des nachfolgend beschriebenen Campingplatzes nicht sehr attraktiv, da die vorhandenen Strände und sonstigen, touristischen Möglichkeiten sehr beschränkt sind.

◣ Camping Sole Mare ✿ 46

Igoumenitsa (Ipiros), ☎ (0665) 22158, (I–XII), 0,8 ha, 80 St.

Ein schmales Stückchen Land zwischen zwei rege befahrenen Straßen, Laubbäume und Büsche kreuz und quer, unansehnliche Gebäude und ein wildes Chaos von Zelten, Caravans und Autos – so stellt sich Camping Sole Mare in den Sommermonaten dar.

Das leicht zum Meer hin abfallende Gelände auf wiesigem und steinigem Grund wird zwar durch die wild wuchernde Vegetation gut beschattet, macht jedoch einen alles andere wie einladenden Eindruck. Der Hauptbau mit Rezeption und Einkaufsladen sowie zwei großen Räumen, die als Jugendherberge dienen, quirlt alltäglich wie ein Ameisenhaufen über. Die mehr als einfachen Sanitäranlagen, denen ein wenig Pflege und Sauberkeit abgeht, halten dem Ansturm der Benützer ebenfalls nicht stand.

Das zumeist total überbelegte Gelände wird daher von vielen Campern gemieden, die es vorziehen, unmittelbar am Hafen auf die Fähren zu warten. Auch ein schmaler Geländestreifen zwischen Campingplatz, Küstenstraße und Meer, der als Ausweiche benützt wird, ist nicht attraktiver. Der sehr beschränkte Strand mit Sand und Kieseln bietet zwar Bademöglichkeiten, ist jedoch nicht sehr stark besucht. Hundeverbot.

🏊 Meer und Strand (50 m) jenseits der Küstenstraße.

➡ Der Platz liegt in nächster Nähe des Fährhafens an der Straße nach Párga.

⚜ Ausflüge nach Korfu.

Lárissa – Volos – Lamia – Athen

Route: Wir verlassen **Lárissa,** die Hauptstadt Thessaliens in südöstlicher Richtung und fahren auf der sogenannten ‚Autobahn' (breit ausgebaute Schnellstraße) durch flache, fruchtbare Ebenen, die die Kornkammer Griechenlands darstellen. Nach ca. 20 km passieren wir eine Mautstelle, die einen Obulus für die Straßenbenutzung fordert. Nach weiteren 25 km erreichen wir die gut beschilderte Ausfahrt ‚Vólos' beim Dorf **Risómilos.** Auf einer ordentlichen Asphaltstraße erreichen wir nach 18 km **Vólos.**

Um die geringe Mautgebühr zu vermeiden, kann man von Lárissa auch auf der alten Landstraße über die Orte Platikampos, Melia und Arménion Vólos erreichen.

Vólos

Die lebhafte und laute Handels- und Industriestadt Vólos ist zugleich der wichtigste Hafen von Mittelgriechenland und besitzt zahlreiche Schiffsverbindungen zu den zauberhaften Inseln der Sporaden. Die Stadt selbst eignet sich nicht als Urlaubsziel, doch beachtenswert ist das *archeologische Museum* mit äußerst interessanten Funden aus den nahegelegenen, antiken Stätten sowie das Haus ‚Kondos' im Vorort ‚Ano Vólos' (4 km) mit herrlichen Fresken.

Vólos ist zugleich Ausgangspunkt und Tor zum ‚Pilion', einer eindrucksvollen Gebirgshalbinsel, deren Reiz in den starken Kontrasten zwischen Bergen und Meer liegt und das zahlreiche, charmante Dörfer besitzt.

Seine reiche Vegetation mit Laubwäldern, Obstplantagen und Olivenhainen erstreckt sich bis an die Küste hinunter und unzählige, kleine Buchten mit Sandstrand liegen versteckt in weiten Pinienwäldern. Originelle Tavernen mit schattigen Terrassen und Spezialitäten frisch aus dem Meer warten auf Gäste. Neben Privatpensionen sowie kleinen Hotels findet man einige Campingplätze.

▲ Camping Pefkakia ✿ ✿   47

Pefkakia bei Vólos (Thessalia) ☎ (0421) 38257, (I–XII), 6 ha, 300 St.

Ein wenig südlich von Vólos liegt auf einem ausgedehnten Hügel oberhalb des Meeres dieser weitflächige Campingplatz, der von dichtem, hochstämmigem Pinienwald hervorragend beschattet wird. Neben einem schönen Blick auf die weite Bucht von Vólos bietet das Gelände ungewöhnlich viel Lebensraum für den einzelnen Camper und wer will, kann genügend Abstand vom Nachbarn nehmen. Für ausreichende, individuelle Stellmöglichkeiten ist gesorgt. Über eine Treppe erreicht man das tiefer liegende Meer, dessen Küste sich durch kleine Felsvorsprünge in Buchten mit Sand- und Kiesstrand aufgliedert. Neben guten Bademöglichkeiten findet man bescheidene, unbewachte Naturhäfen. Auch für Bootsanhänger ist genügend Platz vorhanden.

Die Sanitäranlagen sind in zwei mittelgroßen Gebäuden auf dem Gelände verteilt und bieten neben Warmduschen alle Arten von Waschbecken. Ein neuerbautes Restaurant mit nüchterner Terrasse bietet eine begrenzte Anzahl

Lárissa – Vólos – Lamía – Athen

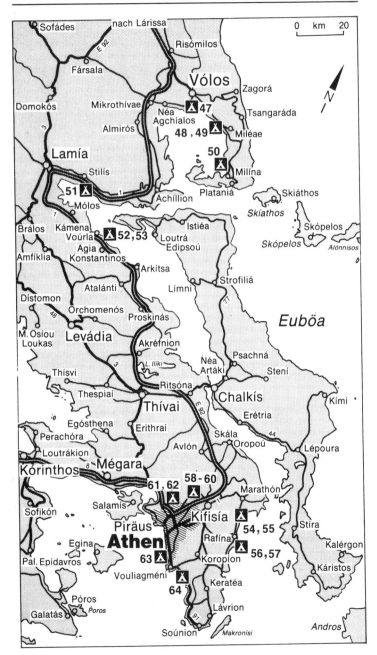

von einheimischen Speisen, ein kleiner Lebensmittelladen sorgt für die notwendige Verpflegung der Gäste.

Der Platz steht unter deutscher Leitung, was sich in der Organisation bemerkbar macht.

🅿 Meer und Strand (100 m). Viel Freifläche für Kinder zum Spielen.

➡ Die Zufahrt führt von Vólos knappe 2 km in Richtung Lamia am Meer entlang, biegt dann bei einer guten Beschilderung links ab in Richtung Pefkakia und erreicht nach weiteren 1,5 km den Platz.

♜ Ausflüge siehe Beschreibung von Vólos.

Camping Marina ✿ ✿ 48
Kato Gatsea bei Vólos (Thessalia), ☎ (0423) 22277, (V–X), 3 ha, 200 St.

Das auf einer kleinen Halbinsel liegende abfallende und steinige Olivenhaingelände bietet guten Halbschatten sowie von vielen Stellplätzen Sicht auf das Meer. Der Boden ist sehr hart und steinig, spezielle Häringe werden empfohlen. Zentral gelegen findet man ein großes Sanitärgebäude mit weitläufigen Räumlichkeiten, die alle Arten von Installationen sowie einige Warmduschen aufweisen. Die Sauberkeit und Pflege ist durchschnittlich, die Anzahl ausreichend. Gefallen kann das hübsche, griechische Restaurant im Tavernenstil mit schattiger Freiterrasse, die einen freien Blick auf das Meer bietet. Hier findet man auch einfache Einkaufsmöglichkeiten. Stromanschlüsse für Caravans sind zentralisiert in mehreren Punkten auf dem Terrain verteilt und reichen in der Regel aus.
Aufgrund der Halbinselform ist das Ufer sehr felsig und für Schwimmer wie Taucher ideal. Nichtschwimmer hingegen werden Schwierigkeiten haben. Für Sonnenanbeter wurde eine kleine Terrasse mit Feinkiesbelag (Strandduschen) geschaffen. Die Wasserqualität ist ungewöhnlich sauber und klar.

🅿 Meer und Strand (nur für Schwimmer).

➡ Die Anfahrt zum Gelände führt von Vólos auf der Küstenstraße in südöstlicher Richtung am Meer entlang, passiert verschiedene kleine Orte und erreicht nach insgesamt 15 km die Einfahrt.

♜ Ausflüge und Sehenswürdigkeiten siehe Beschreibung Vólos.

Camping Hellas
Camping Fig Tree ✿ 49
Kato Gatsea bei Vólos (Thessalia), ☎ (0423) 22267 – 22279, (I–XII), 3,5 ha / 1,5 ha, 300 St. / 100 St.

Beide Campingplätze liegen an der Westküste der gebirgigen Halbinsel Pilion südlich von Vólos unmittelbar nebeneinander, haben jedoch getrennte Platzverwaltungen. Die Gelände wurden auf zum Meer hin abfallenden Olivenhainhängen geschaffen und teilweise terrassiert. Sie reichen von der wenig befahrenen Küstenstraße direkt ans Meer und besitzen teils von Bäumen beschattete Sandstrände, die durch ihren flachen Übergang ins Wasser und durch ihre landschaftliche Lage sehr attraktiv sind.

Den Sanitäranlagen wird weniger Aufmerksamkeit geschenkt und sie sind, obwohl funktionell, weder ausreichend in ihrer Menge noch als zufriedenstellend zu bezeichnen. An allen Waschbecken und Duschen ist Warmwasser installiert, doch es kommt oft zu längeren Wartezeiten, was die Urlaubsstimmung nicht gerade verbessert.

Beide Plätze verfügen über Einkaufsmöglichkeiten in Form von kleinen Supermärkten, die erstaunlich gut sortiert sind. Auch die Restaurants werden, obwohl sie nüchtern eingerichtet sind, gerne besucht, da die Speisen nach einheimischer Art geschmackvoll zubereitet sind.

Die Plätze werden von Griechen wie auch von ausländischen Gästen gerne besucht. Diese Beliebtheit trägt wohl dazu bei, das die Platzverwaltungen in ihrer Oranisation sehr lässig und ein wenig unfreundlich sind. An den Wochenenden herrscht an den Stränden auch öffentlicher Badebetrieb.

🏊 Meer und Strand (sehr schön).

➡ Die Anfahrten führen von Vólos auf der Küstenstraße in südöstlicher Richtung am Meer entlang, passieren verschiedene, kleine Orte und erreichen nach insgesamt 17 km die Plätze, die beschildert sind.

♟ Ausflüge und Sehenswürdigkeiten siehe Beschreibung Vólos.

◣ Camping Olison ✿   50
Milina bei Vólos (Thessalia), ☎ (0423) 65236, (V–X), 1,5 ha, 100 St.

An einer abgelegenen Bucht, nahe der Südspitze der gebirgigen Halbinsel Pilion, südöstlich von Vólos, liegt Camping Olison in ruhiger und landschaftlich sehr schöner Lage. Camper, die Einsamkeit, Ruhe und unberührte Natur zu schätzen wissen, werden hier gut aufgehoben sein. Das Gelände erstreckt sich an einem meerwärts abfallenden Hang, der von zahlreichen Oliven bestanden ist, die einen nahezu völlig ausreichenden Schatten spenden. Die einzelnen Terrassen sind teils mit Stromanschlußmöglichkeiten versehen, deren Anzahl jedoch gering ist.

Die sanitären Anlagen sind noch als recht einfach zu bezeichnen. Einige Duschen mit Warmwasser sind der einzigste Luxus. Ein Ausbau dieser Räumlichkeiten ist für die folgenden Jahre geplant. Ein kleiner, gut sortierter Lebensmittelladen erspart unnötige Fahrereien ins nahe Dorf, und eine Art Café-Bar mit Terrasse bietet neben Getränken eine bescheidene Zahl an täglichen Gerichten.

Der Strand grenzt unmittelbar an den Campingplatz, ist jedoch sehr steinig, doch für Kinder zum Planschen geeignet. Bestechend ist das kristallklare Wasser, in dem man noch in 10 m Tiefe jede Muschel sehen kann. Kein Hundeverbot.

🏊 Meer und Strand.

➡ Die Zufahrt führt von Vólos in südöstlicher Richtung auf der Küstenstraße am Meer entlang, passiert verschiedene, kleine Orte sowie die vorher beschriebenen Campingplätze, wendet sich bei Aféte landeinwärts und erreicht bei Chórton wieder das Meer. Kurz hinter dem Ort Milina ist der Platz beschildert (ca. 50 km).

🏛 Ausflüge und Sehenswürdigkeiten siehe Beschreibung Vólos. Vom nahegelegenen Ort Platania (schöner Sandstrand) kann man per Motorboot zur zauberhaften Insel Skiáthos übersetzen.

Route: Man verläßt **Vólos** auf der nach Süden führenden Straße nach Lamia und hält sich am Meer entlang in sehr reizvoller Landschaft. Bei **Néa Anghialos** sieht man die Ruinen von vier frühchristlichen Basiliken sowie die Akropolis des antiken Pyrasos. Ein kleines Museum beherbergt einen Teil der Funde. Nur wenige Kilometer weiter stößt man bei **Mikrothivä** auf einen kleinen Flugplatz sowie auf die ‚Autobahn‘, die auf gerader Strecke von Lárissa nach Süden führt. Auf dieser Mautschnellstraße geht es nun weiter durch wenig ansprechende Landschaft, man passiert eine Mautstelle, und bald darauf sieht man linker Hand das Meer in der Sonne blitzen. Ganz am Horizont grüßen die Gestade der Insel Euböa.

Nach insgesamt ca. 90 km erreicht man das kleine, malerische Dörfchen **Stilis** mit einem idyllischen Hafen, der Reste des antiken Hafens Phalara beinhaltet.

🅰 Camping International Beach ✿ ✿   51
Stilis bei Lamia (Thessalia), ☎ (0238) 222 14, (I–XII),
5 ha, 120 St.

Der ausgedehnte Campingplatz liegt unmittelbar am Meer auf weiten, ebenen Wiesen und bietet viel Lebensraum für jeden einzelnen Camper. Vereinzelte Oliven- und Platanenbäume mit ausladenden Ästen in Gruppenform spenden einen guten Schatten. Die meisten Stellplätze sind jedoch der Sonne ausgesetzt. Als Besonderheit ist hier aufzuführen, daß es sehr viele Stellplätze unmittelbar am Strand gibt.

Die Sanitäranlagen sind in drei Gebäudcn auf dem Gelände verteilt und weisen eine ganze Reihe von Warmduschen sowie alle Arten von Installationen auf. Pflege und Sauberkeit sind in der Regel in Ordnung, auch zahlenmäßig reichen sie aus. Ein kleiner, improvisierter Lebensmittelladen sowie ein Restaurant mit schöner Freiterrasse und Sicht auf das Meer sorgen für das leibliche Wohl der Gäste. Im nahen Ort Stilis sind viele hübsche Tavernen zu finden. Stromanschlüsse für Caravans und eine Mietwaschmaschine vervollständigen den Platzservice.

Fazit: Der Platz eignet sich sowohl für Übernachtungen sowie für einige Tage Ferien, da er zentral zu Kalambaka (Meteoraklöster), zu Delphi und zu Athen liegt. Die Bademöglichkeiten sind sehr gut.

💠 Meer und Strand (mit Strandduschen).

🔁 Der Platz liegt ca. 3 km östlich des Ortes und ist beschildert.

Route: Von **Stilis** fahren wir weiter nach Westen am Meer entlang und erreichen bald das kleine Handelsstädtchen **Lamia,** das über eine glanzvolle, antike

Geschichte verfügt, heute jedoch nur noch Umschlagplatz für Tabak, Wein und Öl ist. Interessant ist ein Ausflug zum 16 km entfernten Heilbad Lútra Ipáti, das sehr romantisch am Fuße des Berges Iti liegt und zu den best eingerichtetsten Kurorten von Griechenland zählt. Ganz in der Nähe findet man auch beim Dorf Ipáti eine besondere Rarität – ein katalanisches Schloß aus dem 14. Jahrhundert. Wir folgen nun der Mautschnellstraße weiter nach Süden, durchfahren eine weite, sumpfige Ebene und stoßen auf die *Thermopylen,* einem Engpaß in früheren Zeiten, bevor der Fluß Sperchios ein breites Delta angeschwemmt hat. Hier fand die sagenhafte Schlacht zwischen dem Spartanerkönig Leonidas und dem persischen Feldherrn Xerxes statt. Nur durch Verrat konnten die Perser damals in den Rücken ihrer Feinde gelangen und diese niedermachen. Ein modernes Denkmal erinnert heute an diese Heldentat, und Schillers Worte wurden berühmt: ‚Wanderer, kommst du nach Sparta, verkünde dorten, du habest uns hier liegen gesehen, wie das Gesetz es befahl'! Unsere Fahrt bringt uns weiter an dem Dorf Mólos vorbei und bald erreichen wir **Kaména Voúrla.**

Kaména Voúrla

Dieser in der Antike schon berühmte Bade- und Kurort verdankt seine Entstehung stark radiumhaltigen Heilquellen (gegen Gelenkerkrankungen und Rheuma), deren Wirkung bereits damals von den Ärzten erkannt wurde. In jüngerer Zeit, als der Badetourismus aufkam, wurden dann die Strände entdeckt, Hotels gebaut und Badeanstalten angelegt. Doch vorerst müssen sich die Urlauber noch mit bescheidenen Einrichtungen zufriedengeben, aber die Entwicklung ist unaufhaltsam.

Die Strände sind größtenteils sandig und kiesig. Snackbars, Bootsverleih und Sonnenschirme stehen zur Verfügung, und zahlreiche Strandrestaurants versprechen angenehme Abende mit lukullischen Genüssen.

Ausflüge können zum nahen Lamia, nach Loutra Ipáti und zu den Thermopylen unternommen werden (siehe Routenbeschreibung).

▲ Camping Copellia ✿ ✿   52
Kaména Voúrla (Fthiolis), ☎ (0235) 22000, (IV–X), 1,5 ha, 120 St.

Der kleine, erst jüngst entstandene Platz liegt auf grasdurchsetztem Kiesboden in einem schütteren Olivenhain, der nur begrenzt ausreichenden Schatten bietet. Das Gelände ist eben und erstreckt sich zwischen der Hauptstraße Saloniki – Athen und dem Meer, wobei der sehr schöne, feine Kiesstrand eine Art Landzunge gebildet hat. Durch die leicht abseitige Lage vom Ort ist auch das Wasser nahezu glasklar und lädt zum Baden ein.

Die Ausstattung des Platzes entspricht dem gemütlichen Charakter. Die Sanitäranlagen sind zwar klein, doch recht gepflegt und machen trotz ihrer einfachen Installation einen zufriedenstellenden Eindruck. Ein Lebensmittelladen mit gut sortiertem Angebot erspart unnötige Wege ins Dorf. Eine Art Snackbar-Restaurant mit gemütlicher Freiterrasse bietet unverfälschte, einheimische Hausmannskost. Ein wenig störend wirkt nur der TV, der gelegentlich abends zu lange und laut läuft. Um den Platzservice abzurunden, wurden zahlreiche

Stromanschlußmöglichkeiten geschaffen, die Caravans und Zelten zur Verfügung stehen. Ein Volleyballfeld bringt sportbegeisterten Campern ein wenig Abwechslung.

Das freundliche und bemühte Management plant laut eigener Aussage für die Zukunft noch einige weitere Sportmöglichkeiten wie Windsurfen, Tennis und Wasserski.

🔲 Meer und Strand, Volleyball.

▶ Die Zufahrt zum Platz zweigt ca. 3 km östlich des Ortes von der Hauptstraße Saloniki–Athen links, d. h. meerwärts ab und erreicht nach 100 m die Einfahrt.

♖ Ausflüge und Sehenswürdigkeiten siehe Ortsbeschreibung.

⛺ Camping Voúrla EOT ✿ ✿ ✿   53
Kaména Voúrla (Fthiolis), ☎ (0235) 22054, (I–XII),
24 ha, 300 St.

Wie nahezu alle EOT-Campingplätze ist auch dieses Gelände sehr großzügig angelegt und die weiten, wirklich gepflegten Rasenflächen sind mehrfach unterteilt. Junge Bäume, die zusehends mehr Schatten spenden, sowie zahlreiches Buschwerk umgeben die einzelnen Parzellen, die zum Teil betonierte Stellflächen mit Stromanschlußmöglichkeiten für Caravans bieten. So gediegen und aufwendig auch der äußere Rahmen dieses Platzes scheint, von der ursprünglichen griechischen Natur ist nichts mehr zu sehen, moderne Nüchternheit herrscht vor.

In mehreren Gebäuden sind die Sanitäranlagen auf dem Gelände verteilt. Sie bieten eine zufriedenstellende und ausreichende Warmwasserversorgung an allen Becken und Duschen und erwecken einen absolut modernen und funktionellen Eindruck. Die Sauberkeit und Pflege läßt ein wenig zu wünschen übrig, was an den Anfangsproblemen des neuen Managements liegen kann.

Ein großer Supermarkt mit reichhaltigem Angebot in einem modernen Gebäude sowie eine Bar mit zahlreichen, unterteilten Freiterrassen sorgen für das leibliche Wohl der Gäste. Nahe der Platzeinfahrt findet man ein gutes Restaurant mit eigenem Parkplatz, das auch der Öffentlichkeit zur Verfügung steht. Die angeschlossene Diskothek ermöglicht ausgiebige, abendliche Tanzvergnügen.

Der weitläufige, ruhige Strand besteht aus feinen Kieseln und geht verhältnismäßig flach ins Wasser über, was auch Nichtschwimmern angenehme Bademöglichkeiten bietet. Strandduschen helfen, das lästige Salz nach dem Schwimmen wieder loszuwerden.

Ein gut ausgestatteter und großzügiger Kinderspielplatz wird von den ‚Kleinen‘ gerne besucht, wohingegen die Erwachsenen sich auf den Tennisplätzen vergnügen.

Eine größere Anzahl von einfachen, aber ansprechenden und zweckmäßigen Bungalows werden zur Vermietung angeboten. Hundeverbot, laut Aussage der Platzleitung.

🔲 Meer und Strand, Kinderspielplatz, Tennisplätze.

Athen

➡️ Am westlichen Ortsrand biegt man von der Schnellstraße Saloniki–Athen meerwärts ab und fährt noch ca. 250 m zum Platz.

♟ Ausflüge und Sehenswürdigkeiten siehe Ortsbeschreibung.

Touristischer Hinweis:
Am östlichen Ortsrand Richtung Athen findet sich noch ein weiterer Campingplatz (Camping Appollon), eine kleine Anlage unmittelbar zwischen der Hauptstraße und dem Meer.

Route: Von **Kaména Voúrla** halten wir uns weiter auf der Autoschnellstraße in östlicher Richtung am Meer entlang, passieren den inmitten von Olivenhainen und Pinienwäldern gelegenen Badeort **Ayia Konstantionos.** Östlich des Ortes befinden sich zwei ordentliche Campingplätze – *Camping Leonidas* und *Camping Blue Bay* – an der Küstenhauptstraße gut beschildert. Die Einrichtungen enthalten alles Notwendige, Lage am Meer. Kurz darauf stoßen wir auf die Abzweigung zum 1 km entfernten Hafenstädtchen **Arkitsa,** das regelmäßigen Fährverkehr zur Insel Euböa hat. Später sehen wir linker Hand zwischen Hauptstraße und Meer den kleinen Campingplatz ‚Côte d'Azur', dessen Fortbestand fraglich ist.
Die Straße wendet sich nun auf einer langen Geraden (Mautstelle) bei dem Ort **Proskinas** hügelaufwärts und verläßt die Landschaft Phokis. Böotien, wie die folgende Region genannt wird, empfängt uns mit kahl wirkenden Hügeln und selbst der Iliki-See, der in einer Art Mondlandschaft liegt, ist trotz seines Wasserreichtums (Trinkwasserreservoir für Athen) eine Einöde.
Kurz darauf passieren wir den Abzweig nach Theben (äußerst beachtenswertes Museum mit antiken Resten) und ein wenig später die Nebenstraße nach Chalkis, der Hauptstadt der Insel Euböa, das an der Meerenge von Euripos liegt. Unsere Route verläuft nun weiter im Inland, umgeht in weitem Bogen den Berg Párnes (1413 m) und erreicht schließlich **Athen.**

Athen

Wer heute noch erwartet, den Hauch der gewaltigen Geschichte dieses Ursprunges der westlichen Kultur zu spüren, wird vermutlich enttäuscht werden. Denn Athen ist keine Reliquie der glorreichen Antike, sondern eine wimmelnde, sehr lebendige Großstadt mit ca. 2,7 Millionen Einwohnern. Von stiller Größe sowie edler Einfalt ist nichts mehr zu finden. All die zahllosen Sehenswürdigkeiten dieser weltberühmten Stadt zu beschreiben, würde den Rahmen unseres Buches sprengen. Außerdem ist die bereits vorhandene Literatur über diese Hauptstadt Griechenlands so umfangreich, daß sie eine eigene Bibliothek füllen würde. Daher beschränken wir uns auf die wichtigsten und interessantesten Einzelheiten, die man als Campingtourist nicht versäumen sollte.

I. Als Ausgangspunkt für unseren ersten Rundgang durch das moderne Athen wählen wir den *Omónia-Platz* (Eintrachtplatz), der aus nahezu allen Richtungen per S-Bahn mühelos zu erreichen ist. Durch eine der Hauptstraßen der Stadt – *Odós Stadiou* – wandern wir in südöstlicher Richtung, betrachten die interessanten Geschäfte mit ihren verlockenden Angeboten und sind froh, daß die Urlaubskasse beschränkt ist. Nach kurzweiligem Spaziergang sehen wir rechter Hand am *Klafthmónos-Platz* die den Heiligen Theodoren geweihte *Agii Theodóri-Kirche* aus byzantinischer Zeit, eines der besterhaltenen Denkmäler aus jener gewaltigen Epoche. Die Außenarchitektur dieses eindrucksvollen Bauwerkes ist noch original, das Innere wurde restauriert. Beachtenswert sind die Portale, die Fenster und die Tonplatten.

Zurück in der Stadiou-Straße wenden wir uns nach rechts und passieren bald das *Historische Museum* (Ethnologikum), das sehenswerte Sammlungen zur Geschichte des modernen Griechenlands beherbergt und einst das alte Parlamentsgebäude war.

Nicht weit davon treffen wir auf den *Sintagma-Platz*, das Herz der Stadt, der von großen Cafés und hervorragenden Hotels umgeben ist und zu einer Atempause mit einer Erfrischung einlädt.

Automatisch zieht es uns dann zum ‚Grabmal des unbekannten Soldaten‘, das auf der Ostseite des Platzes liegt. Der Blickfang jedoch ist das *Alte Schloß*, das die gesamte Platzszene beherrscht und in den Jahren 1834–1838 von dem Münchner Architekten Friedrich v. Gärtner erbaut wurde. Heute dient dieser mächtige Bau als *Parlamentsgebäude*.

Ein Rundgang durch den anschließenden, schattigen Nationalgarten läßt uns nicht nur ein wenig Natur genießen, sondern führt uns auch an der Kaserne der ‚Evsonen‘ vorbei zum *Königspalast* und nach Süden zum ‚Zappeion‘, einem großen Ausstellungsgebäude. Ein wenig weiter

können wir noch das *Stadion* besichtigen, das 330 v. Chr. von Lykurgos errichtet wurde und 1895 für die ersten olympischen Spiele der Neuzeit genau an der alten Stelle wieder erbaut wurde.

Einmal in der Gegend wenden wir uns nach rechts und wandern zum *Olympieion*, dessen eindrucksvolle Tempelreste wirklich sehenswert sind. Das umliegende Ausgrabungsgebiet zeigt noch viele, interessante Reste aus der Antike, die man auf einem kurzen Rundgang bewundern kann, bevor wir uns am Hadriansbogen vorbei wieder nach Norden und zum *Sintagma-Platz* wenden.

Vom ‚Herz der Stadt‘ gehen wir nun die Universitätsstraße – *Odós Panepistimiou* – hinauf, passieren rechter Hand das Wohnhaus von Heinrich Schliemann, das heute als Gerichtshof dient. Zwei Querstraßen weiter können wir dann die römisch-katholische Kathedrale besichtigen, auf deren Besuch nicht verzichtet werden sollte.

In der nächsten Querstraße auf der rechten Seite sehen wir die ‚Akademie der Wissenschaften‘, die 1859–1885 von dem dänischen Architekten Hansen errichtet wurde. Anschließend erstreckt sich die vom selben Baumeister geplante Universität (1837–1852), die nach deutschem Muster eingerichtet wurde und fünf Fakultäten beherbergt. Auch die benachbarte *Nationalbibliothek*, die neben den Resten der Universitätsbibliothek wertvolle Handschriften wie z. B. zwei Evangelienbücher aus dem 10. und 11. Jahrhundert enthält, ist durch die Verwendung von pentelischem Marmor als Bauwerk sehr sehenswert.

Wir spazieren nun weiter durch die Universitätsstraße, bewundern den lebhaften, nahezu chaotischen Verkehr, setzen uns vielleicht noch ein-

Athen

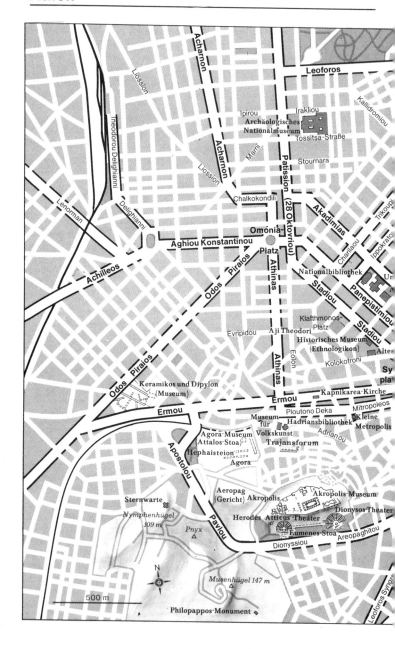

Acharnon
Liossion
Theodorou Delighianni
Ipirou
Irakliou
Leoforos
Kallidromiou
Archäologisches Nationalmuseum
Tossitsa-Straße
Marni
Stournara
Acharnon
Patission (28 Oktovriou)
Liossion
Lenorman
Delighianni
Chalkokondili
Akadimias
Trikoupi
Ippokrato
Omónia-Platz
Aghiou Konstantinou
Achilleos
Odos Piraios
Piraios
Athinas
Nationalbibliothek
Ur
Panepistimiou
Charilaou
Stadiou
Stadiou
Klafthmonos-Platz
Evripidou
Aji Theodori
Historisches Museum (Ethnologikon)
Altes
Eolon
Kolokotroni
Athinas
Odos Piraios
Sy pla
Keramikos und Dipylon (Museum)
Ermou
Kapnikarea-Kirche
Ermou
Ploutono Deka
Mitropoleos
Museum für Volkskunst
Hadriansbibliothek
Kleine Metropolis
Agora-Museum (Attalos-Stoa)
Trajansforum
Adrianou
Apostolou
Hephaisteion
Agora
Aeropag (Gericht)
Akropolis
Akropolis-Museum
Sternwarte
Nymphenhügel 109 m
Pavlou
Herodes Atticus-Theater
Dionysos-Theater
Eumenes-Stoa
Areopaghitou
Pnyx
Dionyssiou
N
Musenhügel 147 m
500 m
Leoforos Syngr
Philopappos-Monument

ATHEN

Athen

mal in ein Café zum Ausruhen und stoßen dann wieder auf unseren Ausgangspunkt, den Omónias-Platz.

Dieser Rundgang benötigt, wenn wir uns genügend Zeit zum Verweilen und Schauen nehmen, gewiß einen ganzen Tag, bietet uns jedoch einen ersten, tiefen Einblick in die Atmosphäre dieser Stadt.

II. Unser zweiter Rundgang führt uns rund um die Akropolis und versetzt uns nicht nur in die Antike, sondern zeigt uns auch viele, kleine Einzelheiten des alltäglichen griechischen Lebens.

Wir beginnen am *Monastiraki-Platz,* der am Schnittpunkt der beiden großen Straßen ‚Ermou' und ‚Athinas' liegt und neben einer S-Bahn-Station auch einen großen Parkplatz bietet. In nächster Nähe sehen wir die *Hadriansbibliothek,* einen von Säulengängen umgebenen, großen Hof, in dessen Mittelteil die Reste einer alten, byzantinischen Kirche zu bewundern sind. Nahezu unmittelbar daneben steht eine ehemalige türkische Moschee, in der heute ein besuchenswertes Museum für Volkskunst untergebracht ist.

Am Monastirakiplatz wenden wir uns nach rechts und folgen der *Ermou-Straße,* in deren Mitte ein wenig fehl am Platz die alte, byzantinische Kirche *Kapnikaréa* aus dem 11. Jahrhundert steht. Dieses Bauwerk gehört zu den schönsten und ältesten klerikalen Überresten von Athen und ist äußerst photogen, wobei der starke, vorbeiflutende Verkehr die Ruhe und Erhabenheit dieses Reliktes nicht stören kann.

Wir gehen nun ein Stückchen in Richtung Akropolis und biegen in der *Ploutono Deka Straße* nach links ab. Schon von weitem beherrscht die *Große Metropolis* (1840–1855) die Straßenszene, und besonders der Innenraum dieser gewaltigen orthodoxen Hauptkirche Athens ist auf Grund seiner reichen Ausschmückung sehr sehenswert. In ihrem Schatten steht die ‚Kleine Metropolis', die wie ein Zwerg gegen einen Riesen wirkt. Doch betritt man einmal das Innere dieses Kirchleins, wird man sehr schnell das Gefühl für Raum und Zeit verlieren und der gewissen Mystik unterliegen, sei es auch nur für wenige Minuten. In den Außenmauern dieses aus dem 11. Jahrhundert stammenden Gebäudes sind zahlreiche antike und byzantinische Reliefs eingefügt, was den Bau ausgesprochen elegant wirken läßt.

Nach so viel eindrucksvoller Kultur ist es richtig erfrischend, die anschließende *Odós Pandrósou Straße* hinunterzugehen und hierbei das reizvolle Gemisch aus Schmuck-, Souvenir- und Trödelläden zu betrachten, die sich in diesem alten Bazarviertel zu einer Art Flohmarkt zusammengefunden haben. Von echten bis zu falschen Antiquitäten, abgefahrenen

Ruinen des Dionysos-Theater

Autoreifen und sonstigem Kleinkram reicht das Angebot. Marktschreierisch werden die ‚Kostbarkeiten' angepriesen.

Wir wandern nun durch die alten, engen Gassen der *Altstadt*, der sogenannten ‚Plaka', ehemals ein abbruchreifes Slumviertel, das durch den Tourismus gerettet wurde. Denn mit seiner malerischen Szenerie, den unzähligen, originellen Tavernen mit griechischer Musik und Landesspezialitäten sowie den zahlreichen Künstlern hat es sich zu einem ‚Montmartre' von Athen gemausert. Auch Nachtclubs und ähnliche Etablissements haben sich angesiedelt.

Nach einer kurzen Rast und einem Gläschen Rezina wandern wir weiter um die Ostseite der *Akropolis* herum, betrachten die ein- oder zweistöckigen Häuschen mit ihren schmiedeeisernen Balkonen und ihren hölzernen Fensterläden, die äußerst malerisch in den Gassen, Innenhöfen und Winkeln liegen. So erreichen wir das *Lysikrates-Denkmal*, einen kleinen, romantischen Marmorbau, dessen schmaler Fries Dionysos und die tyrrenischen Seeräuber darstellt.

In nächster Nähe fällt dann das *Dionysos-Theater* ins Auge, das am Südhang der Akropolis liegt und einst der Uraufführungsort der großen Tragödien war. Tausende von Menschen lauschten ergriffen den dramatischen Worten und der ergreifenden Musik, bewunderten die Schauspieler und verließen tief beeindruckt diese Stätte der Kunst. Gut erhalten ist noch der schöne Rundaltar des Dionysos und die römischen Skulpturen an der Vorbühne sowie der Sitz des Kaisers Hadrian. Im obersten Teil des Theaters gelangt man zu einer antiken Grotte, in der jetzt die Kapelle der Grottenmadonna zu bewundern ist.

Durch den oberen, linken Teil erreichen wir das ‚Asklepieion', das

Heiligtum des Heilgottes Asklepios, das einst mit zahlreichen Säulen, einem Altar und einer Grottenquelle versehen war. Wir gehen nun wieder hinab und spazieren durch die ehemalige ‚Wandelhalle des Eumenes' zum westlich liegenden ‚Odeion des Herodes Attikus'.

Dieses um 160 n Chr. von einem reichen Athener gestiftete Theater soll einst das schönste seiner Art in ganz Griechenland gewesen sein. Ca. 5000 Besucher fanden Platz. Noch heute finden in dem restaurierten Bauwerk die *Athener Festspiele* mit Konzerten und Tragödien statt, und die hervorragende Akustik ist sehr eindrucksvoll.

Ein Stückchen weiter können wir rechter Hand über aussichtsreiche Fußwege den Eingang der Akropolis erreichen. Wir gehen jedoch geradeaus weiter und ersteigen den auffallenden ‚Musenhügel' (147 m), der die schönste Aussicht auf die gegenüberliegende Akropolis bietet.

Mit leicht zitternden Knien wandern wir weiter am Fuße des Akropolis-Hügels und wenden uns direkt nach Norden, um am *Areopag-Felsen* (hier wurde in der Antike Blutfrevel abgeurteilt) vorbei das Trajansforum und unseren Ausgangspunkt, den Monastirakiplatz, wieder zu erreichen.

III. Zehntausende von Besuchern wandern jedes Jahr durch die sehenswerten Ruinen der *Akropolis* und lassen sich vom Glanz der alten, glorreichen Zeiten beeindrucken.

Der Eingang zu diesem Tempelberg läßt sich mühelos oberhalb des vorher beschriebenen ‚Odeion des Herodes Attikus' finden, und wir betreten sie an der Westseite des Hügels (156 m). Linker Hand sehen wir das sogenannte *Beule-Tor*, das aus römischen Zeiten stammt und nach einem französischen Archäologen benannt wurde.

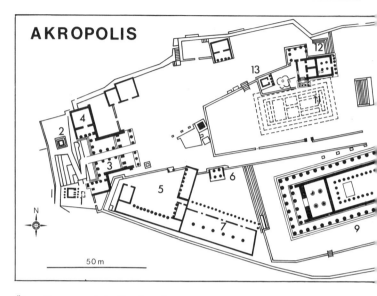

Über die nur noch in Bruchstücken vorhandene ‚Marmortreppe' steigen wir zu den *Propyläen* hinauf, einem gewaltigen Torbau mit weit ausladenden Flügelbauten, dessen Monumentalität überwältigen kann. Um so erstaunter können wir den kleinen, grazilen *Nike-Tempel* bewundern, der rechter Hand auf einem Felsvorsprung liegt und einst zu Ehren der Siegesgöttin Athena errichtet wurde. Trotz unterschiedlicher Bauart, Größe und Eleganz stellen beide Bauwer-

Nike-Tempel (Akropolis)

ke eine harmonische Einheit dar, an der sich jeder Besucher ergötzen kann. Links der Propyläen finden wir noch einen großen ‚Marmorsockel', auf dem einst das ‚Agrippa-Monument' (Reiterstandbild mit Viererge-spann) stand.

Wir betreten nun die eigentliche Hügelfläche und werden unwillkürlich von dem großen *Parthenon* angezogen. Auf dem Weg dorthin passieren wir die Reste der *Pelasgischen Mauer,* anschließend den Bezirk der *Artemis Brauronia* und die *Chalkothek mit dem Propylon,* Heiligtümer und Aufbewahrungsorte von Weihegaben.

Das Parthenon, das auch heute noch als der vollkommenste Bau und Tempel der Antike gilt, wurde einst in der unglaublich kurzen Zeit von neun Jahren erbaut und verschlang tausend Talente, eine enorme Summe für damalige Verhältnisse. Um den Sinn dieser außen so schmuckvoll und innen so einfachen Tempel zu verstehen, muß man wissen, daß die Opferzeremonien vor den Tempeln statt-

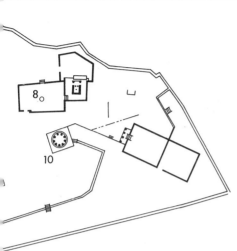

1 Tempel der Athena Nike

2 Agrippa Monument

3 Propyläen

4 Pinakothek

5 Bezirk der Artemis Brauronia

7 Chalkothek mit Propylon (6)

8 Bezirk des Zeus Polieus

9 Parthenon

10 Rundtempel der Roma

11 Alter Athena-Tempel

12 Erechtheion

13 Pandroseion

fanden, und die Bauwerke nur als prächtige Hintergrundkulisse dienten.

Das Parthenon ist ein äußerst eindrucksvoller Bau mit nahezu perfekter Harmonie der Säulendurchmesser und Säulenhöhen und zeigt einen 160 m langen und 1 m hohen Fries, der den ‚Panathenäen-Festzug‘ schildert. Von den ursprünglich 92 Metopen sind noch 41 vorhanden. Sie zeigen die Kämpfe von Göttern gegen Giganten, Athenern gegen Perser und die Kämpfe um Troja. Das Innere des Tempels darf nicht mehr betreten werden.

Hinter dem Parthenon passieren wir die Reste des ‚Rundtempels der Roma‘ und stoßen auf das *Akropolis-Museum*, das zwar kleiner als das Nationalmuseum ist, aber zumeist nur erstklassige Stücke enthält.

Am Bezirk des *Zeus Polieus* vorbei wandern wir anschließend zum *Alten Athenatempel* und weiter zum Erechtheion, einer Art Tempelbezirk, der nicht weniger als sieben

unterschiedliche Heiligtümer umschloß. Die Götter Poseidon und Athena wurden hier verehrt, ein eigener Altar für den Gott ‚Zeus Erkeios‘ errichtet, und selbst der Ölbaum der Athena fand noch Platz.

Von verschiedenen Stellen der Umfassungsmauer können wir eine herrliche Aussicht auf die Stadt genießen, uns im Schatten vereinzelter Bäumchen niederlassen und die ge-

Parthenon (Akropolis):
Ostfries mit der Wiedergabe der olympischen Götter Poseidon, Apollon und Artemis

Athen

Erechtheion (Akropolis)

biete ,verschönern' die Landschaft, und auch ein Teil der griechischen Kriegsflotte liegt hier vor Anker. Zahllos sind die Tavernas und ,Spelunken', hektisch der Verkehr und über allem liegt der Geruch des weiten Meeres.

Den Touristen interessiert Piräus vor allem wegen der Fähren zu den Inseln, die häufig und regelmäßig verkehren sowie wegen der ausgezeichneten Fischrestaurants in der Nähe des Yachthafens.

V. Ein sehr lohnender Ausflug führt per Fähre zur **Insel Ägina,** die wegen ihrer landschaftlichen Schönheit seit alters her bekannt und berühmt ist. Neben ihrer Bedeutung als Ferienziel ist der *Aphaiatempel* bemerkenswert, der zu den schönsten, antiken Stätten in weitem Umkreis zu zählen ist.

waltigen Bauwerke in den blauen Himmel ragen sehen. Die Akropolis, so überlaufen sie auch immer sein mag, ist ein wirklicher Höhepunkt einer Griechenlandreise und man sollte auf ihren Besuch keinesfalls verzichten.

Wer noch ein wenig mehr Kultur ,tanken' möchte, kann anschließend zum *Omóniaplatz* fahren und durch die Straße des 28. Oktober (Patission 28 Oktovriou) das *Archäologische Nationalmuseum* besuchen. Es zählt zu den bedeutendsten Antikenmuseen der Welt und bietet einen einzigartigen Überblick über die Gesamtentwicklung der griechischen Geschichte mit berühmten Fundstücken wie zu. B. die Goldfunde aus Mykene, den klassischen Poseidon etc.!

IV. **Piräus** – diese zweitgrößte Stadt Griechenlands wächst mit Athen immer mehr zusammen und hat sich zu einem der größten Mittelmeerhäfen entwickelt. Zahllose Schiffe und Fähren frequentieren die ausgedehnten Hafenanlagen; riesige Industriege-

VI. Wer Panoramastraßen liebt, sollte auf keinen Fall eine Fahrt entlang der **Attischen Riviera** versäumen, die sich von Athen gut 60 km entlang der Küste zum Kap Sounion zieht. Felsküsten mit eingelagerten Sandbuch-

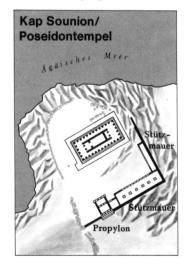

ten, Hotelanlagen, schroffe, karstige Landschaften im Wechsel mit lieblichem Grün und als Krönung den *Poseidon-Tempel* auf einem Felsspitz am Kap Sounion. Dieses Kap mit seinen wildromantischen Klippen, brausenden Wogen und stürmenden Winden ist ein einzigartiger Aussichtspunkt, und speziell abends, wenn die Sonne untergeht und im Meer versinkt, wird die Antike wieder lebendig.

Camping Marathon ✿ ✿ ✿   **54**
Marathon bei Athen (Attika), ☎ (0294) 55577, (I–XII), 1,5 ha, 100 St.

Dieser am weitesten von Athen entfernte Campingplatz dürfte wohl zugleich auch der beste sein. Denn das ansprechende Wiesengelände liegt mit langsam wachsenden Laubbäumen weitflächig unmittelbar am Meer. Die Parzellen sind durch Bepflanzungen unterteilt. Es herrscht eine ungewöhnliche Ruhe. In nächster Nähe liegt das antike Schlachtfeld von Marathon mit seinen Grabhügeln, Ausgangspunkt des berühmten „Marathonlaufes" bei den Olympischen Spielen. Das gepflegte Platzgebäude macht einen positiven Eindruck. Der Campingplatz ist sowohl für Ferien als auch für Übernachtungen geeignet, wozu das deutsche Campingmanagement (in Händen von Frau Kairies) sicherlich beiträgt.
Auch die sanitären Anlagen, die neuzeitlich und funktionell gestaltet sind, können als zufriedenstellend bezeichnet werden. Neben zahlreichen Waschbekken in Einzelwaschkabinen mit Toiletten sind auch einige Warmduschen zu finden, die normalerweise dem Andrang der Gäste standhalten. Ein Restaurant mit schattiger Terrasse und Blick auf das Meer sowie ein kleiner Einkaufsladen sorgen für das leibliche Wohl der Gäste. Speziell die Bar ist in Abendstunden ein beliebter Treffpunkt.
Der Strand ist ausgesprochen attraktiv. Kilometerlang und einige Meter breit zieht er sich als feinsandiges Band aus der Ferne in die Ferne. Der Übergang ins Meer ist seicht, so daß auch Kinder nach Herzenslust planschen können.

Meer und Strand (auch öffentlich zugänglich).

Die bequemste Zufahrt führt von der Schnellstraße Saloniki–Athen bei der Ausfahrt ‚Ekali' auf schneller, jedoch kurvenreicher Strecke nach Marathon und von hier südwärts zum Meer und Platz (Beschilderung). Athen ist ca. 35 km entfernt.

Ausflüge und Sehenswürdigkeiten siehe Beschreibung Athen. Nicht vergessen sollte man einen Besuch des Schlachtfeldes von Marathon sowie eine Fahrt entlang der Küste über Rafina nach Süden.

Camping Nea Makri ✿   **55**
Nea Makri bei Athen (Attika), ☎ (0294) 92719, (VI–IX), 2 ha, 100 St.

Ein wenig südlich von Camping Marathon in der Nähe des aufstrebenden Fischerortes Nea Makri liegt dieser Camping auf schattenlosen Wiesen mit vereinzelten Bäumen und Schattendächern. Die Sanitäranlagen sind als ordent-

Rafina

lich zu bezeichnen, ein Lebensmittelladen bietet Versorgung für die Gäste. Stromanschlüsse für Caravans sowie Tischtennis vervollständigen den Service. Das Gelände liegt ca. 400 m vom Meer entfernt, das hier einen feinsandigen Strand mit leicht trübem Wasser bietet. Kein Hundeverbot.

🏖 Meer und Strand (400 m), Tischtennis.

➡ Zufahrt wie Camping Marathon, jedoch noch ca. 3 km weiter nach Süden. Entfernung Athen ca. 33 km.

♜ Ausflüge und Sehenswürdigkeiten siehe Beschreibung Athen. In der Nähe das Schlachtfeld von Marathon. Schön eine Fahrt entlang der Küste in den Süden.

▲ Cococamp ✿ ✿   56
Rafina bei Athen (Attika), ☎ (0294) 23413, (I–XII),
3 ha, 250 St.

Ein wenig südlich der beiden vorher erwähnten Plätze liegt Cococamp auf einem steinigen, naturbelassenen Wiesengelände, das durch natürliche sowie künstlich angepflanzte Krüppelkiefern und sonstige Laub- und Nadelbäume verhältnismäßig gut beschattet ist. Die Anlage macht den Eindruck eines wildgewachsenen Gartens und kann durchaus anziehend wirken.
Leicht geneigt zieht sich der Platz in Richtung Meer, das hier eine terrassierte, felsige und nicht allzu hohe Steilküste gebildet hat. Über Stufen und Treppen gelangt man zu einer malerischen Bucht, die neben einem sauber wirkenden Kiesstrand auch Süßwasserduschen bietet. Die Bademöglichkeiten sind recht attraktiv. Bedingt durch die Felsen kommen auch Schnorchler und Taucher auf ihre Kosten.
Die Sanitäranlagen sind ein wenig dürftig ausgefallen. Obwohl Waschbecken aller Art sowie sogar einige Warmduschen vorhanden sind, reicht die Anzahl der Menge der Gäste entsprechend nur in der Vor- und Nachsaison aus. Auch die Pflege und Sauberkeit der Anlagen ist äußerst unterschiedlich. Ein Lebensmittelladen mit zufriedenstellendem Angebot und eine Snack-Bar mit einfachen Gerichten und kühlen ‚Drinks' kümmern sich um die leibliche Versorgung der Gäste. Eine Anzahl von Bungalows sowie Stromanschlußmöglichkeiten für Caravans komplettieren den allgemeinen Service. Hunde werden nicht gerne gesehen, laut Auskunft der Platzleitung.

🏖 Strand und Meer, Tischtennis, einfacher Kinderspielplatz.

➡ Die übersichtlichste Zufahrt führt wie bei den beiden vorher beschriebenen Campingplätzen von der Ausfahrt ‚Ekali' über Marathon und Nea Makri nach Rafina. Man fährt dann an dem Ort vorbei und erreicht nach ca. 3 km den beschilderten Platz.
Von Athen nimmt man die Ausfallstraße nach Rafina, biegt unmittelbar vor dem Ort rechts ab und erreicht wiederum den beschilderten Platz. Entfernung nach Athen: ca. 28 km.

♜ Ausflüge und Sehenswürdigkeiten siehe Beschreibung Athen. Das antike Schlachtfeld von Marathon liegt in der Nähe (ca. 10 km). Schön eine Fahrt auf der Küstenstraße in den Süden.

Camping Rafina ✿ ✿   **57**
Rafina bei Athen (Attika), ☎ (0294) 23118, (I–XII),
6 ha, 500 St.

Ein wenig im Inland liegt dieses weitläufige, gut schattige Campinggelände auf und um einen Hügel, der von hochstämmigen Pinien bestanden ist. Da der Untergrund zum Teil hartsandig, zum Teil wiesig ist und viele trockene Nadeln von den Bäumen auf dem Boden liegen, besteht im Hochsommer Brandgefahr, offenes Feuer ist nicht erlaubt. Bemerkenswert ist die klare Luft und der angenehme Duft der Pinien – eine wahre Wohltat nach einem Besuchstag von Athen. Die Zufahrtsstraße nach Rafina und Marathon führt am Gelände vorbei, jedoch ist der Verkehr nicht stark und stört selten. Die zum Teil leicht terrassierten Stellplätze auf der Rückseite des Hügels sind absolut ruhig und äußerst angenehm. Stromanschlüsse für Caravans sind gleichmäßig auf dem Platz verteilt.

Die sanitären Anlagen sind recht ordentlich und, obwohl sie ein wenig improvisiert wirken, in der Regel sehr sauber und gepflegt. Die Waschbecken für Geschirr- und Wäschewaschen sowie eine Anzahl von Duschen verfügen über Warmwasser, was für die selbstversorgenden Campinghausfrauen sehr angenehm ist. Ein Lebensmittelladen sowie ein einfaches, aber gemütliches Restaurant mit Blick in den Wald und guter Hausmannskost tragen zur Versorgung der Gäste bei.

Bemerkenswert ist die natürliche Freundlichkeit des Besitzer-Ehepaares, das sich um seine Gäste bemüht und eine gewinnende Atmosphäre auf dem Platz schafft. Hunde sind auch willkommen.

🎱 Tischtennis. Meer und Strand (2 km) bei Rafina.

➡ Die einfachste Anfahrt führt, wie schon beschrieben, von der Schnellstraße Ausfahrt ‚Ekali' über Marathon nach Rafina, wendet sich hier in Richtung Athen und erreicht den Platz (große Beschilderung).
Von Athen nimmt man die Straße nach Rafina und sieht kurz vor Erreichen der Ortschaft den Platz rechter Hand liegen; nicht weit entfernt ist eine Tankstelle und die Straßengabelung Marathon–Rafina. Nach Athen ca. 24 km.

♟ Ausflüge und Sehenswürdigkeiten siehe Beschreibung Athen. Ausflüge nach Marathon und entlang der Küste in den Süden zum Kap Sounion.

Touristischer Hinweis:
Südlich von Rafina, am nördlichen Ortsrand des Dorfes Loutsa, liegt ein weiterer Campingplatz, *Camping Poly*, ein weitflächiges Gelände unter mittelhohen Kiefern mit ausreichenden Einrichtungen. Das Terrain befindet sich leider nicht unmittelbar am Meer.

 Camping New European ✿   **58**
Nea Kifissia bei Athen (Attika), ☎ 8015402, (V–X),
3 ha, 120 St.

Das mehr steinige als wiesige Campinggelände weist vereinzelte Laubbäume auf, die jedoch nur sehr kargen Schatten spenden. Durch seine Nähe an der Schnellstraße Athen-Saloniki ist mit einem ständigen Geräuschpegel zu rechnen, was die Nachtruhe nicht gerade verbessert.

Die Ausstattung des Platzes besteht aus ordentlichen Sanitäranlagen, die jedoch außer einigen Warmduschen keinerlei hervorstechende Merkmale haben und in puncto Sauberkeit und Pflege nicht immer Glanzstücke sind. Ein Lebensmittelladen und ein Restaurant tragen zur Versorgung der Gäste bei, und eine große Anzahl an Stromanschlüssen für Caravans sind vorhanden.

Insgesamt bietet sich der Platz als günstige Übernachtungsmöglichkeit für einen Besuch von Athen an, für längere Aufenthalte ist er jedoch zu empfehlen.

▣ Der Platz liegt unmittelbar an der Ausfahrt ‚Aharne/Parnis' der Schnellstraße Athen–Saloniki, ca. 16,5 km nördlich von Athen.

♜ Athen mit Umgebung.

▲ Camping Nea Kifissia ✿   59
Nea Kifissia bei Athen (Attika), ☎ 8016435, (I–XII),
2 ha, 80 St.

Das wiesige und steinige Gelände liegt zum Teil auf schmalen Terrassen, die in einen Steilhang übergehen. Durch den dichten Bewuchs mit halbhohen Pinien und Laubbäumen wird guter Schatten gewährleistet, jedoch werden hierdurch die Stellmöglichkeiten noch enger, als sie es ohnehin schon sind. Vereinzelte Stromanschlüsse für Caravans lassen sich finden, aber die Anzahl dürfte wohl kaum ausreichen.

Die Sanitäranlagen sind recht einfach und werden vom Platzmanagement wohl nur als notwendiges Übel angesehen. Warmduschen sind erstaunlich viele vorhanden, aber dies ist so ziemlich auch schon alles.

Schwergewicht wird auf den Komplex Lebensmittelladen, Restaurant und Schwimmbad gelegt, da diese in Verbindung mit einer Diskothek gerne und viel von den Einheimischen aufgesucht werden. Speziell an den Wochenenden ist er recht lebhaft und die Camper haben die Wahl: ‚Mitmachen oder leiden'! Die Bäume und zahlreiche Gebäude des Campingplatzes fielen einem Großfeuer zum Opfer. Es wurde jedoch wieder rege aufgebaut und der Platz steht weiterhin für Camping zur Verfügung.

▣ Die Zufahrt führt von der Ausfahrt ‚Aharne/Parnis' der Schnellstraße Athen–Saloniki durch einige, vorortähnliche Viertel zum beschilderten Platz. Nach Athen ca. 18 km.

♜ Athen mit Umgebung.

▲ Camping Patrizia ✿   60
Kato Kifissia bei Athen (Attika), ☎ 8011900,
2 ha, 150 St.

Das ebene Campinggelände liegt auf zwei schmalen, längsgestreckten Wiesenflächen sowie auf einem breiteren, kiesigen Streifen. So schattenlos letzterer ist, so schattig sind die Wiesen, die dicht an dicht mit Obstbäumen, Pinien und Olivenbäumen bestanden sind.

Die Sanitäranlagen sind erstaunlich sauber und gepflegt, die Installationen funktionieren, und selbst einige Warmduschen sind vorhanden. Ein Restaurant findet man nicht, jedoch ein Lebensmittelladen liegt in einem benachbarten Betonhochhaus, das noch in Bau ist.
Der Platz ist für Übernachtungen zu empfehlen, wenn auch die Umgebung nicht gerade zu den schönsten zählt. Hunde erlaubt.

▶ Ca. 14 km nördlich von Athen biegt man bei den auffallenden Grundig- und Coca Cola-Werken von der Schnellstraße nach Saloniki ab und folgt der kurzen Beschilderung zum Platz.

♜ Athen und Umgebung.

◣ Camping Athens ✿   **61**
Peristeri bei Athen (Attika), ☎ 58 14 1 14, (I–XII),
2 ha, 160 St.

Dieser Platz, von der Ausstattung wohl einer der schlechtesten im Umkreis von Athen, hat den unschätzbaren Vorteil, sehr nahe am Stadtzentrum zu liegen. Das leicht geneigte Gelände ist mit zahlreichen Büschen und Bäumen bestanden und liegt inmitten von hohen Wohnhäusern an einer stark befahrenen Hauptstraße. Durch den regen Verkehr treten ununterbrochene Ruhestörungen auf, zumal das Gelände auch nachts mit dem Pkw befahren werden kann.
Die Ausstattung ist sehr einfach und die Sanitäranlagen sind weder ausreichend noch sehr gepflegt, Wartezeiten an den Warmduschen sind in Kauf zu nehmen. Ein Lebensmittelladen und eine Bar sowie vereinzelte Stromanschlußmöglichkeiten für Caravans vervollständigen den angebotenen Service. Hundeverbot, gilt aber anscheinend nicht für herumstreunende Tiere.

▶ Die Zufahrt führt vom Zentrum Athens auf der Schnellstraße nach Korinth ca. 7 km nach Nordwesten und zum Platz.

♜ Athen und Umgebung.

◣ Camping Dafni ✿   **62**
Dafni bei Athen (Attika), ☎ 58 11 5 63, (I–XII),
3 ha, 300 St.

In nächster Nähe des ehemaligen Apollonheiligtums, auf dem im 6. Jahrhundert ein Kloster errichtet wurde, liegt dieser Campingplatz an einem steilen Hang mit zahlreichen Terrassen. Durch diese Geländeaufteilung und die dichtstehenden, hohen Pinien wird der Platz recht beengt. Caravans finden nur im unteren Teil ebene Stellflächen. Zelte haben es auf jeden Fall wesentlich einfacher. Der gute Schatten kann gefallen, weniger jedoch der Straßenlärm der nahen Hauptstraße nach Korinth.
Die Sanitäranlagen sind zwar einfacher Natur, reichen in der Regel auch nicht aus, weisen jedoch zahlreiche Warmduschen auf, was als angenehm empfunden werden kann. Ein Einkaufsladen sowie ein Restaurant stehen den Gästen zur Verfügung, und Stromanschlußmöglichkeiten für Caravans vervollständigen den Platzservice.

Voúla/Varkiza Beach

⮞ Die Zufahrt führt von Athen auf der Schnellstraße nach Korinth ca. 9 km nach Westen und zweigt bei der Ausfahrt ‚Dafni' linker Hand ab. Unmittelbar hinter der Klosterruine stößt man dann auf den Platz.

♜ Athen und Umgebung. Zu Fuß kann man eine Kirche erreichen, die um 1080 n. Chr. entstand, und deren Mosaiken zu den Meisterwerken der byzantinischen Kunst gehören.
Unmittelbar neben dem Platz befindet sich eine Art ‚Lustpark', in dem von Juli bis September ununterbrochene Weinfeste stattfinden!

Camping Voula EOT ✿ 63
Voúla bei Athen (Attika), ☎ 89 52 7 12, (I–XII), 2,5 ha, 180 St.

Wer Flugzeuge liebt, ist auf diesem Platz hervorragend aufgehoben. Denn genau in der Einflugschneise unmittelbar neben der Landebahn liegt dieses ansprechend gestaltete, ebene Wiesengelände, das durch Büsche und Bäume unterteilt ist. Da Camping Voúla nicht nur nahe dem Zentrum von Athen aufgebaut wurde, sondern auch am Meer mit einem gemischt sandig-kiesigen Strand liegt, erfreut sich der Platz einer unglaublichen Beliebtheit, die zu einer nahezu ständigen Überbelegung ausartet.
Die Sanitäreinrichtungen wurden leider nicht der Verdoppelung der Aufnahmekapazität angepaßt, und daher können die ehemals sehr guten Anlagen absolut nicht mehr befriedigen. Trotzdem sind alle Becken und Duschen mit Warmwasser ausgestattet, und wer Wartezeiten gerne in Kauf nimmt, kann voll befriedigt werden. Eine Snackbar und ein Einkaufsladen, die alle Hände voll zu tun haben, versorgen die Camper. Zu bemerken ist noch, daß der Strand auch als öffentlicher EOT-Badestrand gegen Entgelt zu betreten ist, und daher im Sommer sehr stark frequentiert ist. Hundeverbot.

🏊 Meer und Strand.

⮞ Von Athen folgt man immer den Hinweisschildern ‚Flughafen' und ‚Kap Sounion' und erreicht unmittelbar nach dem ‚Air-Port' den Platz.

♜ Athen und Umgebung.

Camping Varkiza ✿ ✿ 64
Varkiza Beach bei Athen (Attika), (V–X), 4,5 ha, 350 St.

Dieser neueste aller Athener Campingplätze gehört auch zugleich zu den besseren seiner Art. Denn das leicht abfallende, noch schattenlose Gelände liegt zum größten Teil auf geebneten, steinigen Terrassen zwischen der Küstenschnellstraße nach Kap Sounion und dem Meer und weist nur wenige junge Pappeln und Kiefern auf. Über Treppen sind mehrere in den Felsen eingelagerte Badebuchten erreichbar, die neben einem kleinen Kiesanteil hauptsächlich Sandstrand aufweisen.
Besonders bemerkenswert ist die herrliche Aussicht, die man von den meisten Stellplätzen sowie von der Freiterrasse der Café-Bar (einfache Gerichte) genießen kann. Der Ausblick auf das Meer, speziell in den Abendstunden, wenn

die Sonne untergeht, ist äußerst eindrucksvoll. Zur weiteren Versorgung der Gäste steht noch ein kleiner Supermarkt zur Verfügung, der unnötige Wege in das nahe Dorf erspart.
Die sanitären Anlagen sind als modern anzusprechen, weisen Warmduschen auf und werden regelmäßig gesäubert. Wenn sie auch nicht das ‚non-plus-ultra‘ an Ausstattung darstellen, zufriedenstellen können sie wohl jeden Geschmack.
Die Platzleitung bemüht sich um ihre Gäste, pflegt das Gelände und tut ihr Möglichstes, um sich Stammkunden zu erwerben. Kein Hundeverbot, laut Aussage des Managements.

🔁 Meer und Strand.

➡ Der Platz liegt an der Küstenstraße zum Kap Sounion, ca. 11 km südlich des Flughafens.

♜ Athen und Umgebung. Kap Sounion ist ca. 40 km entfernt.

Touristischer Hinweis:
Am **Kap Sounion,** nahe des herrlichen, alten griechischen Tempels, finden sich zwei neue Campingplätze, *Camping Sounion Beach* und *Camping Bacchus.* Beide Plätze weisen ordentliche Einrichtungen mit Restaurant, Einkaufsgelegenheit sowie durchschnittlichen Sanitäranlagen auf und kommen für Übernachtungen gut in Frage.

Korfu – Igoumenitsa – Arta – Patras

Korfu
Korfu, vermutlich die grünste aller griechischen Inseln, ist seit vielen Jahren ein äußerst beliebtes Ferienziel und kann ohne Übertreibung das Kleinod der Adria genannt werden. Die Vielfalt sowohl in landschaftlicher wie auch kulturhistorischer Hinsicht ist erstaunlich. Wilde Felsküsten wechseln mit romantischen Sandbuchten, malerischen Fischerstädtchen mit ausgedehnten Wäldern ab. Die Insel gliedert sich in einen breiten, nördlichen Teil, der vom Tourismus bereits erfaßt wurde und in einen schmalen, südlichen Teil, der nahezu unberührt noch seiner Entdeckung harrt.
Die kürzeste Fährverbindung führt von Igoumenitsa (Beschreibung siehe Route Larissa–Igoumenitsa), einem Hafenort an der Westküste des griechischen Festlandes, nach Kerkira (Korfu), dem Hauptort der gleichnamigen Insel. Auch vom italienischen Festland, von den Häfen Venedig, Ancona, Bari und Brindisi bestehen nahezu tägliche Fährverbindungen, größtenteils auch für Pkw und Caravans.
In der Folge wird eine kurze Inselrundfahrt beschrieben, wobei sich die Route von der Hauptstadt Kerkira entlang der Küste nach Norden zieht, hier zur Westküste überwechselt und in den Süden führt, um an der Ostküste wieder den Ausgangspunkt zu erreichen.
An dieser Stelle sei die im Fachhandel erhältliche Spezialkarte von Korfu genannt, die genau Details, Straßenverläufe etc. in großem Maßstab aufzeigt. Auch auf der Insel ist diese Karte erhältlich.

Korfu

Route: Von **Kerkira,** dem lebhaften, hübschen Hauptstädtchen der Insel folgt man der Küstenstraße nach Norden, um über die Orte **Kontokali, Gouvia** (hier Straßenkreuzung, rechts halten) und **Dassia** die weite Bucht von ‚Ipsos' zu erreichen. Hier herrscht reges Badeleben, obwohl die Straße unmittelbar am schmalen Strand verläuft und das Wasser ziemlich unsauber wirkt. Am Ende dieser Bucht bei ‚Pyrgi' zweigt linker Hand eine stark gewundene Straße ab, über die man, die Orte **Spartilas, Strinilas** und **Petalia** passierend, ein Kloster erreicht, von dem man aus in 15 Minuten den höchsten Berg der Insel erklimmen kann (Pantokrator, 906 m).

Wir bleiben am Meer, folgen der kurvenreichen, zum Teil schmalen und ansteigenden Straße, die sich den Bergrücken des Pantokrates anschmiegt, um am romantischen Dörfchen **Nissaki** vorbei **Kassiopi** zu erreichen.

Dieser Ort ist eine gefällige Ansammlung von malerischen Häusern um einen Fischerhafen herum mit vielen Tavernen und Cafés. Nahebei liegt eine steinige Bucht mit sehr klarem, sauberen Wasser. Weniger windungs- und kurvenreich verläuft unsere Route – leicht abseits des Meeres – nach **Roda** und **Karoussades.** Ein sehr schlechtes Straßenstück folgt, wobei selbst die Beschilderung nicht ausreichend ist, nach **Sidari.** Entzücken kann der flache Sandstrand mit glasklarem Wasser.

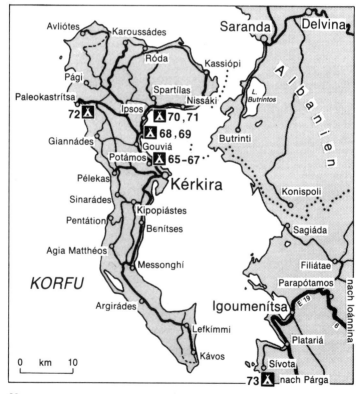

Wir wenden uns nun landeinwärts und fahren über **Messaria, Agros, Pagi** und **Prinilas** nach **Paliokastritsa**. Dieser Streckenabschnitt ist landschaftlich ein Höhepunkt der Inselrundfahrt. In unendlicher Kurverei, teils auf schlechter Geröllstrecke, steil bergan und bergab, aber durch herrliche Olivenhaine folgt die Straße den vielen Höhenzügen, führt durch entzückende, alte Dörfer mit unverfälschtem Landleben und bietet, vor allem in der Gegend von Prinilas bis Paliokastritsa, wundervolle Ausblicke auf das tief unten liegende Meer. In Pagi zweigt eine schmale Asphaltstraße zur Bucht von Ag. Georgias ab, einer weiten, noch sehr einsamen und herrlichen Sandbucht mit zahlreichen Möglichkeiten für ‚wildes' Campen.

In **Krini,** auch nur ein kurzer Abstecher von der Küstenstraße, findet man einige, archäologische Stätten. Sehr schmaler Zufahrtsweg ab dem Dorf.

Von **Lakones,** das hoch über dem Meer liegt, hat man wie von einer Terrasse einen überwältigenden Tiefblick auf die zerklüftete, buchtenreiche Küste von Paleokastritsa. Herrliche Sand- und Kiesbuchten mit Klippen, Grotten und Inselchen sind ideale Badeplätze, allerdings ist der Ort touristisch sehr überlaufen und von einigen, zu groß geratenen Hotelkomplexen nicht gerade positiv verbaut. Um das südliche Eck herum – auf dem Wasser oder per Auto – findet man einen weiteren, sehr schönen und nicht so überfüllten Badeplatz an der *Liapades Bay.* Sehr, sehr steil führt auf den letzten 100 m der holprige, ausgewachsene Fahrweg an den nur mit Solofahrzeugen erreichbaren Strand.

Unsere Route wendet sich nun wieder ins Landesinnere, durchzieht die Ebene von ‚Roda', und auf teils staubiger Schotterpiste geht es über verschiedene Bergrücken nach **Vatos** und zur ‚Ermones Bay'. Hier hat man einen riesigen Terrassenhotelkomplex in den Berghang gebaut, und es ist eigentlich schade um die ehemals stille Bucht mit schönem Sandstrand.

Nicht weit von hier entfernt liegt eine weitere, sehr bekannte Touristenstation – **Glifada.** Der herrliche Strand unterhalb einer steilen Felsküste wurde total vermarktet, und obwohl die Landschaft einmalig schön ist, erdrücken die Touristenmassen nahezu alles. Bemerkenswert ist das äußerst umfangreiche Sportangebot, speziell auf dem Wasser, das hier gegen klingende Münze angeboten wird. Ca. 2 km im Inland ist ein Campingplatz im Olivenhain geplant, jedoch wird die Fertigstellung noch lange auf sich warten lassen.

Südlich von Glifada ist es mit dem Massentourismus auf der Westküste der Insel vorbei. Kurz hinter dem Ort **Sinarádes** zweigt ein schmalerer Fahrweg meerwärts ab und man erreicht eine zauberhafte, einsame Sandbucht in herrlicher Landschaft mit viel Grün, die so richtig einladend für ‚wildes' Camping ist. Versorgungsmöglichkeiten bestehen in einem kleinen Restaurant mit Taverne.

Über **Káto Garoúna** fährt man äußerst kurvenreich weiter (ein Abzweig führt auf die asphaltierte Hauptstraße) durch weite Olivenhaine und kommt bei **Pentátion** wieder an die Steilküste. Hier führt nun ein abenteuerlicher Fahrweg am Meer entlang, doch für die Strapazen wird man mehr als reichlich belohnt, denn die Landschaft ist äußerst attraktiv. Am langen Sandstrand von *Agios Mathias* ist die Marterfahrt zu Ende und ungetrübte Badefreuden locken.

Die folgenden Küstenstriche sind nur noch per Boot erreichbar, wenn man von dem wundervollen Sanddünengebiet von *Aghios Geórgios Beach* einmal absieht. Denn hier trifft man noch auf unberührte ‚Urlaubsträume', die Badenden verlaufen sich in der endlosen Weite, und nur kleine Tavernen (auch

Korfu: Kloster Vlacherna

Zimmervermietung) erinnern an Menschenhand. Kenner behaupten, dieser Strand wäre wohl das 'non-plus-ultra' für freies Campen und uneingeschränktes Urlaubsglück.

Auf der Südspitze folgen die Straßen hauptsächlich den Höhenrücken, und das Meer ist selten zu erreichen. Zwischen **Messonghi** und **Benitzes** verläuft die Asphaltroute unmittelbar an der Küste, einige Strände werden erschlossen und an Urlaubern fehlt es nicht. Dieser Abschnitt der Ostküste bis hin nach Kerkira ist merkwürdigerweise sehr beliebt, obwohl die Insel wesentlich schönere Gebiete vorzuweisen hat.

Ein Aussichtspunkt besonderer Art ist der 576 m hohe *Aqhii Dékar,* dessen zuckerhutförmige Spitze einen herrlichen Ausblick über die gesamte Südinsel und deren Küsten bietet. Man fährt von **Kipopiástes** in Richtung **Aghios Mathiás,** biegt nach ca. 3 km linker Hand nach **Ano Garouna** auf sehr schlechter Piste ab und erreicht fahrenderweise nahezu den Gipfel.

Ist man einmal schon in 'Kipopiástes', sollte man unbedingt die einheimischen Tavernen besuchen, deren Gerichte und Weine selbst den Feinschmecker noch entzücken können.

▲ Camping Kontokali Beach Int. ✿ 65

Kontokali auf Korfu (Kerkira), ☎ (0661) 91202, (III–X), 5 ha, 600 St.

Dieser flächenmäßig größte Campingplatz der Insel ist zugleich der frequentierteste, denn die stadtnahe Lage von Kerkira mit dem Haupthafen zieht zahllose Besucher an.

Das Gelände gleicht einem großen Garten. Freie, hügelige Wiesenflächen wechseln mit Zeltplätzen unter lichten Büschen und Bäumen. Da der Platz nicht in Parzellen unterteilt, sondern weitgehend naturbelassen ist, ergeben sich gute Möglichkeiten der freien Entfaltung und des weiträumigen Campens.

Angeschlossen ist eine Jugendherberge mit etwa 150 Betten in 2 Stockwerken mit eigenen Sanitäranlagen, die jedoch auch von den Campern mitbenutzt werden, denn die sonstigen, sanitären Verhältnisse sind nicht gerade erbauend, geschweige denn genügend. Für die Masse des Publikums, das größtenteils aus jungen Leuten besteht, stehen äußerst beschränkte Installationen zur Verfügung. Das Restaurant ist spartanisch, das Angebot nur durchschnittlich, doch es fällt leicht, auszuweichen, denn in Kerkira findet man jede Menge Feinschmeckerlokale. Baden unmittelbar am Platz ist nicht möglich und man fährt ca. 3 km zum nächsten Strand des ‚Gouvia Bays'.

So bleibt als Résumee lediglich die Tatsache, daß der Platz eine günstige Übernachtungsmöglichkeit nahe des Hafens für An- bzw. Abreisende ist. Kein Hundeverbot.

🖸 Die Zufahrt führt vom Fährhafen links ab in Richtung Ipsos. Die Einfahrt befindet sich nahe einer BP-Tankstelle.

♖ Inselrundfahrten mit vielen Sehenswürdigkeiten.

▲ Camping Dionysus ✿   66
Gouvia Bay auf Korfu (Kerkira), ☎ (0611) 9 1417, (IV–X)
2 ha, 200 St.

Auf vielen Terrassen, nicht unmittelbar am Meer, liegt dieses recht steinige Gelände in einem alten Olivenhain. Es fällt sofort auf, daß der Platz vornehmlich von jüngerem Publikum besucht wird, dafür sprechen schon die Wände des am oberen Platzteil befindlichen Gebäudes mit der Disko Bände. Die vielen lustigen Zeichnungen und deftigen Beschriftungen von englisch-sprachigen Bustours geben dem Platz den Charakter eines Globetrotter-Treffs.

Die sanitären Verhältnisse können den Normalcamper kaum zufriedenstellen, sie sind veraltet und ungepflegt. Immerhin werden sie täglich saubergemacht und auch Warmduschen sind zu finden. Wer jedoch Luxus erwartet, muß andere Platze aufsuchen.

An sonstigen Einrichtungen ist nichts von Bedeutung vorhanden. Lediglich die Tukuls, Rundhütten mit Strohdächern, fallen noch ins Auge. Der Badeplatz ist ca. 500 m entfernt – die große Bucht von Gouvia – voll mit allen Arten von Booten und Jachten, nicht gerade ideal. Hunde willkommen.

🏊 Meer und Strand (500 m), Volleyball, Diskothek.

🖸 Vom Fährhafen in Richtung Ipsos, in ‚Limni' rechts ab zumPlatz, beschildert.

♖ Inselrundfahrten mit vielen Sehenswürdigkeiten.

▲ Camping Car-Tol ✿ ✿   67
Dassia auf Korfu (Kerkira), ☎ (0661) 9 3230, (IV–X),
5 ha, 300 St.

Vom Gesamteindruck ist Camping Car-Tol mit der beste und gepflegteste Platz auf der Insel. Er liegt an der Straße, die in Richtung Ipsos verläuft und erstreckt sich auf Gras- und Steingelände bis nahe ans Meer.

Die Einrichtung des Platzes ist auf sanitäre Bauten und einige, wenige Stromanschlußmöglichkeiten für Caravans beschränkt. Diese liegen leicht über dem durchschnittlichen Standard, sowohl von der Art der Installationen wie auch von der Pflege. Mögen sie auch in Spitzenzeiten nicht ganz genügen, so sind sie wenigstens nicht abstoßend, im Gegenteil, für hiesige Verhältnisse recht akzeptabel. Bar mit einfachem Lebensmittelverkauf ist vorhanden. Der sehr schmale Strand besteht aus Kies und ist oft zum Bersten voll. Eigentlich unverständlich, denn auf der Insel findet man genügend fast menschenleere Badeplätze in herrlicher Natur. Zum Meer geht es durch einen kleinen Durchlaß am Geländeende, der jedoch nicht bewacht ist. So kann jedermann ungehindert den Platz betreten und Kontrolle ist nicht gegeben. Hier findet man auch eine rege, stark besuchte Taverne, die nahezu 24 Stunden lang auf Hochtouren läuft. Insgesamt gesehen kann Camping Car-Tol empfohlen werden, denn besseres ist kaum noch zu finden. Kein Hundeverbot.

📐 Meer und Strand. Benachbart alle Arten von Wassersport.

➡ Vom Fährhafen Kerkira fährt man in Richtung Ipsos und kann dann die deutliche Beschilderung kaum übersehen.

♟ Inselrundfahrten mit vielen Sehenswürdigkeiten.

▲ Camping Ipsos ✿ 68
Ipsos auf Korfu (Kerkira), ☎ (0661) 93246, (V–X), 2 ha, 100 St.

Direkt am Beginn der Bucht von Ipsos, gleich links der Straße nach dem kurzen Gefälle der Landstraße, liegt auf einigen Terrassen am Oliven- und Zitrushain der Platz. Am Eingang ist eine Taverne, die gleichzeitig Rezeption ist. Das ganze Gelände ist im eigentlichen Sinn nur eine bessere Campingmöglichkeit, was auf alle Mini-Plätze dieser Bucht zutrifft, die da wären ‚Camping Beach Ipsos' und ‚Camping Pirgi-Village'.
Die sanitären Bedingungen sind gerade zufriedenstellend, aber trotz Neubauten können sie nicht überzeugen. Einige Stromanschlüsse sind für Caravaner installiert, ansonsten mangelt es an allem, was auch für die beiden Nachbarplätze gilt. Hinter der Rezeption liegt noch ein Supermarkt mit ordentlichem Angebot, dem auch ein Motorradverleih, wie so oft auf der Insel, angeschlossen ist. Auffallend viele große, stationäre Zelte englischer Reiseveranstalter.
Die ganze Bucht ist zwar als Badestrand ausgewiesen, jedoch der Strand ist stellenweise äußerst schmal und das Wasser alles andere als einladend. Dafür ist der Bootsverkehr umso stärker, so daß man zumindest eine ‚Augenweide' hat. Kein Hundeverbot.

📐 Meer und Strand (50 m).

➡ Vom Fährhafen Kerkira ca. 12 km bis kurz vor den Ort Ipsos.

♟ Inselrundfahrten mit vielen Sehenswürdigkeiten.

▲ Beachcamping Ipsos ✿ 69
Ipsos auf Korfu (Kerkira), ☎ (0661) 93243, (IV–X), 2,5 ha, 200 St.

Das vielfältige Campinggelände erstreckt sich von der Küstenstraße bis weit in das dahinterliegende Land. Der vordere Teil ist eben, rechter Hand schattenlos,

linker Hand durch alte Olivenbäume und sonstige Laubbäume gut schattig. Hier finden sich auch vereinzelte Stromanschlüsse für Caravans. Ein Stück neues Terrain wurde im Hintergrund geschaffen, wo auf verschiedenartigen Terrassen unter lichten Olivenbäumen ebenfalls viele Stellmöglichkeiten bestehen. Eingangs findet sich ein einfaches Restaurant mit noch einfacherem Lebensmittelverkauf. Die Sanitäranlagen, zahlenmäßig absolut nicht ausreichend, werden sauber gehalten – zumindest dieser Service wird geboten. Auffallend sind auch hier wieder die zahllosen Zelte von englischen Reiseunternehmen.
Der Strand jenseits der Küstenstraße bietet zwar Sand, jedoch auch trübes und nicht gerade einladendes Wasser.

🏖 Meer und Strand (Baden nur äußerst beschränkt möglich).

➡ Zufahrt zum Platz führt vom Fährhafen Kerkira ca. 13 km bis kurz vor den Ort Ipsos und ist hier gut beschildert.

♜ Inselrundfahrten mit vielen Sehenswürdigkeiten.

Camping Pyrgi Village ✿ 70
Pyrgi auf Korfu (Kerkira), ☎ (0661) 93283, (IV–X), 0,6 ha, 50 St.

Das kleine, gartenähnlich wirkende Gelände liegt hinter einem einstöckigen Wohnhaus unter dichten, vielfältigen Laubbäumen, die guten Schatten spenden. Die Atmosphäre ist familiär, die Sanitäranlagen, der Größe des Platzes entsprechend ausreichend und sauber, jedoch einfache Stromanschlüsse für Caravans runden den gebotenen Service ab. Restaurants sowie Einkaufsläden sind in unmittelbarer Nähe in großer Anzahl zu finden.
Jenseits der hier am Meer verlaufenden Küstenstraße findet man den schmalen Sandstrand, dessen Bademöglichkeiten alles andere als attraktiv sind.

🏖 Meer und Strand (beschränkte Bademöglichkeiten).

➡ Der Platz liegt nahezu am Ende der kleinen Bucht Ipsos, dort wo die Straße eine kleine Kurve in das Inland macht.

♜ Inselrundfahrten mit vielen Sehenswürdigkeiten.

Camping Beach Paradise ✿ ✿ 71
Pyrgi auf Korfu (Kerkira), ☎ (0661), (IV–X),
4 ha, 250 St.

Der Name dieses Platzes ist etwas übertrieben, denn ein Paradies auf Korfu findet man nicht hier, sondern anderswo – auch am Strand liegt der Platz nicht direkt, so wie es der Name vorgeben könnte. Aber immerhin ist dieses Gelände eines der angenehmsten auf der Insel, vor allem hinsichtlich der Sanitäranlagen. Der Camping liegt in einem sehr dichten Zitrus- und Olivenhain mit niederen Bäumen. Für Caravans besteht deshalb nur beschränkte Aufnahme, für Zelte ist daher umso mehr Platz. Eine große Zone wurde mit Strohhütten bebaut – einfache, gute Unterkunftsmöglichkeiten. Zwischen Platz und Meer stehen eine Reihe von Häusern und ein schmaler Pfad, der ebenfalls die Küstenstraße überquert, führt zum kiesigen Strand.

Korfu

Die Sanitäranlagen, wie schon erwähnt, sind moderner Bauart, voll gekachelt und mit sehr guten Installationen versehen. Leider ist die Pflege nicht immer so, wie es diese guten Gebäude verdienen. Auf dem Platz gibt es einen großen Einkaufsladen und natürlich auch ein Restaurant. Viel jüngeres Publikum bevölkert dieses Gelände und die Nachtruhe ist hierdurch des öfteren gestört. Ein Hinweis sei der Platzzufahrt zuteil: Die Einfahrt ist eine sehr steile Rampe, Gespanne bleiben besser oberhalb der Rezeption stehen und suchen erst einmal einen Stellplatz, denn Wenden kann zum Problem werden. Kein Hundeverbot.

Meer und Strand (180 m), Diskothek.

Am Ende der Bucht von Ipsos, am Anfang der steigenden Straße, zweigt man in einer engen Kurve links ab und nach einigen Metern wieder links zur steilen Rampe.

Inselrundfahrten mit vielen Sehenswürdigkeiten.

Camping Paleokastritsa ✿ ✿   72
Paleokastritsa auf Korfu (Kerkira), ☎ (0661) 41204, (V–X), 2 ha, 100 St.

Von der Anlage, der Pflege und Beliebtheit ist dieser Platz führend auf Korfu und vorerst auch der einzigste an der Westküste der Insel. Das hübsche Terrassengelände liegt an der im Ort endenden Stichstraße, auf der tagsüber reger Verkehr in das Touristenzentrum mit den schönen Stränden herrscht. Die Beliebtheit der Badestrände und der hier landschaftlich besonders schönen Küste bewirkt einen unablässigen Strom von Autos und Reisebussen.
Der Platz selber liegt auf künstlich geschaffenen Terrassen in einem sehr gepflegten, schattigen Olivenhain. Die Stellplätze sind unterschiedlich groß und der harte, steindurchsetzte Boden erfordert spezielle Häringe. Das ganze Gelände und die recht ansprechenden Sanitäranlagen sind gut gepflegt und sauber. Am Eingang steht das Versorgungshaupthaus. Dort findet man einen Einkaufsladen, die Rezeption und ein sehr stilvolles, gemütliches Restaurant. Eine Boutique bietet Souvenirs und verschiedene, handgefertigte Dinge und Kleidung an. Ein besonderes Lob verdienen die Sanitäranlagen, die nicht nur bestens gereinigt, sondern auch mengenmäßig ausreichend und in gutem, baulichen Zustand sind.
Der Strand ist ca. 800 m vom Platz entfernt und bietet nahezu alle Arten von Wassersportmöglichkeiten, aber auch sehr viele Besucher. Kein Hundeverbot.

Meer und Strand (800 m), hier viele Wassersportmöglichkeiten.

Die Platzzufahrt liegt kurz nach dem Abzweig der Stichstraße nach Paleokastritsa rechter Hand bergan.

Inselrundfahrt mit vielen Sehenswürdigkeiten.

Route: Wir verlassen **Igoumenitsa** in südöstlicher Richtung auf einer neu ausgebauten, breiten und gut asphaltierten Schnellstraße und durchfahren auf weitgeschwungenen Bögen die hügeligen Höhenrücken der Párgas-Berge. Nach ca. 50 km erreichen wir eine große Straßenkreuzung, die uns rechter Hand nach **Párga** bringt (7 km).

Parga

 Camping Kalami Beach ✿ ✿ ✿ 73

Plataria-Igoumenitsa (Ipiros), ☎ (0665) 71211, (III–X), 2 ha, 140 St.

Auf vielfältigen, länglichen Terrassen liegt dieses Campingterrain in einem gut schattigen Olivenhain und erstreckt sich nahezu von der Küstenstraße bis hinab an den schönen Strand. Das Gelände wirkt sehr positiv und gartenähnlich, auch die Bauten und Anpflanzungen tragen hierzu bei.

Neben guten Sanitäranlagen in verschiedenen Gebäuden mit allen Arten von Installationen, die größtenteils auch über Warmwasser verfügen, findet man ein hübsches Restaurant mit schöner, schattiger Freiterrasse sowie einen Einkaufsladen. Die Stromanschlüsse für Caravans sind ein wenig knapp ausgefallen, man behilft sich jedoch mit Improvisationen.

Als sehr hübsch ist der Strand anzusprechen, der vor dem Campingplatz aus Sand besteht. Seitlich schließen felsige Zonen an, das Ganze liegt an einer weit geschwungenen Bucht. Die Segel- und Surfmöglichkeiten sind sehr gut, auch das Panorama auf die gegenüberliegenden, kahlen Berge ist als schön anzusprechen. Das Wasser ist klar und von sehr guter Qualität.

 Meer und Strand.

 Der Platz liegt 7 km südlich von dem Hafenstädtchen Igoumenitsa und ist an der Küstenstraße zu sehen und gut beschildert.

 Ausflüge siehe Beschreibung Parga, Igoumenitsa und Korfu.

Parga

Das kleine, romantische Fischerstädtchen zieht sich vom Sandstrand amphitheatralisch mit seinen weißen Häusern einen Pinienhang hinauf, um von allen Häusern die Sicht auf die goldgelben Strände mit ihren vorgelagerten Felsinselchen freizugeben. Zitronen-, Orangen- und Olivenhaine schaffen die richtige, südländische Atmosphäre. Nahezu ununterbrochen weht eine leichte Nordwestbrise, um die sommerliche Hitze zu lindern. Einheimische und Touristen vermengen sich zu einer fröhlichen Gemeinschaft und beleben allabendlich die engen Gassen und gemütlichen Tavernas, die neben süffigem Wein hervorragende Fischspezialitäten bieten.

Die Strände sind flach und feinsandig, das Wasser kristallklar – Bade- sowie Tauchfreuden steht nichts im Wege. Lohnend ist ein Ausflug mit kleinen Booten zu den vorgelagerten Inseln *Paxi* und *Antipaxi,* die in absoluter Idylle im Meer liegen. Wer einen raschen Blick in die ‚Unterwelt' tun möchte, fährt zum ca. 18 km entfernten ‚Nekryomanteion', dem Mythos der Antike folgend einer der Eingänge zum ‚Hades'.

 Camping Parga ✿ ✿ 74

Párga (Ipiros), ☎ (0684) 31586, (V–X), 4 ha, 150 St.

Die ausgedehnte Anlage liegt auf leicht unebenem, größtenteils erdigem und steinigen Grund in einem lichten Olivenhain, dessen Bäume uralt und knorrig sind. Der Schatten kann als ausreichend bezeichnet werden, wenn auch die

Parga

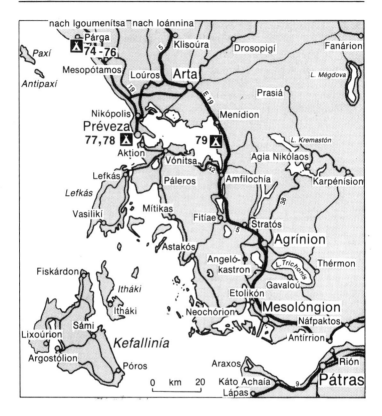

Sonne zuweilen durch die Blätter lugt. Ein ausgetrocknetes Bachbett trennt das Terrain in zwei Teile, wobei naturgemäß der Platzteil näher der Straße als der lautere zu bezeichnen ist.

Speziell attraktiv sind die verschiedenen, wildromantischen und äußerst attraktiven Felsbadebuchten mit feinem Sand im näheren Umkreis. Diese herrlichen Bademöglichkeiten entschädigen für den kurzen Fußmarsch, der zum „Paradies" führt. Die neue, am Gelände vorbeiführende Landstraße kann zuweilen ein wenig geräuschvoll werden.

Die sanitären Anlagen von Camping Parga sind recht ordentlich, Warmduschen stehen in ausreichender Anzahl zur Verfügung. Fünf Gebäude sind auf dem Terrain verteilt und man hat selten weit zu gehen, um das Wasser zu erreichen. Über mangelnde Sauberkeit kann man selten klagen. Ein Lebensmittelladen und eine Art Snack-Bar mit einfachen, aber sehr schmackhaften Gerichten tragen zum Wohl der Gäste bei. Stromanschlußmöglichkeiten für Caravans (zum Teil in den alten, knorrigen Olivenbäumen) vervollständigen den angebotenen Service. Kein Hundeverbot.

Meer und Strand (300 m), romantisch und ideal zum Baden.

▶ Der Platz liegt ca. 1 km vor den Ort an der Zufahrtsstraße und ist nicht zu übersehen.

♜ Ausflüge siehe Beschreibung Parga.

▲ Camping Lichnos Beach ✿ 75
Párga (Ipiros), ☎ (0684) 31371, (V–X), 3 ha, 150 St.

Diese einst zauberhafte und romantische Bucht fiel leider dem Tourismus zum Opfer. Denn wo einst nur einige Zelte unter Olivenbäumen standen, erstreckt sich nun ein weitflächiges, weißes Hotelgebäude, neben dem der Campingplatz etwas eingezwängt wirkt. Das Terrain selbst liegt auf einer ebenen Fläche unter hohen Strohdächern, die zusammen mit einigen alten Olivenbäumen Schatten spenden. Diese Fläche reicht bis an den Strand. Im Hintergrund, auf schmalen kleinen Terrassen und unter Olivenbäumen, wurden ebenfalls Stellmöglichkeiten geschaffen, die jedoch wenig attraktiv sind.

Hübsch ist das große, moderne Restaurant mit schattiger Freiterrasse, die einen freien Blick auf das Meer bietet. Hier besteht auch die Möglichkeit zum einfachen Lebensmitteleinkauf. Seitlich wurden die Sanitäranlagen angelegt, die jedoch einfach sind und noch kein Warmwasser aufweisen. Stromanschlüsse für Caravans runden den Service ab.

Die Attraktivität des Platzes ist nach wie vor der Strand. Eine leicht geschwungene Bucht mit feinstem Sand, der flach ins Wasser abfällt, glasklares Wasser und zahlreiche Felsklippen an beiden Enden – schlechthin der Badetraum eines jeden Urlaubers.

📷 Meer und Strand.

▶ Die Zufahrt führt ca. 3 km vor dem Ort Párga bei einer Anhöhe links ab und über einen schlechten, asphaltierten Weg hinab, dessen Kurven und Schlaglöcher ein guter Prüfstein für das Auto sind.

♜ Ausflüge siehe Beschreibung Párga.

▲ Camping Valtos ✿ ✿ 76
Párga (Ipiros), ☎ (0684) 31287, 22130, (V–X), 1,6 ha, 120 St.

Das kleine und gemütlich wirkende Campinggelände liegt in einem leicht abfallenden Obstanger, der im Hintergrund alte knorrige Olivenbäume aufweist. Schatten ist ausreichend vorhanden, betonierte Platzstraßen erschließen das Terrain. Der Gesamteindruck ist positiv und gartenähnlich.

Am Platzeingang befindet sich neben der Rezeption ein großes Gebäude, das das Restaurant und die Bar mit Freiterrasse enthält. Unmittelbar dahinter liegt der kleine, gutsortierte Minimarkt mit Selbstbedienungssystem. Die Sanitäranlagen liegen zentral in der Mitte des Terrains, weisen alle Arten von Installationen sowie Warmduschen auf. Der Gesamteindruck ist sauber, gepflegt und ordentlich. Stromanschlüsse für Caravans runden den Service ab. Freundliches Management.

Zum Strand sind 50 m zurückzulegen. Hier findet man die sehr schöne, in sich nahezu geschlossene Bucht von Valtos vor, die einen gemischten Kies- und

Sandstrand sowie klares, sauberes Meerwasser aufweist. Linker Hand erhöht sieht man einige Häuser sowie das Kastell der Stadt Párga, rechter Hand befindet sich ein kleiner Yachthafen. Zahlreiche Ausflüge zu den vorgelagerten Inseln werden von diesem Strand aus durchgeführt.

🏖 Meer und Strand (50 m).

➡ Die Zufahrt zum Gelände führt durch den Ort Párga hindurch beschildert in Richtung Valtos Beach. Die Straße ist asphaltiert, schmal und sehr kurvenreich, führt durch dichte Olivenhaine und ist für Caravangespanne nicht unschwierig. Der Platz selbst ist nach Erreichen des Strandes rechter Hand beschildert und unschwer zu finden.

♜ Ausflüge und Sehenswürdigkeiten siehe Beschreibungen Párga, Arta und Umgebung.

Route: Von **Párga** fahren wir zurück zur vorher erwähnten Kreuzung, biegen rechts ab und überwinden einen Höhenrücken, um in die breite, leicht sumpfige Flußebene des ‚Kokitos' zu gelangen. Auf einer Anhöhe oberhalb des Dorfes **Mesopotamo,** dort wo sich heute ein Kloster aus dem 18. Jahrhundert befindet, liegt *Nekryomanteion,* einer der Eingänge zur antiken Unterwelt. Kurz darauf überqueren wir den Fluß ‚Acheron', den berühmten Totenfluß der griechischen Sage, über den der Fährmann Charon die Seelen der Verstorbenen in den ‚Hades' gerudert haben soll. Nach soviel Mystik sind wir froh, wieder in die Hügel zu gelangen, um bald darauf die berühmte, historische Stadt *Nikópolis* zu passieren und am Meer entlang **Prévesa** zu erreichen.

Prévesa

Das Fischerstädtchen Prévesa wurde im 15. Jahrhundert von Albanern gegründet und liegt an der Spitze einer breiten Halbinsel, die die Bucht von ‚Amvrakikós' nahezu abschließt. Per Fähre kann man in wenigen Minuten zum Ort ‚Aktion' übersetzen, der auf der Spitze der gegenüberliegenden Halbinsel liegt. Hier fand die sagenhafte Seeschlacht von Aktion statt (31 v. Chr.), in der Oktavian (der spätere Kaiser Augustus) den berühmten Marc Anton schlug. Die Stadt selbst zeigt interessante Reste einer venezianischen *Festung,* einige schöne Sandstrände und zahl-

lose Tavernen am Fischerhafen, die ausgezeichnete Spezialitäten servieren.
Einige Kilometer nördlich ist als Ausflug die antike Stadt *Nikópolis* zu finden, die einst von Oktavian als Gedenkstätte seines Sieges gegründet wurde, ihren Höhepunkt zu Zeiten des *Apostel Paulus* hatte und im 11. Jahrhundert von den Bulgaren zerstört wurde. Heute kann man ein gut restauriertes *Theater,* einige *Basiliken* mit schönen Mosaiken sowie das *Aquädukt* bewundern, das der Stadt Wasser zuführte.

▲ **Camping Indian Village** ✿ 77
Prévesa (Ipiros), ☎ (0682) 27185, (V–X), 1,2 ha, 50 St.

Das kleine, ebene Sand- und Wiesengelände liegt in einem dicht bewachsenen

Dünengebiet, dessen Pinien und Laubbäume sehr guten Schatten spenden. Zahlreiche Bungalows verkleinern die Stellfläche für Camper, und die dicht stehenden Bäume verringern nicht gerade das Platzproblem. Ansprechend ist der feinsandige Strand, der flach ins Wasser abfällt und von einigen Felsplatten durchsetzt ist.

Die Sanitäranlagen mit einigen Warmduschen machen einen veralteten und überholten Eindruck, doch die Sauberkeit ist in der Regel zufriedenstellend. Ein Restaurant und ein Einkaufsladen stehen den Gästen zur Verfügung. Stromanschlußmöglichkeiten für Caravans vervollständigen den angebotenen Service. Hundeverbot, laut Aussage der Platzleitung.

⚑ Strand und Meer, Tanzfeste.

➡ Die Zufahrt führt im Ort zum Meer und Hafen, wendet sich hier nach rechts an der Mole entlang und erreicht nach ca. 1,8 km den Platz.

♜ Ausflüge siehe Beschreibung Prévesa.

Camping Bel-Mare ✿   78
Prévesa (Ipiros), ☎ (06 82) 2 21 92, (V–IX), 1,2 ha, 90 St.

Dieser ebenfalls klein geratene Campingplatz liegt in der Nähe des vorher beschriebenen. Pinien sowie hohe Eukalyptusbäume spenden dem flachen Gelände guten Schatten. Der Untergrund ist wiesig und sandig Er erstreckt sich bis an den schönen, seichten Sandstrand, der auch flache Felsformationen im Wasser aufweist.

Die Ausstattung mit Stromanschlüssen für Caravans, Sanitäranlagen mit einigen Warmduschen sowie Restaurant und Einkaufsgelegenheit entsprechen der Einfachheit des Platzes. Hundeverbot.

⚑ Strand und Meer.

➡ Zufahrt wie Camping Indian Village, nur ca. 800 m kürzer.

♜ Ausflüge siehe Beschreibung Prévesa.

Route: Wir verlassen **Prévesa** in nördlicher Richtung auf der Straße, die wir gekommen sind, biegen nach etwa 8 km bei der antiken Stätte *Nikópolis* nach rechts ab, nach weiteren 7 km nochmals rechts und sind auf der Hauptstraße nach Arta. Am West- und Nordufer der Bucht von ‚Amvrakikós' fahren wir durch ebenes und sehr sumpfiges Gelände auf schnurgerader Straße, bis wir die Hauptstraße und das Städtchen Arta erreichen.

Arta ist eine blühende Handelsstadt mit ca. 40 000 Einwohnern und bietet als Sehenswürdigkeiten besonderer Art die Kirche *Panagia Parigoritisa* (um 1290, jetzt ein Museum) sowie die Klöster *Pétas, Káto Panagia* und *Vlachérnes* aus dem 13. Jahrhundert mit eindrucksvollen Fresken und Bauten. Auch die alte, *türkische Brücke*, die mit reizvollen Bogen den Fluß Arachthos überspannt, ist ein selten schönes Fotomotiv.

Wir fahren nun weiter durch fruchtbare Ebenen in südöstlicher Richtung, passieren das malerisch an bewaldeten Hängen gelegene Örtchen **Menidion,**

Arta

Arta: Kirche Panagia Parigoritisa

Arta: Brücke über den Fluß Arachthos

stoßen kurz darauf auf die Küste der Bucht von ‚Amvrakikós' und sehen bei dem Weiler **Katafurkon** den nachfolgend beschriebenen Campingplatz.

▲ Camping Stratis Beach ✿ ✿ ✿   79
Katafurkon bei Amfilochis (Aitolia), ☎ (06 42) 5 11 23, (IV–X), 3 ha, 100 St.

Auf einer der Küstenstraße abgewendeten Hügelseite liegt dieses ansprechende Gelände auf einer kleinen, flachen Wiese, künstlich geschaffenen Einzelterrassen mit prächtiger Aussicht auf die Bucht sowie auf einer ebenen Fläche unmittelbar am Strand. Der Hang ist mit zahlreichen Büschen sowie kleinen Bäumen bewachsen, durch Blumenanlagen aufgelockert, und das gesamte Gelände macht einen parkähnlichen Eindruck.

Die Sanitäranlagen sind voll gefliest, weisen Waschbecken aller Art auf, und auch Warmduschen sind zu finden. Die Sauberkeit und Pflege des Gebäudes kann bestechen, jedoch dürfte die Anzahl der Installationen ein wenig zu knapp bemessen sein. Der Einkaufsladen mit ausreichendem Sortiment ist eine Notwendigkeit, denn in näherem Umkreis gibt es keine Möglichkeiten, Lebensmittel zu kaufen. Das Restaurant besitzt eine herrliche, schattige Freiterrasse mit prächtigem Blick auf das Meer und bietet mehrmals wöchentlich griechische Spezialitäten.

Der Strand ist sehr feinsandig und fällt flach ins Wasser ab. Auch Kinder finden gute Bademöglichkeiten. Attraktiv ist die Endlosigkeit und Naturbelassenheit des gesamten Küstenbereiches, der sich durch Treibholz und trockenes Seegras hervorragend für Lagerfeuer im romantischen Stil eignet.

Die Platzverwaltung, die sehr gut deutsch spricht, ist engagiert und zeigt viel Idealismus, was den Gästen zugute kommt. Kein Hundeverbot.

🅿   Der Platz ist ca. 34 km südlich von Arta an der Hauptstraße nach Amfilochia gut beschildert.

♜   Ausflüge nach Arta, Amfilochia, Aktion und Prévesa.

Route: Von **Katafurkon** folgen wir weiter der Küste des Golfes von ‚Amvrakikós nach Süden und stoßen nach ca. 16 km auf das Fischerstädtchen **Amfilochia**, das sich an einen Berghang schmiegt und von den Ruinen einer antiken Festung überragt wird. Von hier führt eine Straße zum Fährhafen **Aktion-Prévesa** und ein Abzweig zur Insel Lekás.

Wir folgen der Hauptstraße weiter nach Süden durch hübsche, leicht kahle Berglandschaft, überqueren auf einer Brücke den Seitenarm des Inlandsees ‚Amvrakia‘ und stoßen auf das Dorf **Stratos,** das inmitten der Ruinen der gleichnamigen, antiken Stadt liegt. Innerhalb der gut erhaltenen Stadtmauer sieht man Reste des *Theaters,* eines *Zeustempels* und verschiedener Gebäude.

Nach kurzer Fahrt erreichen wir die durch ein Erdbeben (1887) zerstörte und wiederaufgebaute Stadt **Agrinion,** die von weiten Tabakfeldern und Olivenhainen umgeben ist.

Die weiterhin gut und breit asphaltierte Hauptstraße macht nun einen weiten Bogen nach Südwesten, überquert den Verbindungsarm zwischen dem ‚Trichonis‘ und dem ‚Lisimachia‘ See und führt in die 3 km lange ‚Klissura-Schlucht‘ hinab. Inmitten der nun sichtbaren Lagune liegt das durch zwei Brücken mit dem Festland verbundene Städtchen **Ätolikón.** Weiterhin begleiten uns ausgedehnte Salzgärten. Ein kleiner Abstecher bringt uns zur ehemaligen Festung und heutigen Provinzstadt **Messolóngion,** die im griechischen Freiheitskampf eine bedeutende Rolle spielte. Im Jahre 1824 starb hier der englische Dichter Lord Byron am Sumpffieber, und sein Herz soll im Friedhof begraben sein.

Weiter geht es durch hügelige Landschaften, über den Fluß Evinos, bis in der Ferne der Golf von Korinth in der Sonne schimmert. Durch die Küstenebene erreichen wir den Fährhafen **Antirrion,** dessen ständig verkehrende Fähren mit Pkw und Lkw Transport in ca. 25 Min. **Rion** anlaufen. Nach weiteren 6 km fahren wir in **Patras** ein.

Patras – Delphi – Athen

Route: Von **Patras** fahren wir auf der Autoschnellstraße in Richtung Athen bis zum Abzweig ‚Rion‘ (9 km), setzen hier mit den ständig verkehrenden Fähren nach **Antirrion** über und folgen der neu ausgebauten, breiten und gut asphaltierten Schnellstraße in Richtung Osten am Meer entlang. In zahllosen Kurven folgt man der Küste, immer wieder weiten sich Ausblicke auf den Golf von Korinth. Die Landschaft wirkt sehr herb und ein wenig kahl. Einsame Strände laden zum Baden ein, vorgelagerte, kleine Mini-Inseln können schwimmend erreicht werden und die Fahrt ist sehr abwechslungsreich. Nach ca. 80 km erreicht man **Itea.**

Itea

Itea ist ein kleines, ansprechendes Hafenstädtchen mit ca. 3000 Einwohnern, das sich durch die neue Schnellstraße nach Patras sowie seiner Nähe nach Delphi zu einem Fremdenverkehrsort entwickelt. Neben einer gefälligen Promenade am Meer findet man kleine Restaurants und Tavernen, die Geschäfte sind noch persönlich, und das einheimische Leben zeigt sich urwüchsig und unverdorben. Störend sind ein paar bescheidene Industrieanlagen im hintersten Winkel der Bucht, die jedoch nicht ins Auge fallen. Im südöstlichen Ortsbereich findet man die Reste der Mole

111

Patras – Delphi – Athen

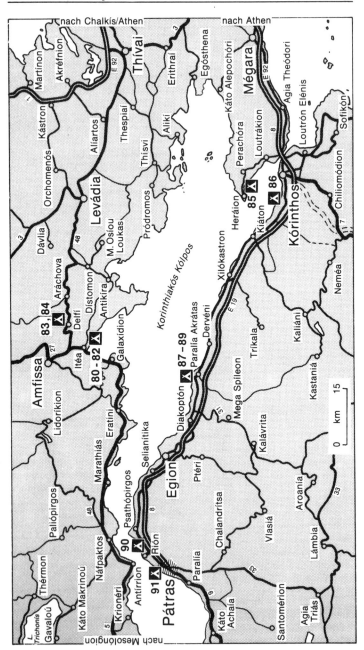

nach Chalkís/Athen   nach Athen

Martinon   Akréfnion   Thívai   Erithraí   Egósthena   Káto Alepochóri   Mégara   Agia Theódori

Kástron   Aliartos   Thespiaí   Aliki   Perachóra   Loutrákion   Loutrón Elénis   Sofikón

Orchomenós   Thisvi   Levádia   Pródromos   Heráion   Kórinthos   Chiliomódion

Dávlia   M. Osíou Loukas   Kiáton   Neméa

Aráchova   Dístomon   Antikíra   Xilókastron   Kaliáni

83, 84   Delfí   Galaxídion   Derveni   Trikala   Kastaniá

Amfissa   Itéa   **80 – 82**   Paralia Akrátas   **87 – 89**   Mega Spíleon

Korinthiakós Kólpos

Lidoríkion   Eratini   Diakoptón   Kaláwrita

Marathiás   Selianítika   Ptéri

Paliópirgos   Psathópirgos   Egion   Chalandritsa   Vlasiá   Aroanía   Lámbia

Thérmon   **90**   Ríon   Paralia

Náfpaktos   Káto Achaía   Santomérion

Gavaloú   Káto Makrinoú   Krionéri   Antirrion   **91**   Pátras   Agia Triás

nach Mesolóngion

85   **86**

km   0   15

von ‚Kirra', das ca. um 600 n. Chr. zerstört wurde.
Ein Ausflug führt zum nahen **Galaxidion** (10 km), einem romantischen Hafenstädtchen mit einem ansprechenden *Museum* und einer *Klosterruine* mit Kirche aus dem 13. Jahrhundert. Auch Delphi ist nur etwa 20 km entfernt.

Camping Ayannis ✿ ✿   **80**
Itea-Kirra bei Delphi (Fokis), ☎ (02 65) 3 25 55, (III–XI), 3,5 ha, 300 St.

Das zum Meer hin abfallende Hanggelände liegt zum Teil gut schattig auf mehreren, längsgestreckten, nicht allzu breiten Terrassen, die durch niedere Mauern eingefaßt sind. Auch leicht geneigtes Wiesengelände steht den Campern zur Verfügung. In diesem ehemaligen Olivenhain wurden zusätzlich Schattendächer aus Stroh gebaut, um die Gäste vor der sengenden Sonne zu schützen. Alle Stellplätze, die zum Teil mit Stromanschlußmöglichkeiten versehen sind, bieten einen prächtigen Blick auf die Küstenlinie und das Meer. Ein Restaurant im griechischen Tavernenstil mit schattiger Freiterrasse sowie ein ausreichender Lebensmittelladen sorgen für das leibliche Wohl der Gäste, und das Angebot kann zufriedenstellen. Weniger brühmt sind die sanitären Anlagen, die zwar Warmduschen aufweisen, jedoch recht einfach und knapp bemessen sind.
Das Platzgelände fällt felsig zum Meer hin ab und der Strand ist daher steilerer Natur, wobei in den Felsen kleine Kiesabschnitte eingelagert sind. Für Schnorchler und Taucher bieten sich gute Möglichkeiten, da das Wasser glasklar und sauber erscheint. Kein Hundeverbot.

🛏   Meer und Strand.

➡   Von Itea fährt man ca. 3 km am Meer entlang in östlicher Richtung (Straße nach Desfina).

♜   Ausflüge siehe Ortsbeschreibung.

Camping Kaparelis ✿   **81**
Itea-Kirra bei Delphi (Fokis), ☎ (02 65) 3 23 30, (I–XII), 4 ha, 400 St.

Das ausgedehnte Campinggelände liegt an einem Berghang, der sich bis ans Meer erstreckt. Für Caravans und Zelte wurden Terrassen geschaffen, die durch steile, betonierte Wege zu erreichen sind und zum Teil Stromanschlußmöglichkeiten bieten. Junge Laubbäume sowie zahlreiche Schattendächer sorgen für Schutz vor der heißen Sonne. Den meisten Parzellen ist die schöne Aussicht auf den Golf von Korinth gemeinsam. Der steindurchsetzte, wiesige Untergrund ist sehr hart, und es empfiehlt sich die Mitnahme von Stahlhäringen.
Die Sanitäranlagen mit einer verhältnismäßig großen Anzahl von Warmduschen sind einfacherer Natur, und wer Ansprüche an hygienischen Komfort richtet, wird enttäuscht werden. Ein Lebensmittelladen sowie ein Restaurant mit Freiterrasse sorgen für die Verpflegung der Gäste, die in der Hochsaison zahlreich vorhanden sind.

Delphi

Zum kiesigen und teils felsigen Strand, der verhältnismäßig schnell tiefer wird, muß man die Küstenstraße überqueren, was für Kinder nicht sehr angenehm ist, wenn auch nicht viel Verkehr herrscht. Kein Hundeverbot.

🏖 Meer und Strand (50 m).

➡ Die Zufahrt von Itea gleicht der Zufahrt von Camping Ayannis, nur ist sie ca. 500 m kürzer.

♜ Ausflüge siehe Ortsbeschreibung.

▲ Camping Beachcamp ✿   82
☎ (0265) 32305, (I–XII), 1,5 ha, 150 St.

Das kleine, ebene Wiesengelände mit noch jungen Laubbäumen ist der neueste Platz dieser Gegend und bietet vorerst nur durch Mattendächer einen verhältnismäßig guten Halbschatten. Ein Schilfzaun umgibt den Platz, der sich, nur durch die Küstenstraße vom Meer getrennt, bis zum feinsandigen Strand erstreckt. Auch Kinder finden hier gute Bademöglichkeiten, da der Übergang ins Wasser flach ist.
Die Sanitäranlagen mit Warmwasser an den meisten Becken und Duschen sind als ordentlich zu bezeichnen. Auch die Pflege und Sauberkeit kann zumeist befriedigen. Ein Lebensmittelladen, ein Restaurant und Stromanschlüsse für Caravans vervollständigen den Platzservice.

🏖 Meer und Strand (30 m).

➡ Zufahrt wie bei den erstgenannten Campingplätzen, jedoch nur ca. 2,2 km.

♜ Ausflüge siehe Ortsbeschreibung.

Route: In **Itea** wendet sich unsere Straße nun landeinwärts und windet sich durch uralte, silbrige Olivenhaine an den Hängen der *Phädriadenschlucht* empor, um dem Weg des Pleistosbaches zu folgen. In diesem Tal lauerte im Altertum ein menschenfressendes Ungeheuer, das heute durch tollkühne Busfahrer abgelöst wird, die in den engen Kurven die Stärke ihrer Motore beweisen wollen. Wir erreichen dann nach ca. 20 km *Delphi*, das in 570 m Meereshöhe liegt.

Delphi

Das berühmteste *Orakel* aller Zeiten galt noch vor 100 Jahren als verschollen und auf den eindrucksvollen Ruinen, die von Erdmassen begraben waren, erhob sich das Bergdorf Kastri. Französische Archäologen kauften dann den Bewohnern ihre kleinen Häuser ab, gründeten für sie ein neues Dorf, und begannen die berühmte Kultstätte freizulegen.
Einst schwamm Apollon, der Gott des Lichtes, in Gestalt eines Delphins an Land (daher der Name!), erschlug das Drachenungeheuer Python und nahm das Heiligtum in Besitz. Fortan trug die orakelverheißende Priesterin den

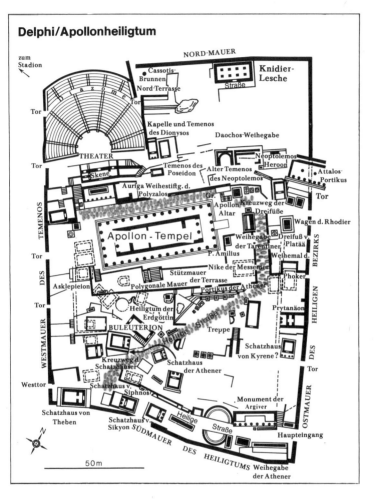

Delphi/Apollonheiligtum

zum Stadion

NORD-MAUER

Knidier-Lesche

Cassotis-Brunnen
Nord-Terrasse

Straße

Tor

Kapelle und Temenos des Dionysos

Daochos-Weihegabe

Tor

THEATER

Temenos des Poseidon

Neoptolemos
Heroon

Attalos-Portikus

Tor

Skene

Alter Temenos des Neoptolemos

Auriga Weihestiftg. d. Polyzalos

Gr.

Apollon Altar

Kreuzweg der Dreifüße

Wagen d. Rhodier

TEMENOS

Apollon-Tempel

P. Amilius

Weihegabe der Tarentiner

Dreifuß v. Platää

Weihemal d.

Nike der Messenier

Phoker

DES

Asklepieion

Stützmauer der Terrasse

Polygonale Mauer

Portikus der Athener

Tor

Heiligtum der Erdgöttin

Prytanäon

Tor

BULEUTERION

Treppe

Heilige Straße

Schatzhaus von Kyrene ?

WESTMAUER

Kreuzweg d. Schatzhäuser

Schatzhaus der Athener

Tor

Westtor

Schatzhaus v. Siphnos

Monument der Argiver

OSTMAUER

Schatzhaus von Theben

Schatzhaus v. Sikyon

Heilige Straße

SÜDMAUER

DES

HEILIGTUMS

Haupteingang

Weihegabe der Athener

50m

N

HEILIGER BEZIRKS

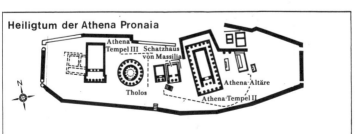

Heiligtum der Athena Pronaia

Athena Tempel III

Schatzhaus von Massilia

Athena-Altäre

Tholos

Athena-Tempel II

N

Delphi

Delphi: Schatzhaus

Namen Pythia! Ihre Aufgabe war es, in Ekstase und berauscht durch die Dämpfe, die aus dem Erdspalt der Gaia aufstiegen, Weissagungen zu verkünden, die von hellwachen Priestern formuliert und in zweideutige Verse gebracht wurden. Berühmt ist der Spruch, den der Lyderkönig Kroisos erhielt: Wenn du den Grenzfluß Halys überschreitest, wirst du ein großes Reich zerstören! Kroisos glaubte, damit wäre sein Feind, die Perser gemeint, griff sie an und zerstörte ein Reich – nur leider war es sein eigenes. Themistokles war ein wenig schlauer – die Weissagung: Ihr sollt euch hinter hölzernen Mauern verteidigen – übertrag er auf die Flotte und konnte so auch schließlich die Perser besiegen (Salamis, 480 v. Chr.).

Die Griechen glaubten, in Delphi sei der Nabel der Welt (Omphalos) und die Sprüche ‚Erkenne dich selbst‘ sowie ‚Nichts zuviel‘ sind heute noch in jedermanns Munde.

Ein Gang durch den Heiligen Bezirk mit seinen vielfältigen Ruinen, Tempeln und Schatzhäusern gibt dem Besucher einen prächtigen Überblick über die Macht und den Einfluß, den dieses Orakel in der Antike besaß. Die Heilige Straße, der Apollontempel sowie das Theater, das Stadion und Gymnasion waren das Zentrum der damaligen Geschehnisse, und Tausende von Einwohnern und Ratsuchenden bevölkerten das Heiligtum. Nicht versäumen sollte der heutige Besucher das *Museum*, dessen Prachtstück die berühmte Statue (Bronze) des ‚Wagenlenkers‘ ist, eines der großartigsten Bildwerke der griechischen Kunst. Auch der ‚Nabel der Welt‘, verschiedene Reliefs sowie Säulen und Figuren höchster Handfertigkeit sind noch zu bewundern. Nahezu atemberaubend ist die herrliche Aussicht, die sich von vielen Stellen des Heiligen Bezirkes bietet. Über weite Berglandschaften, Küsten und den Golf von Korinth schweift ungehindert das entzückte Auge des Besuchers.

Camping Delphi ✿ ✿   83
Delphi (Fokis), ☎ (0265) 82745, (I–XII), 2 ha, 250 St.

Auf mehreren, großflächigen Terrassen erstreckt sich das ansprechende Campinggelände auf einer Art kleinem Plateau, das zumeist von Pinien wie auch von vereinzelten Laubbäumen beschattet wird. Die meisten Stellplätze, die über Stromanschlußmöglichkeiten verfügen, haben eine selten prächtige Aussicht auf die umliegenden Gebirgszüge, die weiten Olivenhaine der tief unten liegenden Ebene sowie auf den in der Sonne schimmernden Golf von Korinth. An lauen Sommerabenden mit einem Glas Rezina dieses Panorama zu genießen und die Stille und Erhabenheit der Landschaft zu erfühlen, kann sicherlich zu den stärksten Eindrücken eines Urlaubes zählen.

Der Platz wie auch die Sanitäranlagen machen einen sehr sauberen und gepflegten Eindruck, Warmwasser ist an den Waschbecken sowie in den Duschen zu finden, und man fühlt sich bestens aufgehoben. Ein kleiner Lebensmittelladen mit ausreichendem Sortiment und ein Selbstbedienungsrestaurant mit Aussichtsterrasse lassen auch den ‚Magen' auf seine Kosten kommen. Man kann sich von einem anstrengenden Tag in Delphi hervorragend erholen.

➡ Die Zufahrt führt von Delphi auf der Landstraße in Richtung Itea, nach ca. 3 km biegt man in einer großen Kurve nach ‚Chrisso' ab und erreicht nach 600 m den Platz.

♖ Sehenswürdigkeiten siehe Delphi und Itea.

Camping Chrissa ✿ ✿ ✿   84
Chrissa bei Delphi (Fokis), ☎ (0265) 82050, (I–XII),
2 ha, 120 St.

Dieser neu angelegte Platz erstreckt sich auf mehreren Terrassen unter Mattendächern und Mandelbäumen sowie Pinien um das auffallend große, moderne und gepflegte Versorgungsgebäude herum. Auch hier ist die Aussicht von den Stellplätzen, die teils über Stromanschlußmöglichkeiten verfügen, äußerst prächtig, und der Blick schweift über die Berge, die tief unten liegenden Olivenhaine sowie den Golf von Korinth in die endlose Ferne. Bemerkenswert sind die großzügigen Sanitäranlagen, die nicht nur über eine gute Warmwasserversorgung verfügen, sondern auch zweckmäßige Installationen aufweisen und in puncto Sauberkeit und Pflege nur hoffen lassen, daß sich dies nicht ändert. Ein Lebensmittelladen und ein Restaurant mit gemütlicher Aussichtsterrasse kümmern sich um das leibliche Wohl der Gäste. Auch das Management wirkt freundlich und zuvorkommend. Kein Hundeverbot.

➡ Die Zufahrt führt von Delphi in Richtung Itea und nach ca. 6 km biegt man zum 300 m entfernten Platzeingang ab.

♖ Sehenswürdigkeiten siehe Delphi und Itea.

Route: Unsere Route führt uns nun weiter durch eine herrliche, eindrucksvolle Gebirgslandschaft, zahllose Kurven erfordern entsprechende Vorsicht, und kurzweilig erreichen wir nach 10 km das wildromantisch gelegene Bergdorf **Aráchova.** Wenn jemand den vielbesungenen Musenberg ‚Parnass' (2460 m) besteigen möchte, so findet er hier den wohl notwendigen Führer. Ein schmaler Fahrweg windet sich vom Dorf auf die Hochebene, aus der das Gipfelmassiv des Parnass emporsteigt. Hier beginnt der Aufstieg, führt in 1900 m Höhe an einer Schutzhütte vorbei und erreicht dann den höchsten Punkt, der eine überwältigende Aussicht nach allen vier Himmelsrichtungen bietet.
Wir fahren nun weiter auf kurvenreicher Strecke und stoßen nach ca. 14 km auf den Abzweig der Straße zum Dorf **Distomon,** der Ausgangspunkt zum Besuch des berühmten Klosters *Osios Loukas* ist. Hier in der Nähe soll Ödipus unwissentlich seinen Vater Laos erschlagen haben, Thema einer großen, griechischen Tragödie. Das Kloster, dessen Hauptkirche nach dem Vorbild der

Hagia Sophia in Instanbul gebaut wurde, birgt wundervolle Mosaiken, Fresken und Säulen und verfügt außerdem über Gästezimmer und ein Restaurant. Es zählt zu den wirklich großen Sehenswürdigkeiten von Griechenland und sollte nicht versäumt werden, wenn man schon einmal in dieser Gegend ist.

Unsere Straße zieht sich nun in das enge Tal des ‚Platania' hinab, überwindet einen niederen, bewaldeten Hügelrücken und erreicht schließlich im breiten Tal des Flusses ‚Kifissos' die Hauptstadt der Landschaft Böotien, **Levádia.**

Am Ortsausgang finden wir die besuchenswerte Schlucht *Herkyna*, an deren Ausgang sich in der Antike zwei berühmte Quellen befunden haben sollen. ‚Erinnerung' und ‚Vergessenheit', wie diese genannt wurden, spielten eine bedeutende Rolle in der Geschichte des Landes.

Weiter geht es nun durch flache Baumwollanbaugebiete des trockengelegten ‚Kopais-Sees' zur neu erbauten Stadt **Thive,** dem antiken ‚Theben'. Hier haben wir die Möglichkeit, auf der Autobahn in kurzer Fahrt Athen zu erreichen oder südlich auf der Landstraße zu verbleiben, um durch geschichtsträchtige Gegenden wie Plataiai, Eleutherai und den ‚Dryoskefalä-Paß' (649 m) bei ‚Eleusis', einem besuchenswerten, ausgedehnten Ruinenfeld, die Autobahn nach **Athen** zu erreichen.

Patras – Autobahn – Athen

Route: Patras, der griechische Haupthafen für die Fähren aus Italien, ist seit einigen Jahren durch eine autobahnähnliche Schnellstraße mit **Athen** verbunden. Obwohl für diese schnelle Route *Mautgebühren* zu entrichten sind, lohnt sich die Ausgabe, denn die Zeitersparnis gegenüber der alten, kurvenreichen Landstraße ist beträchtlich. Legt man die 220 km zwischen den beiden Städten auf der Schnellstraße in ca. 3 Stunden zurück, muß man für den herkömmlichen Weg, der landschaftlich zwar schöner ist, in etwa das Doppelte rechnen.

Die zum Teil kühn in die Felsen terrassierte Autobahn verläuft generell in Küstennähe und bietet herrliche Aussichten auf den attischen Golf mit seinen zahllosen Inseln, bzw. auf den Golf von Korinth mit seinen lieblichen Gestaden. Die einzige Engstelle ist die Brücke über den ‚Isthmus von Korinth', der seit seinem Durchstich im Jahre 1893 den Peloponnes zu einer Insel werden ließ. Hier lohnt sich auf alle Fälle eine kurze Pause, denn es ist schon ein selten merkwürdiger Eindruck, große Schiffe quasi ‚über Land' fahren zu sehen.

Die gesamte Route bietet eine Reihe von sehr interessanten Sehenswürdigkeiten historischer und landschaftlicher Natur sowie einige Campingplätze (siehe Route: Athen – Korinth – Patras).

Athen – Korinth – Patras

Route: Wir verlassen **Athen** auf der nach Patras führenden Autobahn und durchfahren lange Vororte, um schließlich bei der Ausfahrt ‚Elefsis' die alte Landstraße zu erreichen. Nach Passieren der alten, antiken Stätte *Eleusis* (sehr sehenswert) folgen wir der gewundenen, wenig belebten Küstenstraße durch weite Olivenhaine entlang des Meeres, genießen herrliche Ausblicke auf den

Golf der Insel Salamis und sehen rechter Hand *Mégara* liegen, dessen Ruinen aus der Blütezeit der griechischen Kultur stammen.

Nach ca. 84 km erreichen wir den berühmten Kanal von Korinth, eine künstliche Wasserstraße, die das attische Festland vom Peloponnes trennt. Tief schaut man von der den Kanal überspannenden Brücke auf die Wasserstraße hinab und gibt sich dem Schauspiel hin, wenn ein größeres Schiff das ,Land' durchquert. Bevor man entweder auf der Autobahn schnell und bequem gen Patras fährt bzw. der alten Küstenstraße durch wieder ruhig gewordene Ortschaften folgt, sollte ein Abstecher nach **Heraion** gemacht werden. Dies ist ein stiller Urlaubsort mit archäologischen Stätten auf einer hochaufragenden Halbinsel, sehr grün und mit herrlichem Ausblick. Ein vom Meer gebildeter See ist ein beliebtes Ausflugsziel der einheimischen Bevölkerung, die mit Vorliebe die zahlreichen Tavernen besucht. Auf einer Schotterstraße kann man bis an das Kap ca. 100 m über dem Meer (Leuchtturm) fahren, links und rechts schöner Pinienwald, von Felsen durchsetzt. Für Liebhaber des ,wilden' Campens eine bestechende Möglichkeit. Klare Mondnächte verzaubern die Landschaft und mit etwas Glück sieht man ganze Schwärme von Delphinen. Der Abstieg zum Meer ist allerdings ein wenig beschwerlich.

Wer nicht gern frei zeltet, dem steht ein sehr einfacher Campingplatz am Seeufer zur Verfügung.

Auf der Anreise nach Heraion durchfährt man einen der exklusivsten griechischen Badeorte – **Lutrakion.** Das sehr gepflegte Städtchen erinnert mit seiner schönen Promenade an die Riviera. Berühmt sind die Sonnenuntergänge über dem Golf von Korinth. Für Badeurlauber ist der Strand mit ca. 3 km Länge sicher nicht zu knapp, und das Wasser ist klar und sauber. Gleich hinter Lutrakion steigt die gut ausgebaute Straße steil an, bietet ein herrliches Panorama und führt durch interessante Landschaften nach **Perachora** und **Heraion** (16 km).

⬛ Camping Limni Heraion ✿   85
Heraion (Attiki), ☎ (0741) 25670, (IV–X), 1,5 ha, 100 St.

Der Campingplatz liegt nahezu unmittelbar an einem See, der einst mit dem Meer in Verbindung stand und wäre ein recht passabler Ferienplatz, wenn da nicht die viel zu einfache und zudem wenig saubere Sanitäranlage wäre. So bleibt der Platz nur für Übernachtung zu empfehlen, denn außer der Stellfläche mit wenigen Bäumchen wird so gut wie nichts geboten. Der Untergrund ist hartsteiniger Boden und die einzige Zerstreuung bildet der See mit guten Wassersportmöglichkeiten. Einladend und von Ausflüglern viel besucht sind die zahlreichen Tavernen in der näheren Umgebung. Kein Hundeverbot.

🅿   See mit Bademöglichkeiten.

➡   Vom Kanal von Korinth fährt man über Lutrakion ca. 20 km nach Heraion, Bergstraße, teils schmal.

⚱   Ausflüge zum Kap, zum Leuchtturm. Archäologische Stätten.

Route: Entlang dem Golf von Korinth führt die alte Küstenstraße gute 140 km immer in Meeresnähe nach **Patras,** dem großen Fährhafen nach Korfu und

Korinth

Italien. Die durchgehende Autobahn Athen-Patras brachte wieder Ruhe in die
Orte zurück, und so sind die Strände wenig besucht, ideal für den ruhesuchenden
Urlauber. Allerdings findet man hier keinen feinen Sand, sondern zumeist
kleinen Kiesel, das Wasser ist von bester Reinheit.

Entlang dieses Küstenstreifens haben sich einige Campingplätze etabliert.
Unterkunft gibt es aber auch in kleinen Hotels, Strandpensionen oder Privat-
häusern.

Wer über viel Zeit verfügt und sich nicht scheut, auch einmal schlechtere Straßen
in wilder Berglandschaft zu fahren, sollte einige Abstecher in den inneren
Peloponnes machen. Hier findet man absolut griechische Lebensart, unbeein-
flußt vom Tourismus, abgesehen davon auch noch herrliche und überwältigende

Korinthos: Apollon Tempel

Isthmus von Korinth

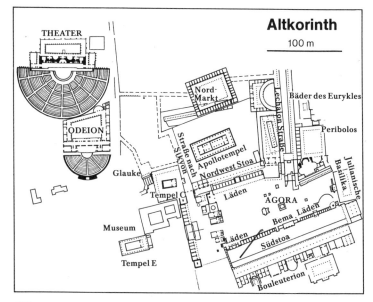

Szenerien. Auf keinen Fall sollte man versäumen, das alte **Korinthos** zu besuchen, das mit seinen eindrucksvollen Ruinen bleibende Eindrücke hinterläßt.

Camping Blue Dolphin ✿ 86

Lechaion bei Korinth (Pelop.), ☎ (0741) 25766, (IV–X), 2,5 ha, 300 St.

Die Camping-Dependance von Korinth, unweit der archäologischen Stätten, ist Camping Blue Dolphin, der unmittelbar am Meer liegt. Das Gelände mit steinigem Boden ist gänzlich mit Mattendächern überspannt, um die Temperaturen erträglich zu machen, denn heiß kann es hier schon sein.
Der Platz ist mit den notwendigen Einrichtungen ausgestattet, nicht komfortabel, jedoch ausreichend. Ein Lebensmittelladen, ein Restaurant und eine Bar sorgen für das leibliche Wohl der Gäste, zahlreiche Stromanschlüsse für Elektrizität der Caravans. Die sanitäre Einrichtung ist veraltet, doch die wenigen Warmduschen funktionieren.
Der Strand ist nicht sehr attraktiv. Badeurlaub wird hier wohl kaum jemand machen. Vorteilhaft für den Platz – und daher stammt mit Sicherheit die hohe Besucherzahl – ist die Nähe der archäologischen Stätten sowie des lebhaften Städtchens Korinth. Kein Hundeverbot.

🏖 Meer und Strand.

➡ Die Zufahrt führt von Korinth ca. 6 km auf der alten Küstenstraße in Richtung Patras.

♖ Korinthos, Isthmus von Korinth, Lutrakion, Heraion.

Camping Lemon Beach ✿ ✿ 87

Paralia Akratas (Pelop.), ☎ (0696) 31639, (IV–X), 1,5 ha, 100 St.

‚Lemons = Zitronen und Beach = Strand' treffen ganz genau auf den Platz zu und der Besitzer des Ganzen mit Vornamen Giorgos ist ebenso gut wie der Platz und seine Einrichtungen. Was auf Anhieb sehr gefällt, ist der viele Schatten in einer Plantage von Zitronen und Aprikosen. Hinzu kommt die große Ruhe und ein, wie man sehr bald feststellt, sehr ungezwungener Umgang. Das kommt zum Teil daher, daß der Eigner ein talentierter Freizeitkoch ist und für seine Gäste auf Vorbestellung eigenhändig vorzüglich schmeckende Gerichte der einheimischen Küche (vor allem Meeresfrüchte) zubereitet, wie wir selbst mit Lob feststellen konnten. Wenn Sie die Möglichkeit haben, lassen Sie sich ein Fischgericht machen – so wohlschmeckend bekommen sie es in weitem Umkreis nicht mehr.
Der Platz selbst hat als Untergrund Lehm- und Sandboden und reicht vom Inland bis ans Meer. Die angenehm ins Auge fallenden Sanitäreinrichtungen sind gut gepflegt, Warmduschen werden durch Sonnenenergie gespeist, und die Waschräume sind gekachelt und sehr sauber. Ein Aufenthaltsraum, selbst gezimmert und mit viel Holz ausgestattet, ist der gemütliche Treffpunkt. Am

offenen Kamin kann geplaudert und getrunken werden, und an Gemütlichkeit fehlt es nicht. Auch die Freiterrasse wird gerne aufgesucht, und die Bar führt ein großes Sortiment an ‚Trinkbarem'.

Der Strand ist etwa 20 m vom Eingang entfernt und man findet hier feinen Kiesel, der flach in das kristallklare Wasser übergeht.

🄿 Meer und Strand.

➡ Von der Küstenstraße im Ort zum Meer abzweigen, dort links ab und noch ca. 1 km zum Platz.

♟ Ausflüge nach Korinth. Bootsausflüge. Vom 3 km entfernten Dorf ‚Diakopton' führt eine Zahnradbahn zu einem der berühmtesten Klöster von Griechenland – Méga Spiläon!

◣ Camping Akrata Beach ✿ ✿ ✿   88
Krathion bei P. Akratas (Pelop.), ☎ (0696) 37696, (I–XII), 2 ha, 250 St.

Wenn Einsatz für eine Sache auf einen Platz zutrifft, dann ist es hier der Fall. Zuerst ist man irritiert, denn am Eingang wird man von englischsprachigem Personal empfangen, um dann noch erstaunter zu sein, wenn im Gespräch zu erfahren ist, daß sich hier eine Gruppe von jungen Leuten aus verschiedenen Ländern und Kontinenten zusammengefunden hat, um ein Alternativleben auf einem eigenen Campingplatz zu verwirklichen – und dies sogar zum Vorteil der Gäste. Die Atmosphäre des Platzes ist sehr freundlich und familiär, und wer jung ist oder es geblieben ist, kann sich wohlfühlen.

Die Infrastruktur des Camps ist gut, und die einzelnen Einrichtungen sind nicht zu bemängeln. Angefangen von den Sanitäreinrichtungen – Flachbauten mit guten Installationen und Warmduschen – bis hin zum einladenden SB-Restaurant (mit Freiterrasse) kann alles gefallen.

Das Platzgelände ist eben, teils grasbewachsen und leicht schattig, teils steinig und der Sonne ausgesetzt. Es reicht bis unmittelbar an das Meer, das einen schönen, feinen Kiesstrand mit flachem Übergang ins Wasser besitzt. Hier haben die jungen Leute mit viel Mühe und Arbeit eine gepflegte Grasfläche als Liegewiese für die Badenden angelegt und mit Mattendächern gegen die Sonne versehen.

Zur sportlichen Zerstreuung kann man ein Segelboot (Hobby Cat) und Windsurfbretter ausleihen. Ein Motorboot ist für Leute gedacht, die entweder einen Ausflug zu Wasser machen wollen oder Wasserski fahren wollen.

Durch den Besuch von englischsprachigen Gruppen ist an manchen Abenden viel Betrieb, und große Feste werden gefeiert. So kann es schon zu gelegentlichen Ruhestörungen kommen, aber ein gutes Wort mit einem der zuständigen Besitzer schafft dann bald die nötige Ruhe.

Alles in allem fällt dieser Campingplatz weit aus dem üblichen Rahmen und kann für einen Urlauber sehr gefallen. Kein Hundeverbot.

🄿 Meer und Strand, Wasserski, Segeln, Windsurfen.

➡ Von der Küstenstraße zweigt man direkt nach einer Flußbrücke rechts ab und erreicht nach ca. 700 m verwinkelten Fahrweg den Platz.

♜ Bootsausflüge. Korinthos. Vom nahegelegenen Dorf ‚Diakopton' führt eine Zahnradbahn zu einem der berühmtesten Klöster von Griechenland – Méga Spiläon.

▲ Camping Krioneri ✿ ✿   89
Krathion bei P. Akratas (Pelop.) ☎ (0696) 31405, (IV–X)
0,7 ha, 50 St.

Klein aber fein, so ist der Platz charakterisiert. Etwa 10 m über dem Meer auf einem kleinen Plateau liegt das familiäre Terrain auf harterdigem und mit Steinen durchsetzten Boden, reichlich bewachsen von Büschen und niederen Bäumen. Die lagemäßigen Nachteile werden hier durch sehr ansprechende Sanitär- und Versorgungsbauten wettgemacht. Die Waschhäuser sind mit Warmduschen, Kacheln und zahlreichen Becken ausgestattet und in der Regel sehr sauber. Gut gefallen kann auch das hübsche Restaurant, in dem man in gepflegtem Rahmen gut essen kann. Baden ist hier etwas ungünstig – zwar führen Treppen zum Wasser hinab, aber grobe Steine und Felsen hindern am Badevergnügen. Stromanschlüsse für Caravans, kein Hundeverbot.
Das Résumee: Ein individueller Platz für wenige Familien.

꒰ Meer und Strand.

➡ Der Platz ist in Ortsnähe sehr gut beschildert, wenn man der Küstenstraße folgt.

♜ Ausflüge nach Korinth und zum Kloster Méga Spiläon.

▲ Camping Rion ✿ ✿ ✿   90
Rion bei Patras (Pelop.), ☎ (061) 991450, (IV–X), 3 ha, 100 St.

Wenn das Prädikat ‚bester Campingplatz' zu vergeben wäre, so hätte dieser Platz gute Chancen, es zu verdienen. Weit und breit findet man keinen Camping, der so komfortabel, modern, sauber und gepflegt ist.
Die Umgebung ist nicht gerade attraktiv, der Kiesstrand jenseits der Uferstraße kein besonderer Anziehungspunkt. Umso mehr erstaunt der Komfort auf dem ebenen, von befestigten Platzwegen durchzogenen Wiesengelände. Das beginnt bei der geräumigen Rezeption mit einer Snackbar, auch der Einkaufsladen ist klein, aber ‚oho' und selbst das Gelände weist für Caravans betonierte Plattformen auf, die zum Teil Stromanschlußmöglichkeiten besitzen. Schatten ist reichlich vorhanden.
Die Sanitäranlagen sind hervorragend. Ein vollgekachelter Doppelflachbau beherbergt die erstklassigen Installationen mit insgesamt 10 Warmduschen. Auch sämtliche Waschbecken weisen Warmwasser auf und ein blitzsauberer Küchenraum mit Kühlschrank steht zur Verfügung.
Diese gute Ausstattung ist wohltuend und so bleibt manch einer länger hier als vorgesehen. Der Platz profitiert von der Lage nahe der Fährstation Rion-Antirrion und dem nahen Patras. Kein Hundeverbot.

꒰ Strand und Meer (50 m).

Athen – Korinth – Nafplion (Tolon)

▶ Der Platz liegt ca. 300 m von der Fährstation entfernt und ist gut beschildert. Unmittelbar bei der Fährstation findet man noch zwei weitere Campingplätze, *Rio Georg* und *Rio Mare.*

♟ Ausflüge führen nach Patras und Delphi. Fragen Sie nach den ‚Achaia Clauss', den größten Weinkellern von Griechenland.

▲ Camping Patras EOT   ✿ ✿ ✿   91
Patras (Pelop.), ☎ (061) 42 41 32), 3 ha, 250 St.

Dieser nach modernen Richtlinien erstellte Platz ist ein sehr stark besuchtes, nahe der Stadt gelegenes und günstiges Übernachtungsgelände.

Wie fast alle EOT-Plätze mit viel Geld errichtet, wirkt letzten Endes auch er etwas steril, obwohl Blumenanlagen für Auflockerung sorgen. Schön ist die Aufteilung in geräumige Stellflächen auf gepflegten Wiesen. Ein Großteil des Geländes ist zudem auch noch durch Hecken und Büsche eingefaßt. Der größte Teil der Parzellen ist mit Stromanschlußmöglichkeiten versehen und Individualität kann gesucht und gefunden werden.

Freiflächen gestatten Ballspiele und viel Bewegungsfreiheit. Zwangvolle Enge ist zumeist ein seltenes Wort. Die sanitären Anlagen, sehr zahlreich in mehreren, auf dem Gelände verteilten Gebäuden untergebracht, genügen vollauf den Anforderungen. Neben ansprechender Kachelung und Aufteilung, wird für Sauberkeit und Hygiene gesorgt. Warmwasser ist an allen Becken und Duschen zu finden. Ein großer Laden, ein Restaurant und eine Snackbar ergänzen die Versorgungseinrichtungen.

Der Strand mit Kies und Sand liegt unmittelbar vor dem Camping und ist auch öffentlich als Strandbad zugänglich. Das Wasser macht einen trüben Eindruck, hier wirkt sich wohl Patras schon aus. Hundeverbot in der Hochsaison.

🌊 Meer und Strand.

▶ Die Zufahrt führt vom Fährhafen immer entlang des Meeres in nordöstlicher Richtung und endet beim Platz. Gute Beschilderungen sind vorhanden.

♟ Patras, Delphi. Fragen sie nach den ‚Achaia Clauss', den größten Weinkellern von Griechenland.

Athen – Korinth – Nafplion (Tolon)

Route: Wir verlassen **Athen** entweder auf der Autobahn oder der alten Küstenstraße und folgen der Küstenlinie des Golfes von Salamis ca. 84 km zur Brücke über den ‚Isthmus von Korinth'. Hier bieten sich nun zwei Möglichkeiten der Weiterfahrt nach Nafplion an:
a) Die schnellere Route vom Ort **Korinthos** durch das Inland an Mykenai vorbei nach Nafplion (67 km).
b) Die schönere Route an der Küste auf der neu ausgebauten Schnellstraße über ‚Epidauros' nach **Nafplion** (ca. 80 km).

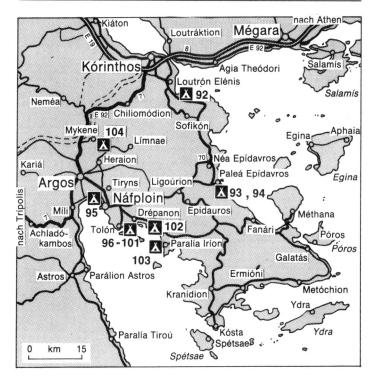

Wir nehmen die Küstenstraße, die unmittelbar nach der Kanalbrücke linker Hand abzweigt und in Meeresnähe eine kleine Ebene durchzieht, um dann in die Hügel aufzusteigen. Nach ca. 10 km passieren wir den Ort **Almyri,** in dessen Nähe der folgend beschriebene Campingplatz am Meer liegt.

Camping Poseidon ✿   92
Almyri (Pelop.), ☎ (0741) 33302, (I–XII), 1,5 ha, 100 St.

An der langgestreckten Bucht von Kalamaki liegt nahe dem ‚Kalamaki Beach Hotel' der Campingplatz Poseidon. Das Gelände befindet sich nahezu unmittelbar am Meer und nur die schmale Uferstraße liegt zwischen dem Platz und dem bescheidenen Kiesstrand mit sauberem Wasser. Geringer Baumbestand und Schattendächer mildern die sengende Sonne, und etwa ein Drittel des Campings ist mit Stromanschlußmöglichkeiten für Caravans versehen.

Die Sanitäranlagen mit einigen Warmduschen können als zufriedenstellend bezeichnet werden. Auch an Sauberkeit und Pflege fehlt es in der Regel nicht. Ein Restaurant durchschnittlicher Güte mit einer Café-Bar und ein Einkaufsladen sind auf dem Gelände anzutreffen, Zimmer können gemietet werden.

Die ruhige Lage gilt als einziges Argument, länger auf dem Platz und in dieser Gegend zu verweilen. Kein Hundeverbot.

Epidauros

🏊 Meer und Strand (20 m).

➡️ Im Ort Almyri biegt man meerwärts ab und folgt der guten Beschilderung zum Camping.

♜ Ausflüge führen nach ‚Korinthos', zum Kanal von Korinth, nach Heraion und Epidauros.

Route: Unsere Route führt uns nun vom Ort **Almyri** weiter entlang der Küste nach Süden, beschert uns prächtige Ausblicke über weite Pinienwälder auf das Meer und durchzieht in weiten Kurven die hügelige Landschaft. Die Schnellstraße findet in der Nähe der Abzweigung nach ‚Paleá Epidavros' ihr Ende, und auf schmaler Landstraße erreichen wir nach wenigen Kilometern den Abzweig zum nahegelegenen Ort **Epidauros** (54 km).

Epidauros

Einst landeten die Pilger im kleinen Hafen Palea Epidavros, um in 3 Stunden Fußmarsch die 10 Kilometer zum Heiligtum zurückzulegen. Heute führen gute Asphaltstraßen zu dieser äußerst besuchenswerten Sehenswürdigkeit, die sich zu einem bedeutenden, touristischen Zentrum entwickelt hat.

Der Höhepunkt eines Rundganges ist das *Theater*, das von Kennern als das besterhaltendste von ganz Griechenland bezeichnet wird. Noch heute finden ca. 15000 Zuschauer auf den Sitzbänken Platz, und selbst von der obersten Sitzreihe verblüfft noch die hervorragende Akkustik. Die Sommerfestspiele, die hier regelmäßig

Das Asklepios-Heiligtum von Epidauros

Stadion

Tholos

Zum Theater

Heiliger Bezirk

Asklepios-Tempel

Palästra

Asklepios-Altar

Artemis-Tempel

Heilbrunnen

Propylon

Festplatz

Heilige Straße

Bad aus griechischer Zeit

Odeion

Ältere Liegehallen für Kranke

Vom Gästehaus

Jüngere Liegehallen?

veranstaltet werden, ziehen Besucher von weither an. Selbst die geringeren Ruinen des *Gymnasions,* des *Asklepoistempels* und des *Tholos* lassen es an Attraktivität nicht fehlen. Dem Abschluß sollte immer ein Besuch des *Museums* gewidmet sein, das hervorragende Einzelheiten aus diesem Hauptheiligtum des Heilgottes Asklepios beherbergt.

Epidauros

Camping Nicolas ✿ 93
Paleá Epidavros (Pelop.), ☎ (0753) 41297, (I–XII), 1 ha, 60 St.

Nahe dem sehr hübschen und noch recht verträumt wirkenden Ort mit malerischem Hafen liegt in einem sehr eng bepflanzten Zitrushain dieser ansprechende Platz unmittelbar am Meer.

Auffallend ist, daß dieses kleine Gelände in der Hauptsache von jungen Leuten besucht wird, denn die licht stehenden und niederen Bäume lassen eigentlich nur Raum für Minizelte und flachere Fahrzeuge. Die Einrichtungen des Campings sind eher als bescheiden einzustufen, die nötigen, sauber gehaltenen Sanitäranlagen mit Warmduschen sind jedenfalls vorhanden. Ein Einkaufsladen ist auf dem Gelände zu finden, ein Restaurant liegt in unmittelbarer Nähe.

Der Strand ist praktisch nicht vorhanden, denn direkt an einer Stützmauer beginnt das Meer mit kiesigem Untergrund. Kein Hundeverbot.

Meer mit Bademöglichkeit.

Der Platz ist an der Ortszufahrt gut beschildert und kann leicht gefunden werden.

Archäologische Stätten von Epidauros (14 km).

Camping Becas Beach ✿ 94
Paleá (Pelop.), ☎ (0753) 41394, (I–XII),
4,5 ha, 300 St.

Der größte Platz an der hier sehr schönen, ruhigen und weiten Bucht ist Camping Becas Beach. Ein lichter Zitrushain und Olivengarten steigen zuerst flach, dann steiler auf Terrassen einen Abhang hinauf.

Der Platz hat gute Einrichtungen, die im zentralen, leicht klobig ausgefallenen Hauptbau untergebracht sind. Lediglich die Sanitärhäuser sind im Gelände verteilt, um allzu lange Wege von den einzelnen Stellplätzen zu vermeiden. Diese Betonflachbauten können zufriedenstellen, die Installationen sind nicht mehr neu, erfüllen aber ihre Funktion, was speziell für die Warmduschen gilt.

Das Restaurant hat eine große Freiterrasse, von der sich ein weiter Blick über die ausgedehnte Bucht und das Meer bietet. Ein kleiner Supermarkt steht für die notwendige Lebensmittelversorgung zur Verfügung, und für weitere Einkäufe bietet sich das nahe Dorf an.

Die Besonderheit des Platzes ist die wirklich sehr schöne, direkte Lage am ruhigen, sauberen Kiesstrand. Bootsbesitzer und Windsurfer finden sehr gute Sportbedingungen.

🄿   Meer und Strand.

▶   Die Zufahrt ist im Ort gut beschildert und führt um mehrere Ecken herum zum ruhigen Strand. Unmittelbar benachbart ist ein weiterer, kleiner Camping namens Verdelis.

♜   Archäologische Stätten von Epidauros (14 km).

Route: Von **Epidauros** fahren wir nun auf der schmaleren, jedoch gut asphaltierten Landstraße in zahlreichen Kurven durch das hügelige Land, Pinienwälder, Olivenhaine und freie Weideflächen wechseln sich ab, rechter Hand passieren wir eine antike Brücke, deren Reste malerisch in der Landschaft stehen, und nach 22 km stoßen wir auf den Abzweig nach Tolon (im Anschluß nach Nafplion beschrieben). Ca. 4 km weiter fahren wir nach **Nafplion** ein.

Nafplion

Nafplion oder Nauplia, wie es international genannt wird, ist ein ansprechendes, lebhaftes Hafenstädtchen mit viel Originalität und wenig Tourismus. Dies mag daher kommen, daß außer einem Strandbad kein echter Badestrand vorhanden ist, weswegen sich die Urlauber auf das nahe Tolon konzentrieren.

Die geschützte Bucht wird von einem mächtigen Felsklotz überragt, auf dem eine alte, *venezianische Festung* liegt. Man muß das Bauwerk besichtigt haben, um ermessen zu können, welch gewaltige Arbeit in nur 3 Jahren hier vollbracht wurde. Nafplion wurde 1828 die erste Hauptstadt des befreiten Griechenlands, und König Otto aus Bayern residierte hier, bevor er später nach Athen übersiedelte.

Das Städtchen bietet zahlreiche Tavernen und Restaurants, Cafés sowie Diskotheken und Kinos. Die Unterhaltung ist breit gestreut und auch ein *Museum* mit Fundstücken aus Mykene und Tiryns fehlt nicht. Hübsch ist das auf dem Akropolisfelsen gelegene Xenia-Hotel, zu dessen Füßen das Strandbad zu finden ist.

▲ Camping Nafplion ✿   95

Nafplion (Pelop.), ☎ (0752) 2 80 30, (IV–X), 1,5 ha, 120 St.

Das ebene Wiesengelände mit einigen Büschen, Bäumen sowie Schattendächern liegt am nördlichen Ortsausgang zwischen Wohnhäusern und kann nur als Übernachtungsmöglichkeit empfohlen werden. Seine Lage an der Hauptstraße läßt gelegentliche Ruhestörungen nicht vermeiden. Das Meer ist ca. 1 km entfernt.

Die Sanitäranlagen mit Warmduschen sind mäßig, aber sauber, Installationen aller Art sind vorhanden, und auch ein Lebensmittelladen sowie Stromanschlußmöglichkeiten für Caravans fehlen nicht. Hundeverbot.

➡ Vom Stadtzentrum fährt man in nördlicher Richtung (Route nach Argos) und stößt unübersehbar auf den Platz, der im Vorortgebiet rechter Hand liegt.

♜ Epidauros, Tiryns, Mykene und Tolon.

Tolon

Tolon ist der genaue Gegensatz zu Nafplion. Denn als Städtchen hat es wenig zu bieten, wildwuchernde Appartementhäuser stehen irgendwo am Strand oder in der Landschaft, jeder zweite Laden ist ein Souvenirgeschäft, die Restaurants platzen vor Besuchern aus den Nähten, und Jubel, Trubel, Heiterkeit herrschen in allen Gassen und Straßen. Schön hingegen sind die Strände, wenn man einmal vom Ortsstrand absieht (Abwässer). Weite Sandbuchten mit flachem Wasser, Felsküsten mit kleinen Einschnitten sowie viel Platz und Ursprünglichkeit ziehen Massen von Touristen an. Eine Besonderheit sind die malerischen Fischerboote, die noch täglich zum Fang hinausfahren und die Restaurants mit frischen Spezialitäten versorgen.

Touristischer Hinweis:
Der Bereich Nafplion, Tolon, Drepanon, Candia und Paralia Irion stellt in Griechenland einen Sonderfall dar. Denn nirgendwo sonst ballen sich die Campingplätze so dicht aufeinander, wobei sich der Haupttourismus im Ortsbereich von Tolon mit zahlreichen Mini-Campingplätzen sowie an der großen Bucht von Drepanon abspielt. Candia ist eine nahezu nicht vorhandene Siedlung mit weitem, menschenleeren Strand, der eine gewisse Attraktivität bietet. Ähnlich verhält es sich in und um Paralia Irion, wobei hier die Abgeschiedenheit zur Leere ausartet. Wer jedoch das Urlaubstreiben sucht, kann bei Tolon einen der vielen Campingplätze aufsuchen, die folgend in der Reihenfolge von Tolon bis Paralia Irion namentlich genannt werden: *Camping Stars, Avra, Lido I* (Tennisplatz), *Sunset, Lido II, Xeni II, Kastraki, Assini Beach, Plaka Beach, Argolic Strand, Alkyon, Lefka Beach, Kiani Akti Beach, Candia Beach, Scala, Posidon, Iria Beach.* Die besten Campingplätze werden nachfolgend beschrieben.

⛺ Camping Lido II ✿ ✿   96
Tolon (Pelop.), ☎ (0752) 59396, (V–X), 2 ha, 150 St.

Nahe dem Hauptstrand des Ortes liegt an der aus Nafplion kommenden Straße dieser ansprechende Terrassenplatz an einem Hang. Das Gelände wirkt sauber und gut organisiert, die einzelnen Plateaus sind mit Mattendächern und Stromanschlußmöglichkeiten für Caravans versehen.
Die sanitären Bereiche können sehr gut gefallen, eine vollständige Kachelung ist vorhanden, und Warmwasser findet man nicht nur in den Duschen, sondern

Tolon

auch an den Becken für Geschirr- und Wäschewaschen. Sehr einladend sind ein rustikal-gehaltenes Snack-Restaurant und eine vorzügliche Bar mit einer hübschen, schattigen Terrasse. Eine komplette Küche mit Herd wird diejenigen Gäste erfreuen, die keine eigene Kochmöglichkeit mitgebracht haben. Kindern steht ein Spielplatz mit zwar wenigen, aber ordentlichen Geräten zur Verfügung.

Der öffentliche Strand, der jenseits der Küstenstraße liegt, weist einen flachen Charakter mit feinem Sand auf, ist ca. 300 m lang und bis zu 50 m breit und durch seinen seichten Übergang ins Wasser auch für Kinder gut geeignet.

Dem einen zur Freude, dem anderen zum Leid ist eine nahegelegene Diskothek. Die Musik berieselt in den Abendstunden das Platzgelände. Man sollte dies in die Urlaubsplanung mit einbeziehen, wie wir selbst feststellen konnten. Kein Hundeverbot.

🎵 Meer und Strand (40 m), Kinderspielplatz, Diskothek. Zahlreiche englische Reisebusgruppen.

➡ Die Zufahrt zum Platz ist an der Straße Nafplion-Tolon deutlich beschildert.

♜ Bootsausflüge. Epidauros, Tiryns, Mykene, Nafplion.

▲ Camping Kastraki ✿ ✿ ✿ ✿   97
Palea Assini bei Tolon (Pelop.), ☎ (0752) 59386, (V–X),
2 ha, 150 St.

Zweifelsohne gehört Camping Kastraki zu den besten Plätzen an der weiten Bucht, die sich von hier bis nach Drepanon zieht. Der hervorragend gepflegte, gut schattige Platz mit schönem Mischbaumbestand reicht bis unmittelbar an den hier schönen Sandstrand, dessen Begrenzung ein Felshügel bildet, auf dem archäologische Ausgrabungen zu besichtigen sind.

Ganz besonders gefallen die Versorgungseinrichtungen, das sehr moderne, stilvolle Selbstbedienungsrestaurant sowie der benachbarte, große Supermarkt. Eine einladende Freiterrasse unter schattigen Pinien ist ein beliebter Treffpunkt der Gäste zu allen Tageszeiten.

Die sanitären Einrichtungen sind ausgezeichnet, sowohl was die Installationen wie auch was die Sauberkeit und Pflege anbelangt. Alles ist gekachelt und bestens gewartet. Auch die Warmwasserversorgung kann zufriedenstellen.

Das Gelände ist unterteilt in einen Bereich für Wohnwagen (mit Stromanschlußmöglichkeiten) und eine Zone für Zelte. Auf diesem Teil wird es leicht ein wenig eng, da die ‚Leinwandhäuschen' dicht an dicht stehen, dafür aber unmittelbar am Strand.

Für Kinder ist ein Spielplatz vorhanden, und der Strand eignet sich für die ganz ‚Kleinen', die hier ebenso ihr Vergnügen im Wasser finden können wie die Erwachsenen.

Die Lage ist hervorragend, die Ruhe garantiert, und die Platzleitung sehr engagiert. Insgesamt ein sehr empfehlenswerter Familien-Ferienplatz, bei dem eine frühzeitige Reservierung ratsam ist. Kein Hundeverbot.

🎵 Meer und Strand (Sand, Kies, Felsen), Kinderspielplatz.

Camping Lefka Beach

Drepanon/Natplion (Peloponnes) Griechenland

Abseits vom Lärm in herrlicher Lage erwartet Sie ein modernes Camp direkt am Meer. Wir garantieren: kristallklares Wasser, Sauberkeit, griech. Gastlichkeit und alle sanitären Einrichtungen. Paradies für Schnorchler und Sonnenanbeter.

Kostas Kosmopulos und sein Team erwarten Sie!

Natürlich & erlebnisreich

Erleben Sie diesen Campingplatz in seiner ganzen Natürlichkeit. 30 m ü. M. auf einem Terrassenplateau gelegen ist der Blick frei – frei, wie die springlebendig sich tummelnden Delphine, die Sie vom nahen Strand oder von dem mit modernen Sanitär-Einrichtungen und gemütlichem Restaurant ausgestatteten Campingplatz beobachten können.

Camping Stratis-Beach, Katafurkon-Amfilochia (Aitolia) Griechenland, Tel. 06 42 / 5 11 23

▶ Die Zufahrt führt von Tolon in Richtung Drepanon. Bei der deutlichen Beschilderung biegt man auf einen kleinen Feldweg ab, der zum Platz am Meer leitet.

♖ Epidauros, Tiryns, Nafplion, Mykene.

Camping Xeni II ✿ ✿ 98

Palea Assini bei Tolon (Pelop.), ☎ (0752) 59338, (I–XII), 1 ha, 100 St.

Xeni II, an der Küstenstraße Tolon-Drepanon bzw. Nafplion gelegen, ist ein rundum sympatischer Campingplatz, klein zwar, aber ein Familienplatz mit herzlichem Flair. Die sehr freundlichen, griechischen Besitzer werden durch einen dort ansässigen Deutschen tatkräftig und zum Vorteil des Platzes unterstützt.

Das Gelände besteht aus zwei Teilen. Die größere Zone ist eine ebene Kiesfläche mit Mattendächern für Caravans (auch Stromanschluß), die kleinere für Zelte, liegt auf geebneten Terrassen im ansteigenden Olivenhain. Für Schatten sorgt außerdem ein vielfältiger Busch- und Baumbestand.

Die sanitäre Einrichtung ist sehr ordentlich und vor allem sauber, Kachelung und Warmduschen entsprechen den modernen Anforderungen. Eine Snackbar ist gleichzeitig Aufenthaltsraum, und bei gutem Wein oder Bier kann dem Fernsehprogramm gefolgt werden.

Der Strand ist lediglich ca. 100 m entfernt, sehr weitläufig und grobkiesig (dort ist auch eine empfehlenswerte Taverne). Badefreuden steht hier nichts im Wege. Ein weiterer, größerer Sandstrand ist 200 m entfernt. Kein Hundeverbot.

♙ Meer und Strand (100 m und 200 m). Windsurfbrettablage am Strand. Organisierte Ausflüge zu Wasser und zu Land. Surfschule.

▶ Der Platz liegt an der Küstenstraße Tolon–Drepanon bzw. Nafplion.

♖ Epidauros, Tiryns, Mykene, Nafplion.

Camping Plaka Beach ✿ ✿ ✿ 99

Drepanon bei Tolon (Pelop.), ☎ (0752) 92294, (I–XII), 2,5 ha, 130 St.

Auch dieser Platz zählt zu den besten seiner Art an der weiten Bucht von Drepanon. Das Gelände liegt ohne trennende Wege unmittelbar am Meer, mit einem ca. 15 bis 20 m breiten Sandstreifen zur Wasserlinie. Durch einen hier im Meer liegenden Felsriegel werden die Bademöglichkeiten eingeschränkt, jedoch nur bei höherem Wellengang.

Der Platz liegt auf ebenem Untergrund teils in einem Zitrushain, teils unter Laubbäumen und Schattendächern. Durch vollständige Parzellierung (mit Stromanschlußmöglichkeiten) ist der Camping günstig unterteilt und großräumiges Zelten ist üblich.

Die Einrichtungen gefallen sehr gut, die Sanitäranlagen wurden wesentlich modernisiert, und alles ist gekachelt und in modernem Zustand. Warmwasserversorgung besteht an allen Becken und Duschen. Erfreulich ist eine komplett eingerichtete Küche sowie ein Wäschewaschraum mit Bügeln.

Tolon

Sehr gut ist das Restaurant, das zwar ein wenig nüchtern eingerichtet ist, dafür aber gute, griechische Gerichte bietet. Auch ein Einkaufsladen steht den Gästen zur Verfügung.
Am Strand ist eine private Windsurfing- und Wasserskischule mit entsprechendem Verleih der Wassersportgeräte, die durch einen Holländer geleitet wird. Sie ist öffentlich für jedermann zugänglich und bereichert ganz entschieden das Freizeitangebot in diesem Bereich.
Entscheidend für viele Camper ist auch die freundliche Atmosphäre des Platzes, die sich in der Familie des Besitzers gründet. Kein Hundeverbot.

🄿   Meer und Strand, Windsurfing- und Wasserskischule. Platzeigenes Fischerboot für Ausflüge. Tischtennis.

▶   An der Küstenstraße folgt man den Hinweisschildern des Platzes zum Strand und biegt kurz zuvor in die rechte Einfahrt.

♖   Epidauros, Mykene, Tiryns, Nafplion.

⛺ Camping Alkyon ✿ ✿ ✿ ✿   100
Drepanon bei Tolon (Pelop.), ☎ (0752) 92276, (IV–X), 2,5 ha, 150 St.

Der dritte der herausragenden Plätze an diesem langen Strand ist Camping Alkyon, ebenfalls ein Platz der Spitzenkategorie. Moderne Erfordernisse wurden hier verwirklicht. Eine gewisse Vornehmheit ist schon am Eingang zu spüren. Der gepflegte Rasen und die große Rezeption geben einen Vorgeschmack. Gleich hinter dem Empfangsgebäude, das auch über eine gemütliche Bar mit schattiger Terrasse verfügt, liegt der Lebensmittelmarkt und das stilvolle, gemütliche Restaurant, dessen Einrichtung sehr rustikal gehalten wurde. Eine attraktive Freiterrasse ergänzt diesen Teil des Versorgungstraktes.
Das Campinggelände ist vollständig in Parzellen aufgeteilt. Jeder Stellplatz bietet nicht nur viel Lebensraum, sondern auch Stromanschlußmöglichkeiten. Das gesamte Terrain ist von mittelhohen Bäumen bewachsen, zusätzlich spenden Mattendächer einen guten Schutz vor der Sonne.
Die Sanitäranlagen sind sehr gut und zahlreich, vor allem großräumig, was besonders für die Küchenräume zutrifft. Alle Innenräume sind gekachelt und mit modernen Installationen bestückt. So gibt es zahlreiche Warmduschen, auch an den Waschbecken ist Warmwasser vorhanden. Außerdem findet man chemische Toiletten sowie Waschmaschinen. Damit sind Engpässe zu Problemzeiten, besonders am Morgen, so gut wie auszuschließen.
Die Leitung des Platzes besteht aus deutschsprachigem Personal, das sich sehr engagiert. Der Strand ist praktisch vor dem Platz. Nur ein schmaler Schotterweg zum benachbarten Hotel trennt vom Wasser. Die Sandqualität ist gut und fein. Auch hier findet man den Felsriegel unter dem Wasser. Die öffentliche Windsurfing- und Wasserskischule hat ihren Sitz eigentlich auf diesem Platz. Sie steht den Gästen jederzeit zur Verfügung. Wassersportler finden sehr gute Bedingungen und Schnorchler mischen sich mit Badelustigen, Windsurfern und Seglern.
Fazit: Ein komfortabler Ferien- und Familienplatz in gehbenem Rahmen. Kein Hundeverbot.

🏊 Meer und Strand, Windsurfing- und Wasserskischule, Kinderspielplatz, Tennisplatz, Volleyballplatz, Folkloreabende, Filmabende und Animation. Reisebüro.

➡️ An der Küstenstraße folgt man den Hinweisschildern des Platzes zum Strand und zur Einfahrt.

♜ Epidauros, Mykene, Tiryns, Nafplion.

▲ Camping Argolic Strand ✿ ✿ ✿   101
Drepanon bei Tolon (Pelop.), ☎ (0752) 92228, (I–XII), 1 ha, 80 St.

Das kleine, von einer sehr freundlichen griechischen Familie geführte Campingterrain erstreckt sich auf einem länglichen Rechteck inmitten schöner Obstplantagen. Der hintere Teil wird durch verschiedene Laubbäume gut beschattet, der vordere Teil liegt unter Mattendächern auf feinkiesigem Boden. Die Sauberkeit des Geländes kann ansprechen, Stromanschlüsse für Caravans sind überall zu finden.
Am Eingang bei der Rezeption befindet sich ein Supermarkt mit ordentlichem Angebot. Nahezu gegenüber liegt das Restaurant mit Bar, das gute einheimische Spezialitäten anbietet. Nahezu dahinter liegen die Sanitäranlagen, die an allen Installationen Warmwasser aufweisen und sehr sauber gehalten werden. Das Terrain erstreckt sich bis an den schönen feinsandigen Strand, wo eine schmale Fahrstraße zum benachbarten Hotel führt. Die Bademöglichkeiten sind sehr schön. Auch hier ist der bewußte Felsriegel im Wasser zu finden. Die benachbarten Wassersportschulen können benützt werden.

🏊 Meer und Strand. Wassersportmöglichkeiten.

➡️ An der Küstenstraße folgt man den Hinweisschildern des Platzes zum Strand und zur Einfahrt.

♜ Epidauros, Mykene, Tiryns, Nafplion.

▲ Camping Lefka Beach ✿ ✿   102
Drepanon bei Tolon (Pelop.), ☎ (0752) 92334, (V–IX), 1,3 ha, 70 St.

Der in einer geschützten Bucht liegende Campingplatz erstreckt sich auf ebenem Terrain sowie auf einigen Terrassen, die eine Sicht auf das Meer erlauben. Schatten wird durch Strohdächer gewährleistet. Die meisten Stellplätze verfügen über Stromanschlußmöglichkeiten.
Die Sanitäranlagen mit allen Arten von Installationen sowie einigen Warmduschen sind ordentlich und werden regelmäßig gereinigt. Ein Restaurant im Tavernenstil und ein Einkaufsladen kümmern sich um die Versorgung der Gäste. Sehr attraktiv ist der Strand, der neben flachem und klarem Wasser mit feinem Kies auch Felsen für die Schnorchler aufweist.

🏊 Meer und Strand.

➡️ Die Zufahrt führt von Tolon auf der unmittelbaren Küstenstraße durch den Ort Drepanon und weiter am Meer entlang zum beschilderten Platz (ca. 8 km).

Mykene

♜ Ausflüge und Sehenswürdigkeiten siehe Nafplion, Epidauros und Mykene.

▲ Camping Poseidon ✿ 103
Paralia Iria bei Tolon (Pelop.), ☎ (0753) 9 13 41, (V–X),
1,5 ha, 60 St.

Hier hinten am Ende der Bucht spielt sich fast nichts mehr ab, nichts vom Trubel und der Hektik von Tolon – eine Gegend für Ruhefanatiker. Die Strandstraße endet dann auch bald nach Poseidon Camping an einem weiteren Platz, der jedoch nicht mehr am Meer liegt.

Der Platz ist ein ebenes, sehr karges Sand- und Kiesgelände zwischen der Straße und dem Meer, und die Einrichtungen sind ziemlich bescheiden, ohne jeglichen Komfort. Wer es einfach und einsam mag, wird sich hier aber sicher recht wohl fühlen, weil auch der Besitzer ein freundlicher und kontaktfreudiger Mann ist. Auf dem Platz sind hauptsächlich jüngere Leute mit schmalem Geldbeutel anzutreffen, trotzdem hat sich hier eine von einem Schweizer betriebene Windsurfing- und Tauchschule etabliert. Der Strand ist endlos weit, sehr ruhig, ja fast zu einsam und bietet feinen Sand mit flachem Übergang ins Wasser. Kein Hundeverbot.

🐾 Meer und Strand, Windsurfing- und Tauchschule, auch Geräteverleih.

➡ Die Einfahrt zum Platz ist an der Küstenstraße nicht zu übersehen.

♜ Nafplion, Mykene, Epidauros, Tiryns.

Mykene: Löwentor

Mykene
Als im Jahre 1876 der deutsche Amateurarchäologe Heinrich Schliemann Mykene und die berühmte Goldmaske (jetzt im Nationalmuseum von Athen) fand, begann für diese Stätte aus vorgriechischer Zeit ein neues Leben. Wo einst Tausende von Sklaven gigantische, zyklopische Steinquader aufeinandertürmten, um eine uneinnehmbare Burg zu bauen, begannen Touristen zu strömen, um die Wunderwerke aus dem 16. Jahrhundert vor Christi zu bewundern.

Neben dem äußeren Mauerring sind das beeindruckende ‚Löwentor‘, die unterirdische Zisterne sowie die Kuppelgräber zu besichtigen. Man tut sich schwer, die architektonischen Wunder zu begreifen, die damals hier vollbracht wurden und bekommt unwillkürlich Respekt vor dem Wissen

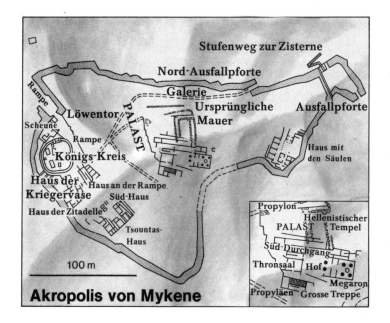

Akropolis von Mykene

und den Taten, die zu einer Zeit vollbracht wurden, als Deutschland noch ein einziger Urwald war.
Auch das nahe ‚Argos' und ‚Tiryns' stammen aus dieser mykenischen Epoche. Man sollte einen Besuch dieser gewaltigen Stätten nicht versäumen, wenn einen der Weg in die Nähe führt.

Camping Mykenae ✿ **104**
Mykenai (Pelop.), ☎ (0751) 66247, (I–XII), 0,4 ha, 30 St.

Der kleine Miniplatz liegt auf ebenem Kiesboden inmitten des Ortes hinter einigen Häusern und macht einen sehr gepflegten Eindruck. Mattendächer sorgen für den hier notwendigen Schatten, und die Aussicht auf die umgebenden Berge ist recht hübsch.
Die Sanitäranlage ist zwar sehr bescheiden, genügt aber den Anforderungen und ist erstaunlich gut gepflegt und sauber. Sonstige Einrichtungen sind nicht vorhanden, jedoch findet man Tavernen, Restaurants, Läden und sonstige Annehmlichkeiten in nächster Nähe.

➡ Der Platz liegt mitten im kleinen Ort zwischen einigen Wohnhäusern und ist beschildert.

♟ Mykene.
Benachbarter Platz, nicht so gut, aber größer: Camping Atrens.

Nafplion – Tripolis – Sparta – Yithion – Kalamata

Route: Wir verlassen **Nafplion** auf guter Straße in nördlicher Richtung, erreichen nach 12 km die Hauptstadt der Region Argolis, **Argos,** biegen hier nach Süden ab und passieren nach weiteren 11 km das wieder am Meer liegende Städtchen **Mili,** in dessen Nähe das antike **Lérna** liegt, das früher einmal von einem weiten Sumpf umgeben war. Hier soll ein weiterer Eingang zur Unterwelt

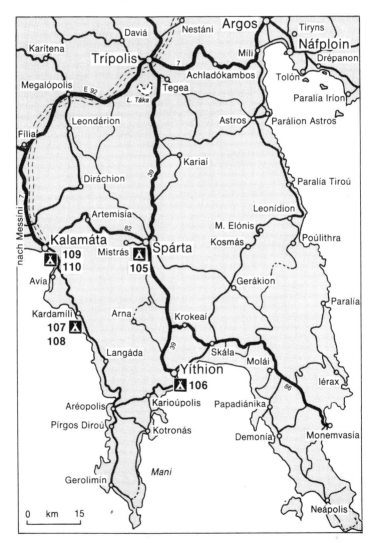

136

gewesen sein, durch den Dionysos seine Mutter zurückholte. Heute können hier unter anderem die Reste eines Hauses aus der Steinzeit bewundert werden.

Touristischer Hinweis:
Im kleinen Städtchen **Mili** findet man den *Campingplatz Lerna*. Das Gelände liegt gut schattig unter hohen Eukalyptusbäumen zwischen der Küstenstraße und der Eisenbahn und verfügt über ordentliche Einrichtungen. Jenseits der Küstenstraße bestehen auch Bademöglichkeiten an einem schmalen Sandstrand. Das Gelände ist für Übernachtungen geeignet.

Unsere Route wendet sich nun landeinwärts und erklimmt in zahllosen Schleifen und Kurven die karstigen Hänge des ‚Ktenias-Gebirges‘ mit prächtigen Ausblicken auf das tief unten liegende Meer. Über einen namenlosen Paß, lange Hochtäler, öde Bergrücken und kahle Landschaft erklimmen wir den *Parthénion-Paß* (580 m), um jenseits in einigen, großen Straßenwindungen nach **Tripolis** hinabzufahren. Die wirtschaftlich bedeutende Stadt hat dem Touristen nichts zu bieten, wenn man von ihrer weiteren Umgebung einmal absieht. Wir wenden uns nach Süden auf der Straße nach Sparta und passieren nach ca. 6 km einen Abzweig zum Städtchen **Piali,** in dessen unmittelbarer Nähe das antike Tegéa liegt, einst lange Zeit hindurch die mächtigste Stadt des Peloponnes. Erst Sparta machte dieser Vorherrschaft ein Ende und noch heute sind recht interessante Ruinen zu besichtigen.
Unsere Route verläuft weiter nach Süden, führt am nahezu restlos ausgetrockneten See von Táka vorbei, erklimmt einige Hügel und führt durch sehr einsame Landschaften in zahllosen Kurven wieder hinab in die fruchtbare Ebene von **Sparta** (gesamt 135 km).

Sparta

So berühmt diese Stadt auch einst wegen ihrer Waffenstärke, der Gesetzgebung und dem Staatswesen war, vom Glanz der alten Tage ist heute nichts mehr zu sehen. Im Jahre 1834 wurde sie in neuem Maßstab von König Otto auf dem südlichsten der sechs Hügel wieder errichtet, und ihre schnurgeraden Straßen und unbedeutenden Ruinen können den Besucher sehr leicht enttäuschen.
Trotzdem findet man in unmittelbarer Nähe eine der größten Sehenswürdigkeiten von Griechenland – *Mistrás!* Diese erst im Jahre 1248 gegründete Stadt ist ein atemberaubendes Erlebnis, selbst wenn man kein Freund von antiken Stätten ist. Denn die hervorragend erhaltene, mittelalterliche Stadt in der prächtigen Landschaft mit

Mistrás: Dächer von Pantanassa

ihren zahllosen Häusern, Klöstern, Palästen und Kirchen ist ein einzigartiges Beispiel für byzantinische Kunst. Für einen ausgiebigen Rundgang sollte man mindestens 2 bis 3 Stunden rechnen – und diese Stunden werden mit Sicherheit zu einem Höhepunkt eines Griechenlandurlaubes!

 Camping Mistras ✿ **105**
Mistras bei Sparta (Pelop.), ☎ (0731) 22724, (I–XII), 0,5 ha, 50 St.

Genau auf halber Strecke zwischen Sparta und Mistras mit den berühmten, archäologischen Stätten liegt hinter einer Tankstelle an der Straße der kleine Übernachtungsplatz. Das ebene Kiesgelände ist in Parzellen aufgeteilt, die teils mit Mattendächern überspannt sind. Die sanitäre Einrichtung ist zufriedenstellend und zweckerfüllend, mehr aber nicht. Eine kleine Café-Bar mit Miniladen ergänzen das Serviceangebot. Weitere Versorgungsmöglichkeiten mit Läden und Restaurants findet man im Dorf.

Da die nahen Kulturstätten sehr stark besucht sind, kann es im Sommer auf dem kleinen Platz schon manchmal sehr eng werden, doch für eine Übernachtung stellt man zumeist keine großen Ansprüche.

Ein Tip: Alternativroute Nafplion – Sparta
Wer ein wenig Abenteuer liebt, die normalen Touristenrouten gerne meidet und auch seinem Auto einiges zutraut, sollte folgend beschriebenen Weg benützen: Von **Nafplion/Argos** führt die Straße von außerordentlichem Reiz, herrlichen Landschaften, teilweise beschwerliche Bergstrecken und miserablen Teilstükken ca. 45 km fast immer entlang des Meeres nach **Leonidion.** Auf der gesamten Route findet man teilweise schöne Panoramen, stille Buchten, vom Tourismus völlig unberührt. Das Wasser ist an dieser Küste besonders klar und sauber, und die Felsen sind ein Paradies für Schnorchler, Taucher, Windsurfer und Segler. Leonidion ist ein unverfälschter, hübscher, alter Ort, aber schon nicht mehr am Meer gelegen. Bescheidene Unterkunftsmöglichkeiten bestehen in Pensionen und Privatzimmern, doch das Angebot ist spärlich.

Ab Leonidion wird es ‚wild‘, die Straße führt in die immer steiler aufragenden Berge, und zahllose Kurven führen durch einen tiefen Taleinschnitt. In diesem erblickt man bald darauf weiß leuchtend hoch oben am linken Berghang das *Kloster Elonis,* auch die Straße führt dort hinauf. Die Überraschung wird perfekt, denn der Fahrweg wird bis auf wenige, kleine Teilstücke plötzlich sehr gut und windet sich in kühnen Serpentinen den steilen Berghang stetig hinauf. Das Kloster ist sehr sehenswert, und man sollte auf keinen Fall auf eine Besichtigung verzichten. Wie ein Schwalbennest klebt es am Felsen, herrlich der Panoramablick von der Brüstung der Terrasse.

Auf weiterhin sehr guter, neuer Straße geht es wieder in Serpentinen weiter, bis eine Hochfläche erreicht wird. Auf dieser liegt dann das wunderschöne, malerische Dörfchen **Kosmás,** dessen enge Ortsdurchfahrten für größere Fahrzeuge problematisch sein können. In dieser Höhe ist es bereits um einiges kühler als am Meer. Man ist in den Bergen und das prächtige Grün mächtiger, alter Bäume auf dem hübschen, mit Steinplatten ausgelegten Dorfplatz fällt sofort ins Auge und lädt zum Verweilen ein.

Ab Kosmás wird die Straße sehr schlecht – nicht mehr geteert, sehr schmal, staubig und mit Löchern übersät, sehr kurvig und ohne Randsicherung. Dafür ist sie aber von landschaftlichem Reiz. Sogar Nadelwälder sind hier anzutreffen, und die Gegend gleicht einem Almgelände. Nach etlichen Kilometern senkt sich die Straße talwärts und führt zum Schluß geradlinig zur Asphaltstraße, die von ‚Yerakion‘ nach Sparta führt. Durch hügelige, mit Olivenhainen bestandene Landschaften erreicht man dann Sparta. –

Route: Von **Sparta** besteht eine neue, direkte Verbindung auf guter, jedoch äußerst kurvenreicher Straße über das ‚Taiyetos-Gebirge‘ in prächtiger Landschaft nach **Kalamata** (60 km). Hierbei wird auch die eindrucksvolle ‚Langada-Schlucht‘ durchfahren, der Höhepunkt der Route.

Wir wenden uns von Sparta nach Süden und folgen von weitem dem Flußlauf des ‚Evrótas‘ durch fruchtbare Landschaften, um dann in hügeliges Gebiet einzutauchen. Nach ca. 25 km treffen wir auf eine Straßenkreuzung, die linker Hand zum Ostfinger des Peloponnes führt und uns rechter Hand auf sehr kurvenreicher Strecke nach 25 km **Yithion** erreichen läßt.

Yithion

Das kleine, Hafenstädtchen am weiten, lakonischen Golf war einst der Hafen von Sparta und behielt seine Bedeutung auch zu römischen Zeiten. Selbst heute ist es noch Ausfuhrhafen der landwirtschaftlichen Produkte des Hinterlandes, wobei der Fischfang eine besondere Rolle spielt.

Vom Tourismus ist noch wenig zu spüren, die Tavernen sind von Einheimischen bevölkert, und das Leben geht seinen gemächlichen Gang. Malerisch liegt das Inselchen ‚Kranai‘ vor der Stadt. Eine Art Damm stellt den Verbindungsweg dar.

Mehr Bedeutung könnte dem Städtchen zukommen, wenn die für 1980 geplante Kreta-Fähre ihren Verkehr aufnehmen sollte, denn hierdurch könnten die Schiffahrtszeiten wesentlich verkürzt werden.

▲ **Camping Gythion Beach** ✿ **106**
Yithion (Pelop.), ☎ (0733) 225 22, (I–XII), 5 ha, 200 St.

Vorerst ist Camping Githion der einzigste Platz in weitem Umkreis, und durch die baldige Fährverbindung nach Kreta kann er eine bedeutende Stellung einnehmen.

Die gegenwärtige Ruhe und Abgeschiedenheit wird dann auch für den schönen, ca. 6 km langen Sandstrand vorbei sein, an den der Platz angrenzt. Das ebene, teils schattige Wiesengelände liegt unter Feigen-, Oliven- und Zitrusbäumen und ist weitgehend unberührt.

Die sanitären Einrichtungen sind nicht sehr komfortabel, jedoch den Anforderungen entsprechend und der bisherigen Frequentierung des Campings genügend. Am Strand ist ein Restaurant und gleich dahinter das Lebensmitteldepot. Die Küche bietet gute, griechische Gerichte, aber auch auf die Touristen abgestimmte Menues.

Der Strand ist von hervorragender Qualität, Sand mit feinem Kiesel und klares Wasser, das rasch tiefer wird. Die Bademöglichkeiten für Nichtschwimmer sind daher begrenzt. Die Wassersportler, vor allem Windsurfer und Segler, finden ein sehr gutes Revier mit oft starkem Wind. Könner der Materie können sich hier austoben. Hier und da sind erste Anfänge eines FKK-Lebens am einsamen Strand zu sehen, jedoch äußerst vorsichtig praktiziert, wie wir selbst feststellen konnten. Hundeverbot.

🄿 Meer und Strand.

➡ Der Platz liegt ca. 5 km südlich des Ortes nahe der Landstraße Yithion-Limenion.

♜ Ausflüge nach Sparta, zu den Grotten von Dirou und auf die beiden Hauptfinger (Halbinseln) des Peloponnes.

Route: Von **Yithion** halten wir uns noch einige Kilometer südlich am Meer entlang, wenden uns dann nach Westen in die Berge hinauf, durchqueren eine Schlucht und erreichen bei **Areópolis** die Westseite der Halbinsel, die ‚Mani' genannt wird.

Hier sollte man unbedingt einen 12 km langen Abstecher nach Süden machen (Richtung ‚Yerolimin'), um die *Grotten von Dirou* zu besuchen. Zwei von den drei großartigen Tropfsteinhöhlen sind entweder per Wasser oder per Landweg zu besichtigen. Gegen ein geringes Entgelt werden Führungen veranstaltet. Wir wenden uns nun wieder nach Norden, passieren Areópolis und treffen kurz danach auf eine große, fjordähnliche Bucht, die zugleich die letzte Badegelegenheit vor den folgenden 40 km darstellt. Die Straße steigt nun an und führt hoch über dem Meer durch karstige Gebirgshänge mit prächtigen Ausblicken über die Küste. Verschiedene, kleine, malerische Ortschaften werden durchfahren, die in ihrer Einsamkeit nahezu an das ‚Ende der Welt' erinnern. In **Kardamili** sehen wir dann wieder die ersten Strände und finden zwei Campingplätze:

▲ **Camping Delphinia** ✿   **107**
Kardamili (Pelop.), (I–XII), 1,5 ha, 80 St.

Knapp neben der Küstenstraße, ca. 30 m oberhalb einer prachtvollen, von Felsen begrenzten Bucht liegt bei einem Restaurant in einem Olivenhain die Campinggelegenheit.

Die notwendigste, sanitäre Einrichtung ist vorhanden, für die Versorgung sind ein Miniladen und vor allem das Gasthaus mit Bar gedacht.
Anspruchslose, naturverbundene Camper kommen hier voll auf ihre Kosten. Die stark gegliederte Felsküste mit eingelagerten Buchten bietet vielseitige Möglichkeiten für die Entdeckung immer neuer, interessanter Badeplätzchen.

➡ Der Platz liegt ca. 6 km südlich von Kardamili an der Küstenstraße.

♜ Ausflüge führen nach Kalamata und zu den Grotten von Dirou.

▲ Camping Kardamili ✿   108
Kardamili (Pelop.), ☎ (0721) 73211, (IV–X), 1,2 ha, 60 St.

Direkt am Meer, hier mit Felsküste, und am nördlichen Ortsrand, liegt in einem ebenen, schattigen Olivenhain der bescheidene Campingplatz.
Trotz der Einfachheit ist das Gelände gut besucht, was vielleicht an dem netten, kleinen Ort und dem in der Nähe befindlichen, schönen, jedoch groben Kieselstrand liegt. Das Wasser ist besonders klar und für Unterwasserfans ein Eldorado, ebenso auch für Segler.
Der Ort besteht hauptsächlich aus der kurzen Dorfstraße mit Boutiquen, Läden und Tavernen mit hübschen Hinterhöfen. Hier spielt sich das Urlauberleben noch bescheiden und sehr ruhig ab.
Das Campinggelände ist mehr als Campingmöglichkeit zu werten, wobei die sanitären Verhältnisse sehr knapp sind. Die Besitzer des Geländes, zwei Brüder, sind sehr freundlich und entgegenkommend.
Neben dem Camping befindet sich ein kleiner Sportplatz, auf dem Kinder nach Herzenslust bolzen können. Anschließend ein lichter Olivenhain, in dem vorzugsweise frei gezeltet wird.

➡ Die Zufahrt führt von der Küstenstraße am nördlichen Ortsrand zum Meer.

♜ Ausflüge nach Kalamata und zu den Grotten von Dirou.

Route: Von **Kardamili** steigt die Küstenstraße noch einmal kräftig an, um abseits vom Meer einen Bergrücken zu überwinden. Leicht abfallend folgen wir dann der gewundenen und sehr kurvigen Strecke durch silbern glänzende Olivenhaine, um nahe dem Strand in **Kalamata** einzufahren.

Kalamata
Kalamata ist ein bescheidener Badeort mit einem kleinen Hafen, der sich regen Schiffsverkehrs erfreut. Die weite Kiesbucht erstreckt sich über etliche Kilometer, wird durch Sandzonen unterbrochen und ist dem Massentourismus trotz einiger Campingplätze noch unbekannt.
Von der Lage ist Kalamata sozusagen ein Knotenpunkt. Eine Route führt

Mani: Geschlechtertürme

Kalamata

nach Sparta, eine andere direkt nach Tripolis bzw. über Kalón Neron nach Patras. Eine weitere Straße verläuft nach Messini und Pilos, das auf der Westseite der dritten Halbinsel des Peloponnes liegt. Zugleich ist Kalamata der günstigste Ausgangspunkt für die gesamte Halbinsel Mani, die auf Grund ihrer mehrstöckigen Wohntürme der Maniaten für Kenner Griechenlands äußerst interessant ist.

 Maria Camping Sea and Sun ✿ ✿   **109**
Kalamata (Pelop.), ☎ (0721) 413 14, (I–XII), 1,5 ha, 150 St.

Von den vielen Plätzen im Bereich von Kalamata ist Marias Camping der Beste. Grund dafür sind die sehr bemühten, über die Maßen freundlichen und hilfsbereiten Besitzer, die sich um jeden Gast mit großer Herzlichkeit kümmern. Daher ist das Gelände auch recht gut besucht, und in der Hochsaison ist eine Reservierung zu emfehlen. Dies ist ein wenig verwunderlich, da der Strand nicht gerade attraktiv ist und mit groben Kieseln steil ins Wasser abbricht.
Die sanitären Belange liegen über dem Durchschnitt. Die Mühen der Besitzerfrau sind deutlich in der guten Wartung und der Sauberkeit zu erkennen, und selbst die Warmduschen in den gekachelten Räumen funktionieren reibungslos.
Ein Laden bietet die notwendigen Lebensmittel, und das Restaurant mit Selbstbedienung werden von den Gästen gerne aufgesucht. Auf der Freiterrasse sitzt man unter Weinreben und erholt sich im kühlen Schatten mit einem Glas des vorzüglichen, einheimischen Rezinas. Das Campinggelände bietet auf den ebenen und parzellierten Stellplätzen angenehmen Schatten durch alte, knorrige Olivenbäume. Stromanschlußmöglichkeiten sind vorhanden. Wer will, kann auch auf Zimmer zurückgreifen, 10 Stück sind derzeit zu vermieten. Kein Hundeverbot.

🅿   Meer und Strand.

➡   Von Kalamata fährt man ca. 6 km auf der Küstenstraße nach Süden, um dann bei einem auffallenden Hinweisschild zum Platz abzubiegen.

♜   Ausflüge nach Kalamata, Sparta, Mistra, Halbinsel Mani, Dirou-Grotten und Pilos (Nestor-Palast).
Benachbarter Platz: Camping Sion Aghia Verga.

 Camping Patista ✿   **110**
Kalamata (Pelop.), ☎ (0721) 295 25, (I–XII), 2 ha, 200 St.

Im Reigen der nahe zusammenliegenden Plätze am südlichen Ortsrand und an der großen Bucht, nur durch die Küstenstraße vom Meer getrennt, ist dieser Camping trotz bescheidener Verhältnisse der angenehmste und stadtnächste Platz.
Das Campinggelände ist eine ebene Wiese in einem ausgedehnten Zitrusfrüchtehain. Die Bäume stehen recht dicht, was zwar guten Schatten gewährleistet, aber für größere Gespanne leicht problematisch werden kann. Die einzigen Einrichtungen sind sanitäre Anlagen, die aber völlig veraltet sind und den modernen Erfordernissen nicht mehr gerecht werden können. Lediglich ein

Miniladen ist noch zu finden, Restaurants befinden sich in nächster Nähe. Zum Meer muß man über die Küstenstraße wechseln. Man findet wenig attraktiven Kiesstrand, keinerlei Service, geschweige denn ein Sportangebot. Durch eine in der Nähe befindliche Diskothek können zuweilen Ruhestörungen auftreten, dafür findet man aber ein wenig Unterhaltung, wie wir selbst feststellten. Kein Hundeverbot.

🄿 Meer und Strand (50 m, über die Straße). Diskothek (100 m).

➡ Der erste Platz südlich des Ortes in Richtung Kardamili.

♖ Ausflüge nach Kalamata, Sparta, Mistra, Halbinsel Mani, Dirou-Grotten und Pilos (Nestor-Palast).
Benachbarte Plätze: Camping Fare/Camping Elite.

Patras – Pirgos – Pilos – Kalamata

Route: Wir verlassen **Patras** auf der ordentlichen Asphaltstraße nach Süden in Richtung ‚Pirgos', fahren einige Kilometer am Meer entlang und sehen dann linker Hand auf einem Hügel die weiten Weinanbaugebiete der größten Weinkellerei von Griechenland – Achaia Clauss. Machen Sie eine kurze Rast und ‚trinken Sie sich' durch die Keller, Ihr Gaumen wird entzückt sein! Weiter führt unsere Route nach Süden und erreicht nach 24 km den Ort **Kato Achaia,** der auf den Ruinen des antiken ‚Dyme' erbaut sein soll. Hier finden wir nachfolgend beschriebene Campingplätze.

🄰 Camping Golden Sunset ✿ ✿   111
Alyssos (Pelop.), ☎ (0693) 7 12 76, (IV–X), 2,5 ha, 200 St.

Das weitflächige und ebene Wiesengelände erstreckt sich unter junggepflanzten Bäumen sowie vereinzelten Strohdächern zwischen der Küstenhauptstraße und dem Meer. Campstraßen erschließen das Gelände in Rechtecken, Stromanschlüsse für Caravans sind vorhanden.
Fünf Sanitärbauten modernerer Bauart mit allen Installationen sowie Warmduschen sind auf dem Terrain verteilt und machen einen ordentlichen Eindruck. Außerdem findet man ein Selbstbedienungsrestaurant, einen Supermarkt mit ordentlichem Angebot sowie einen eigenen Raum zum Geschirrspülen und Wäschewaschen. Auch eine Küche für Gäste, die keine eigenen Kocher dabeihaben, ist vorhanden.
Der Strand besteht aus Kiesel mit eingelagerten Sandstellen, wird relativ rasch tiefer und lädt zum Baden ein. Hier findet man auch Bootsverleih sowie Tischtennis. Außerdem besteht ein Feld für Fußball, Basketball sowie Volleyball, Tennisplätze. Kinder vergnügen sich auf einem Spielplatz.

🄿 Meer und Strand, Bootsverleih, Spielfelder, Tischtennis, Tennis, Kinderspielplatz. Benachbart liegt die Discothek „Green Park".

➡ Die Zufahrt zum Platz ist 20 km südlich von Patras unmittelbar an der Küstenhauptstraße deutlich und unübersehbar beschildert.

Patras – Pirgos – Pilos – Kalamata

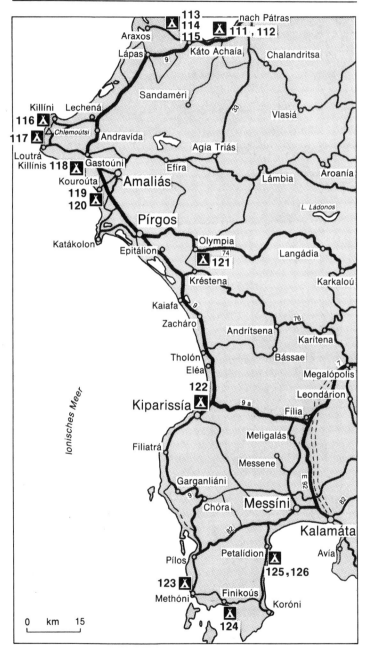

144

♜ Ausflüge nach Patras, zu den Weinkellern von „Achaia Clauss" und nach Killini Beach.

▲ Camping Kato Alyssos ✿ ✿ 112
Alyssos (Pelop.), ☎ (0693) 71249, (V–IX), 2 ha, 150 St.

Das ebene Wiesengelände erstreckt sich unter lichten Olivenbäumen sowie einigen, jung gepflanzten Pappeln inmitten von Obsthainen und verspricht Ruhe und Ungestörtheit. In der Mitte des Terrains wurden die Gebäude angelegt, die aus drei ordentlichen Sanitäranlagen mit Warmduschen sowie allen Arten von Installationen bestehen. Zentral liegt hier auch ein kleiner Minimarkt. Stromanschlüsse für Caravans sowie ein freundliches Management vervollkommnen den Service.

Zwischen dem Platzeingang und dem tiefer liegenden Strand liegt ein Restaurant, das sich durch gute einheimische Speisen sowie durch seinen typischen, griechischen Tavernenstil unter schattigen Bäumen auszeichnet. Sehr schön ist hier die Aussicht von der hochgelegenen Freiterrasse auf Patras und die gegenüberliegenden, hohen und imposanten Berge.

Tiefer liegt der Strand, der noch als verhältnismäßig einsam bezeichnet werden kann und mit seinem klaren Wasser sowie seinen Kieseln zum Baden einlädt.

🏊 Meer und Strand (50 m).

➡ Die Zufahrt zum Platz zweigt 20 km südlich von Patras von der Küstenhauptstraße unmittelbar vor dem Bahnübergang beschildert rechts (meerwärts) ab, führt 400 m Richtung Wasser und biegt dann noch 100 m auf einer Staubstraße rechter Hand zum Gelände ab.

♜ Ausflüge nach Patras, zu den Weinkellern von „Achaia Clauss" und nach Killini Beach.

▲ Camping Kato Achaia ✿ 113
Kato Achaia (Pelop.), ☎ (0693) 22400, (I–XII), 1,5 ha, 200 St.

In leicht trister Umgebung liegt dieser Campingplatz recht hübsch am Meer, wobei das ebene Wiesen- und Sandgelände durch Buschwerk und Mattendächer sowie durch junge Bäume mittelmäßig beschattet wird.

Die Besitzerin ist Deutsche, seit vielen Jahren in Griechenland ansässig, und die Pflege des Platzes wie auch der eigentlich einfachen Sanitäranlagen ist recht ordentlich.

Auf dem Gelände gibt es nur in beschränktem Maße Lebensmittel zu kaufen, ein Restaurant ist in ca. 400 m Entfernung zu finden. Einige Stromanschlüsse stehen für Caravans zur Verfügung. Das Angenehmste ist aber die nette Atmosphäre auf dem Platz – man kann sich wohlfühlen.

Das Meer eignet sich sehr gut zum Baden. Der gemischt sandige und leicht kiesige Strand fällt flach ins Wasser ab. Wassersportler sollten sich vor einem Felsriff sowie einer Sandbank, die dem Strand vorgelagert sind, hüten. Kein Hundeverbot.

🏊 Meer und Strand.

Kato Achaia

➡️ Die Zufahrt führt von der Ortsmitte in Richtung ‚Lakkopetra' und weiter beschildert zum Platz.

♟️ Ausflüge nach Patras, zu den Weinkellern von ‚Achaia Clauss' und nach Killini Beach.

🏕️ Camping Aliki ✿ ✿ ✿   114
Kato Achaia (Pelop.), ☎ (0693) 22730, (V–X), 1,8 ha, 60 St.

Dieses neu eröffnete Camping-Terrain macht einen sehr ordentlichen Eindruck und der Besitzer scheute keine Mühe, seinen Platz attraktiv zu gestalten. Vom Meer her ansteigend wurden in einem mittelsteilen Hügelhang breite, platzgebende Querterrassen geschaffen, die von nahezu allen Stellplätzen eine sehr schöne Aussicht auf die Küste und auf die gegenüberliegenden Berge bieten. Teils spenden Obstbäume Schatten, teils wurden einige Schattendächer angelegt. Stromanschlüsse für Caravans sind ebenso vorhanden wie überall verteilte Trinkwasserzapfstellen. Das gesamte Gelände wird von einer seitlich betonierten Auffahrtsrampe erschlossen, die bis zu 10 % Steigung aufweist.
Am Campingeingang findet man einen großzügigen Bau, der neben der modernen Rezeption ein ansprechendes Restaurant mit gemütlicher, großer Freiterrasse sowie Grill bietet. Die Aussicht schweift ungestört über das Meer, als abendlicher Treffpunkt ist dieser Ort sehr gut geeignet. Ebenfalls findet man hier einen kleinen Minimarkt mit allen notwendigen Dingen sowie einen Raum zum Geschirrspülen mit Warmwasser und einer eigenen Küche für die Gäste. Etwas höher gelegen erstreckt sich das Sanitärgebäude, das neben einer vollständigen Kachelung Warmwasser an allen Installationen bietet. Auch Warmduschen sind reichlich vorhanden. Für Ordnung und Sauberkeit wird gesorgt, und man kann hoffen, daß es auch weiterhin so bleibt.
Unmittelbar vor dem Camping erstreckt sich der nahezu endlose Strand, der aus einem Gemisch von Sand und Kies besteht und klares Wasser aufweist. Die Bademöglichkeiten sind sehr schön, auch Wassersportler können mit ihren eigenen Geräten glücklich werden. Zu erwähnen ist ein schmaler Küstenweg, der zwischen Strand und Campingplatz verläuft.

🌊 Meer und Strand, gute Wassersportmöglichkeiten.

➡️ Die Zufahrt führt von der Ortsmitte in Richtung „Lakkopetra", verläuft durch eine winzige Ortschaft und leitet dann unmittelbar am Meer beschildert zum Platz (3 km).

♟️ Ausflüge nach Patras, zu den Weinkellern von „Achaia Clauss" und nach Killini Beach sowie Olympia.

🏕️ Camping Niforeika Beach ✿   115
Kato Achaia (Pelop.), ☎ (0693) 22539, (IV–X), 1 ha, 100 St.

Der Platz befindet sich noch im Aufbau und ist daher nur sehr kurz zu beschreiben. Auf ebenem Gelände mit Sandboden liegt die ganze Campingzone hoch über dem Meer auf einer Art Plateau. Die Aussicht ist teilweise sehr schön und ansprechend, aber dafür kann der Wind zuweilen sehr lästig sein. Zum

Kiesstrand, abgeschieden, ruhig und unter der Steilküste gelegen, führt ein kurzer Fahrweg.
Die Sanitäranlage des Platzes ist neu, sehr ordentlich und alle Räume sind gekachelt und gepflegt. Doch damit ist das Leistungsangebot auch schon erschöpft, wenn man von einer Kombination aus Einkaufsladen und Snackbar mit Bar absieht. Einige Stromanschlüsse für Caravans wurden auch schon geschaffen, der Platz soll noch ausgebaut werden.

🐟 Meer und Strand (200 m), über Fahrweg erreichbar.

➡ Die Zufahrt geht vom Ort um viele Ecken herum durch landwirtschaftliche Kulturen auf staubigen Fahrwegen, man meint, bis an das Ende der Welt.

♜ Ausflüge siehe Camping Kato Achaia.

Route: Unsere Route führt uns von **Kato Achaia** von der Küste weg ins Inland und auf gut ausgebauter Schnellstraße durchfahren wir weite, landwirtschaftlich genutzte Ebenen, die wenig Abwechslung für das Auge bieten. Wir passieren verschiedene, kleine Orte und erreichen nach ca. 40 km bei Dorf **Andravida** den Straßenabzweig, der uns rechter Hand nach **Killini** bringt (15 km).

Killini – Loutra Killinis

Die kleine Ortschaft Killini mit dem Fährhafen zur Insel Sakinthos wurde durch eine große, ausgedehnte Hotelanlage berühmt, die an dem langen, goldfarbenen Sandstrand das Landschaftsbild nicht gerade hebt.
Einige Kilometer südlich liegt Loutra Killinis, schon in der Antike ein Heilbad, heute durch die ‚Griechische Zentrale für Fremdenverkehr' in ständigem Ausbau begriffen. Neben der Heilquelle kann vor allem der kilometerlange, feinsandige Strand mit hohen Dünen gefallen, nahezu einzigartig in seiner Art in Griechenland. Weitflächigkeit, Einsamkeit und Menschenleere sind hier Trumph. Wenn nicht die heiße Sonne wäre, man würde sich an die Atlantikküste versetzt fühlen.
Zwischen beiden Orten liegt die von den Türken geschliffene Burg Chlemutsi, deren bewundernswerte, riesige Halle einen guten Eindruck von der Trutzigkeit fränkischer Burgen vermittelt.

▲ **Camping Killini EOT** ✿ ✿ ✿ ✿ **116**
Loutra Killinis (Pelop.), ☎ (0623) 96254, (IV–X), 8 ha, 120 St.

In der Reihe der EOT-Plätze nimmt dieser Camping ganz gewiß eine Sonderstellung ein. Kaum ein anderer Platz, abgesehen von Athen, wird dermaßen stark besucht, so daß es in der Hochsaison nahezu unmöglich ist, ohne Reservierung einen Stellplatz zu erhalten.
Mehrere Dinge begründen die Sonderstellung. Da ist einmal die Lage. Auf einem weiten Hang, der sich zum Meer absenkt, sind die einzelnen, großzügigen Stellplätze auf geebneten Plateaus angelegt. Jede Parzelle ist von Buschanpflanzungen und Blumenanlagen umgeben, die verschiedenen Zonen durch Bäume und Geländestufen unterteilt und aufgelockert. Ein Großteil der Stellplätze hat

Killini – Loutra Killinis

auch Betonplatten, die entweder als Standfläche für Caravans (Stromanschluß-möglichkeiten) oder als gefestigte Terrasse ihren Zweck erfüllen.

Ein weiterer Grund der Sonderstellung ist ganz sicher das insgesamt gesehen moderne Konzept der Campinganlage. Die zeitgemäßen, sanitären Bauten haben gute Installationen und sämtliche Räume sind mit Fliesen ausgelegt. Die Pflege läßt ein wenig zu wünschen übrig, was an Einzelheiten zu erkennen ist – allerdings tragen die Camper selber einen großen Teil von Mitschuld an diesen Zuständen, denn vieles wird mutwillig zerstört, wofür die beste Leitung nun wirklich nichts kann.

Auch die Infrastruktur des Platzes ist zufriedenstellend. Großzügige Bauten mit Restaurant, mehreren Freiterrassen, Café-Bar, Lebensmittelladen, Erste-Hilfe-Station, Kinderspielgerät am Strand, zwei Tennisplätze mit Asphaltbelag, Spielfelder für Basketball und Volleyball, Diskothek – es ist einiges für die Freizeitgestaltung vorhanden.

Ein weiteres Plus der Anlage ist im breiten Strand begründet, der in einer herrlichen Bucht, die von Dünen begrenzt wird, unterhalb des Geländes liegt. Der Wassersport-Fan findet hier so richtig nach seinem Geschmack das ideale Revier. Der pünktlich auftretende Wind, in den frühen Nachmittagen kräftig auffrischend, läßt Segler und Windsurfer so richtig austoben.

Der Strand ist nahezu endlos lang und ideal für Kinder. Viel Platz für Spiele und Bolzen, jeder findet hier, was er im Urlaub sucht.

Eine große Anzahl von festen Bungalows können gemietet werden, und sie sind hervorragend in das Bild des Camping eingepaßt. Fazit: Trotz einiger Mängel im Sanitärbereich und der unpersönlichen Atmosphäre, auch in der Leitung begründet, ist dieser Platz zu empfehlen. Hundeverbot.

🅿 Meer und Strand, Kinderspielplatz, Tennis, Tischtennis, Basket- und Volleyball, Diskothek.

➡ Die Zufahrt führt von der Straße Patras-Pirgos im Ort Lechaena meer-wärts ab und noch 22 km zum Platz.

♖ Kloster, Burg Chlemutsi, Killini, Insel Sakinthos.

▲ Camping Agginara Beach ✿ ✿ ✿ 117
Lygia-Ilias bei L. Killinis (Pelop.), ☎ (0623) 96211, (I–XII), 3 ha, 250 St.

Völlig konträr zum EOT-Camping ist dieses Terrain besonders demjenigen zu empfehlen, der eine gewisse Intimität und Ruhe wünscht.

In abseitiger, sehr ruhiger Lage befindet sich dieser Camping an einem herrlichen Strandteil. Hier ist noch unverfälschte Natur zu finden, das kleine Felsriff, der körnige Sand, die Büsche, der kleine Dünenwall und das natürliche Kinderbassin, für die Kleinen schlechthin ideal.

Der Platz selber ist teils eine ebene Wiese, teils ein Sandstreifen, der vom Zentralbau in der Platzmitte beherrscht wird. Das Gelände ist in Parzellen aufgeteilt. Leichter Schatten wird durch vereinzelte Bäume und Mattendächer geboten.

Allzu großen Komfort gibt es nicht, aber die Anlagen der Hygiene und Versorgung sind ordentlich, zweckentsprechend und gepflegt. Die Besitzer, ein jüngeres Paar, der Grieche, sie Französin, geben sich redliche Mühe. Der Platz strahlt eine lockere, gemütliche Atmosphäre aus – er gefällt.

🏊 Meer und Strand.

➡ Von der Küstenstraße Patras-Pirgos biegt man in Gastouni meerwärts ab, fährt weiter nach Loutra Killinis, hier nach Lygia und auf einem Feldweg 1,5 km zum Platz.

♜ Kloster, Burg Chlemutsi, Killini, Insel Sakinthos.

Camping Panorama Beach ✿ ✿   118
Lehena (Pelop.), (IV–X), 2,2 ha, 100 St.

Das ebene Sand- und Wiesengelände liegt inmitten von weiten Feldern in Strandnähe und ist mit jungen Bäumchen bepflanzt. Außerdem spenden schmale Strohdächer ein wenig Schatten, insgesamt ist die Lage abgeschieden und sehr ruhig. Am Eingang hinter der Rezeption sind verschiedene Gebäude aneinandergereiht, die die Sanitäranlagen mit Warmwasserversorgung an allen Installationen sowie Warmduschen enthalten. Auch ein Minimarkt sowie ein Restaurant mit Grill sind zu finden. Eine Discothek sorgt für abendliche Unterhaltung, ansonsten ergänzen nur Stromanschlüsse für Caravans die Ausstattung.
Bemerkenswert ist der endlose und echte Naturstrand, der mit feinem Sand ins Wasser flach abfällt und ungetrübte Badefreuden verspricht. Auch Kinder sind hier bestens aufgehoben.
Der Platz ist insgesamt noch im Aufbau und verspricht einmal sehr schön zu werden.

🏊 Meer und Strand (außerordentlich schön). Hier auch gute FKK-Möglichkeiten. Geplant ist eine Windsurfing-Schule.

➡ Die Zufahrt zum Gelände führt von der Küstenstraße südlich von Patras im Ort Lehena gut beschildert durch das Örtchen, dann auf 4 km Staubpiste zum Gelände. Auch für Caravans unschwierig zu fahren.

♜ Ausflüge nach Patras, zu den Weinkellern von „Achaia Clauss" und nach Killini Beach.

Camping Kourouta ✿ ✿   119
Kourouta bei Amalias (Pelop.), ☎ (0622) 22901, (III–XI), 2,5 ha, 150 St.

Ca. 25 km südlich von Loutra Killinis liegt dieser mit einer langen Tradition behaftete Campingplatz, der einer der ersten auf dem Peloponnes gewesen ist. So nimmt es denn nicht Wunder, daß das Gelände stets gut besucht ist. Der Platz besteht aus Wiesenflächen und Sandstreifen, die durch einen Wassergraben genau in der Mitte geteilt sind. Für Schatten sorgen Gebüsch und Bäume sowie zusätzliche Mattendächer.
Die sanitären Bauten sind nicht mehr als neu zu bezeichnen, jedoch in ordentlichem Zustand. Die Einrichtung ist funktionell und teilweise Kachelung

beeinflussen den Gesamteindruck positiv. Ein echter Service ist eine große Kühlbox, gratis für die Gäste und ein Restaurantbetrieb mit hervorragender, griechischer Küche und ausgefallenen Spezialitäten. Wer keine Zeit verlieren will, findet auch Selbstbedienung bei Fertigspeisen. Die Räumlichkeiten des Restaurants sind halb offene, überdeckte Konstruktionen. Für gelegentliche Feste wurde eine Tanzfläche ausgespart.

Der Strand ist von guter, körniger Sandqualität, und Boote können problemlos zu Wasser gebracht werden. Die Leitung des Platzes liegt in den Händen einer Familie, die längere Zeit in Deutschland verbracht hat. Kein Hundeverbot.

🏊 Meer und Strand.

➡ Von der Küstenstraße führt bei dem Ort ‚Amalias' ein beschildeter Abzweig ca. 2 km zum Meer und Platz.

♜ Olympia, Loutra Killinis, Killini.

⛺ Camping Paradis ✿ ✿ 120
Palouki bei Amalias (Pelop.), ☎ (0622) 22721, (IV–X),
3 ha, 300 St.

Der ebene Wiesenplatz mit teilweise sandigen Flächen ist unmittelbar am Meer gelegen, das hier ca. 4 m tiefer als das Plateau des Campingplatzes liegt. Ein Teil des Geländes liegt unter Laubbäumen, aber auch zusätzliche Mattendächer schützen vor der Sonne. Viel Lebensraum wird dem einzelnen Gast geboten, doch der Komfort läßt ein wenig zu wünschen übrig.

Die sanitäre Einrichtung ist ziemlich veraltet und gerade noch als genügend zu werten. Zur Verfügung stehen weiterhin ein Laden mit Grundnahrungsmitteln, ein Restaurant mit Freiterrasse und Blick auf das Meer, auf allen Stellplätzen Stromanschlußmöglichkeiten und in ca. 200 m Entfernung vom Platz ein kleiner Hafen. Das Motorboot des Campingbesitzers wird von Wasserskifreunden gerne benützt.

Der Strand ist sehr weitläufig, feinsandig und auch für Kinder attraktiv. Durch die von Landwirtschaft bestimmte Umgebung ist Ruhe und Erholung gewährt. Kein Hundeverbot.

🏊 Meer und Strand, Wasserski. Hafen (200 m).

➡ Von der Küstenstraße führt nahe dem Ort ‚Amalias' ein deutlich beschilderter Abzweig ca. 2 km zum Meer und Platz.

♜ Olympia, Loutra Killinis, Killini.
Wer freies Campen bevorzugt, findet ca. 200 m vom Platz entfernt ein günstiges Gelände unmittelbar am Strand.

Route: Von **Loutra Killinis** fahren wir durch die weiten, landwirtschaftlich genutzten Ebenen zurück zur Hauptstraße, biegen hier rechts ab und passieren wenige Kilometer weiter die Hinweisschilder der beiden vorher beschriebenen Campingplätze. Nach ca. 40 km erreichen wir das lebhafte Handelsstädtchen

Pirgos, das 1825 von den Türken völlig zerstört wurde und keine Sehenswürdigkeiten bietet.

Hier führt uns nun ein Abstecher von 22 km nach **Olympia,** eine der meistbesuchtesten, antiken Stätten von Griechenland.

Olympia

Olympia, inmitten von grünen, hügeligen Wäldern gelegen, wird vom Fluß Alfios berührt und von dem berühmten Hügel Kronos beschattet. Einst ein berühmtes Heiligtum und Wallfahrtsort der Griechen, zugleich Austragungsort der ‚Olympischen Spiele', ist es heute ein gut erhaltenes Ruinenfeld inmitten lieblicher Landschaft von schwer zu bestimmenden Reiz. Neben zahlreichen Tempeln und Altären, die den verschiedenen Göttern geweiht waren, war der Hauptanziehungspunkt das 30 000 Menschen fassende Stadion sowie die Trainingshallen.

Das Zentrum von Olympia war die aus Gold, Elfenbein und Edelsteinen geschaffene Statue des thronenden Zeus in siebenfacher Menschengröße. Sie wurde von dem berühmten Bildhauer Phidias geschaffen und galt lange Zeit als eines der sieben Weltwunder.

Olympia

Die ersten, olympischen Spiele fanden 776 v. Chr. statt, wurden dann in einem Rhythmus von vier Jahren ausgetragen, bis schließlich Kaiser Theodisius sie im Jahre 393 n. Chr. verbot. Die Spiele gelangten zu großer Bedeutung, da nach ihnen die einzig gültige Zeitrechnung in Griechenland

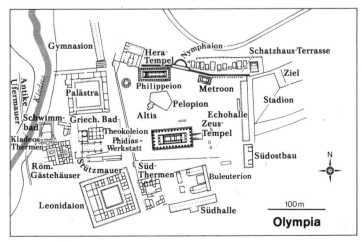

Olympia

aufgebaut wurde. Männer und Knaben, jedoch keine Frauen waren zugelassen, nicht einmal als Zuschauer. Die Sieger der einzelnen Disziplinen wurden weithin berühmt und erlangten große Popularität.

Heute zählt Olympia durch seine Ruinen und seine nicht zu beschreibende Atmosphäre zu den sehenswertesten, antiken Stätten und man sollte einen Besuch auf keinen Fall versäumen.

 Camping Diana ✿ **121**
Olympia (Pelop.), ☎ (0624) 223 14, (IV–X), 0,5 ha, 50 St.

Der Übernachtungsplatz Diana liegt an einem geebneten Berghang über dem Ort. Das Bemerkenswerte an der Anlage ist, daß sie neu ist und über gute Einrichtungen verfügt.

Das Gelände besteht aus kleinen Terrassen am steilen Hang, die von sichtbaren Betonmauern eingefaßt werden. Der Boden ist harte Erde und bei Regen (sehr selten) äußerst glatt. Schatten ist so gut wie nicht vorhanden.

Die Sanitäranlagen sind das Aushängeschild der Anlage. Modern, gepflegt und sauber präsentieren sich die gekachelten Räume mit sehr guten Installationen und reichlich Warmwasser. Restaurants, Lebensmittelläden und sonstige Geschäfte findet man im 200 m entfernten Dorf.

➡ Mitten im Dorf führt die Zufahrt hangaufwärts ca.200 m beschildert zum Platz.

♖ Olympia.
Benachbarter Platz: Camping Olympia, ebenfalls im Dorf.

Route: Von **Olympia** fahren wir zurück nach **Pirgos,** biegen hier nach links auf die Schnellstraße in Richtung Süden (Kalón Nerón) ab und folgen dem Küstenverlauf zumeist in Sichtweite des Meeres durch flachere Ebenen und leicht hügelige Landschaften. Auf der gesamten Strecke sind keine Campingplätze mehr zu finden, jedoch gibt es zahllose Möglichkeiten für freies Zelten – die schönsten mit Sicherheit zwischen den Orten ‚Tholon' und ‚Elaea', wo kilometerlange, einsame, rote Sandstrände mit kleinen Felsen und Olivenhainen zum Verweilen auffordern. Sprechen Sie sich mit den Bauern per Zeichensprache ab, ihr Lebensmittel- und Wasservorrat wird gesichert sein, und ungestört können Sie die herrliche Natur genießen!
Nach insgesamt 82 km stoßen wir auf eine große Straßenkreuzung, von der linker Hand die direkte, jedoch langweilige Route nach Kalamata abzweigt (65 km). Wir halten uns geradeaus weiter an der Küste, die Straße wird zunehmend kurvenreicher und schmaler und passieren im Ort **Filiatrá** mitten auf der Hauptstraße einen ‚Mini-Eiffelturm' (ca. 8 m hoch), ein verblüffender Anblick. Über eine Inlandschleife mit endlosen Windungen und Kurven stoßen wir auf das antike *Chora* mit den Resten des berühmten Nestor-Palastes (aus mykenischer Zeit) und fahren kurz darauf in Pilos ein.
Pilos ist ein kleines, unberührtes und malerisches Fischerstädtchen mit einer langgestreckten, vorgelagerten Insel, die die Bucht zu einem Naturhafen werden läßt. Lohnend ist eine Bootsrundfahrt mit Führung, die verschiedene,

interessante Ziele erschließt. Ostwärts zieht eine weitere, direkte Straße nach Kalamata (53 km), die jedoch nicht sehr attraktiv ist.
Wir fahren weiter gen Süden und erreichen bald **Methóni,** einen hübschen, ruhigen Badeort, der von einer uralten Festungsruine überragt wird. Ausflüge per Boot können von hier zur Insel ‚Sapiéntza' mit ihren herrlichen Stränden unternommen werden. Ca. 14 km weiter auf staubiger Schotterpiste Richtung Osten liegt **Finikoús,** ein Örtchen an einer sehr weiten, einsamen und schönen Sandbucht, die von Felsen begrenzt ist. In den Dünen findet man zahlreiche Möglichkeiten für freies Campen, jedoch ist Vorsicht geraten, nicht im Sand steckenzubleiben. Auf der folgenden Strecke ist die Fahrstraße sehr schlecht und staubig. Nach 15 km ist man in **Koróni** mit einer weiteren, alten Burg. Auf der Ostseite der Halbinsel geht es nun auf asphaltierter, schmaler Straße Richtung Norden am Meer entlang und über **Petalidion, Analipsis** und **Messini** nach **Kalamata.**

Touristischer Hinweis:
Ca. 40 km südlich von Pirgos finden sich Hinweisschilder und ein Abzweig zum *Camping Monicipal Zacharo Beach.* Dieses Gelände liegt inmitten einer Dünenlandschaft und macht einen äußerst kargen Eindruck. Einfache sanitäre Installationen sind vorhanden, in näherer Umgebung befinden sich mehrere Restaurants. Obwohl der Sandstrand sehr schön ist, kann dieses Campingterrain bestenfalls für eine schnelle Übernachtung empfohlen werden.

Camping Chani ✿ ✿   122
Kyparissia (Pelop.), ☎ (0761) 23330, (I–XII), 2 ha, 120 St.

An der weitgeschwungenen Bucht des Ortes liegt an einem Ende dieses neuerbaute Campingterrain, das sich auf leicht unebenem Boden bis an den Strand erstreckt. Schattendächer sowie jung gepflanzte Bäume spenden etwas Schatten. Von den meisten Stellplätzen bietet sich ein Blick auf das Meer und den höher gelegenen Ort, auch zahlreiche Stromanschlüsse für Caravans sind vorhanden.
Im altgriechischen Stil in Natursteinbauweise wurden zwei Sanitäranlagen gebaut, die äußerlich sehr interessant aussehen und innen hochmodern gekachelt wurden. Alle Installationen sowie die Duschen verfügen über Warmwasser. Sauberkeit und Pflege sind sehr gut. In einem eigenen Gebäude, auch im griechischen Stil, wurde ein Raum zum Wäschewaschen, ein Raum zum Geschirrspülen sowie eine komplett ausgestattete Küche mit Gasbrennern eingerichtet. Anschließend daran, unter einer schattigen Freiterrasse, kann man die selbstgekochten Speisen dann verzehren. Im Komplex der Rezeption ist auch ein Minimarkt sowie eine Bar mit vielen Sitzgelegenheiten untergebracht. Für die Wintermonate wurde in einem alten Schafstall mit offenem Kamin eine extra Bar eingerichtet, die ein gemütliches Beisammensein ermöglicht.
Der Strand ist größtenteils sandig. Auch einige Steine sowie Felsen sind zu finden. Sehr aufmerksam und freundlich ist das Management, das aus holländisch-deutscher Verwaltung besteht.

Meer und Strand, Windsurfing-Schule.

Methoni/Finikous

▶ Die Zufahrt zum Platz führt durch den Ort hindurch zum Meer und Hafen, hier rechter Hand unmittelbar am Meer entlang bis zum Eingang. Sehr gute Beschilderung vorhanden.

♖ Ausflüge und Sehenswürdigkeiten siehe umliegende Ortsbeschreibungen.

▲ Camping Methoni ✿   123
Methoni (Pelop.), (V–IX), 2 ha, 80 St.

Auf kargem, teilweise von Mattendächern überspanntem Boden liegt der Platz etwas außerhalb des malerischen Ortes an einer weitgeschwungenen Kies- und Sandbucht.
Die Abgeschiedenheit der Gegend nimmt durch verbesserte Straßen ständig ab, und der Platz ist in der Saison recht gut besucht. Die sanitären Verhältnisse könnten bei guter Pflege sehr zufriedenstellend sein, doch leider versagt in dieser Richtung die scheinbar unerfahrene Platzleitung. Daher findet man die neuen und schönen, vollgekachelten WC- und Waschräume in völlig ungepflegtem Zustand.
Weitere Einrichtungen gibt es noch nicht, nur Ruhe und den schönen, auch für Kinder günstigen Strand. Das Wasser ist ungewöhnlich klar und sauber.
Gegenüber liegt die Insel Sapientza. Ein täglicher Bootsservice bringt Interessenten in wenigen Minuten hinüber. Die Einsamkeit und Ruhe wird perfekt. Kein Hundeverbot.

🏊 Meer und Strand. Am Strand in Platznähe ein Kinderspielplatz, eine Wasserski-, Windsurfing- und Segelschule sowie eine Diskothek.

▶ Der Platz ist vom Ort über eine ca. 300 m lange, schmale Fahrstraße erreichbar.

♖ Kastell, Pylos, Bootsausflüge.

▲ Camping Anemomilos ✿   124
Finikous (Pelop.), (IV–X), 3 ha, 100 St.

Wer schönen, idyllischen und stillen Urlaub fernab vom Tourismus schätzt, sollte diesen Platz einmal besuchen. An einer abgelegenen, in sich geschlossenen, sehr schönen Sandbucht von ca. 2 km Länge liegt auf etwas geneigtem Wiesenfeld mit vereinzelten Olivenbäumen dieser ansprechende Camping.
Die Einrichtungen sind bescheiden, immerhin gibt es aber Waschräume und WC-Kabinen. Ein Restaurant mit Snack-Strand-Bar ist denn auch alles, was noch vorhanden ist. Nur Reisende mit Drang zur Einsamkeit werden sich hier wohlfühlen.
Die Gegend ist ein Paradies für Bootsbesitzer und Surfbrettfans. Auch Kinder haben hier ein Revier zum Austoben und gefahrlosen Schwimmen.

🏊 Meer und Strand.

▶ Die Zufahrt führt vom Ort direkt von der schlechten Küstenstraße auf einen Feldweg, der sehr schmal und kurvig ist und für Gespanne kaum Ausweichmöglichkeiten bietet (500 m).

♖ Bootsausflüge, Kastell in Koroni, Kastell in Methoni, Pilos.

△ Camping Eros Beach ✿ ✿   125
Petalidi bei Kalamata (Pelop.), ☎ (0722) 31208, (V–IX),
2 ha, 100 St.

Das ziemlich langgestreckte Gelände liegt auf mehreren Terrassen, die von der Küstenstraße zum Meer hin abfallen. Der schönste Bereich des Platzes ist die Zone zwischen Rezeption und Restaurant – üppige, subtropische Vegetation mit gartenähnlichem Charakter. Die hier errichteten, geschmackvollen Bauten fügen sich sehr gut in das Landschaftsbild ein und überraschen mit gepflegter Bar, Bibliothek, Restaurant mit Freiterrasse sowie Räumlichkeiten für Spiele und Fernsehen.

Die restlichen Platzteile sind anderer Natur. Ein großes Terrain liegt im Olivenhain, eine mit Geröllkies aufgeschüttete Plattform direkt an der Wasserlinie. Diese zwei Zonen sind für Caravans und Campingbusse gedacht und verfügen auch über Stromanschlußmöglichkeiten.

Die Sanitäranlagen sind durchwegs gekachelt und in gutem Zustand. Warmduschen sowie eine Kühlbox vervollständigen den Service. Einfache Miethütten in Form von Tukulls können gemietet werden, und Kinder finden einen einfachen Spielplatz. Kein Hundeverbot.

⌷ Meer und Strand.

➡ Der Platz ist an der Küstenstraße gut beschildert.

♖ Ausflüge nach Kalamata, zur Halbinsel Mani und nach Pilos (Nestor-Palast).

△ Camping Zervas Beach ✿   126
Petalidi bei Kalamata (Pelop.), ☎ (0722) 31223, (V–IX),
2,5 ha, 200 St.

Am langen, ausgedehnten Kies- und Sandstrand liegt auf ebenem Gelände in sehr ruhiger Lage der Campingplatz unterhalb eines mit Oliven bestandenen Hügels. Das Wiesengelände, teils auch Kies, ist in Parzellen aufgeteilt. Die sanitären Einrichtungen sind voll gekachelt, das Warmwasser mit Sonnenenergie aufgeheizt und für die Menge der Gäste als ausreichend zu bezeichnen.

Nahe dem Strand steht das Hauptgebäude mit Restaurant und Snackbar, Fernsehraum und Freiterrasse. Der steinige Strand ist nicht gerade ideal, aber dafür auch sehr still und kaum besucht.

Für Übernachtungen kann der Platz empfohlen werden, jedoch für längere Ferien ist herzlich wenig geboten. Hundeverbot, wie uns das Rezeptionspersonal mitteilte.

⌷ Meer und Strand.

Kreta

▶ Die Zufahrt ist von der Küstenstraße gut beschildert und führt über eine steile Rampe zur Rezeption.

♜ Ausflüge nach Kalamata, zur Halbinsel Mani und nach Pilos (Nestor-Palast).

Kreta

Die größte und vielleicht auch berühmteste aller griechischen Inseln ist Kreta, das mit seiner Ost-West-Ausdehnung von ca. 280 km und seiner maximalen Breite von ca. 70 km nahezu schon Festlandscharakter besitzt. Trotzdem fühlt man unverkennbar die spezielle ‚Insel-Atmosphäre‘, was neben den vielen Sehenswürdigkeiten in den vergangenen Jahren zu einem wahren ‚Touristik-Boom‘ führte.

An den Küsten, speziell im Norden, schossen Hotelhochbauten wie Pilze aus der Erde, und auf Landschaftsschutz oder günstige Optik wurde wenig Wert gelegt. Im krassen Gegensatz dazu steht die wilde, größtenteils unberührte Südküste, deren steile Felsen mit eingelagerten Buchten noch schwer erreichbar sind.

Trotz des gewaltigen Touristen-Ansturmes hat sich die Insel viel von ihrer ursprünglichen Natürlichkeit und Schönheit bewahrt und ein Urlaub, speziell für den Camper, wird ständig neue Überraschungen, Eindrücke und Impressionen bereithalten.

Iráklion

Busabfahrtsstellen nach
1 Archanes
2 Anogia
3 Phaistos
4 Chaniá, Réthimnon
5 Malia, Ag. Nikolaos
6 Knossos
7 Vianos

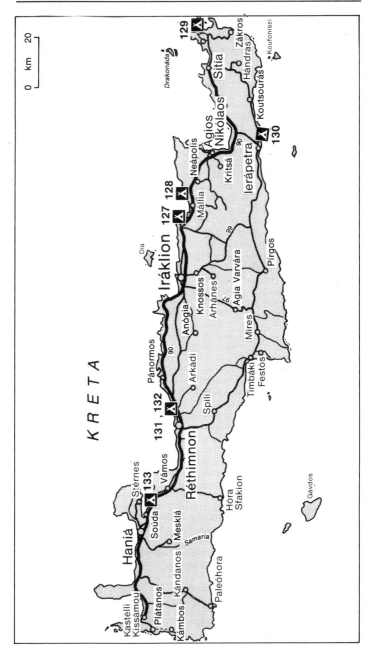

Kreta

0 km 20

129

Zákros

Drakonáda

Koufonissi

Sitía

Handras

Ágios Nikólaos

Koutsourás

130

Neápolis

90

Ierápetra

Kritsá

127 128

Mália

Iráklion

99

Dia

Pirgos

Knossós

Agia Varvára

Anógia

Arhánes

97

Mires

Pánormos

Timbáki

Festós

90

Arkádi

K R E T A

131 , 132

Spíli

Réthimnon

Hóra Sfakíon

Stérnes

133

Gávdos

Vámos

Souda

Mesklá

Samaria

Haniá

Kándanos

Paleohora

Kastélli Kissámou

Plátanos

Kámbos

Kreta

Fahren wir von **Iráklion,** dem Haupthafen der Insel, in westliche Richtung, so steht uns eine aussichtsreiche, supermoderne Schnellstraße zur Verfügung, die in stetem ,auf und ab' mit zahllosen Kurven und prächtigen Panoramen nach **Chania** führt. Ab hier wird die Asphaltstrecke wesentlich enger und noch kurvenreicher, mündet im hübschen Fischerort **Kastelli** und führt als schlechte, staubige Route über einen Bergrücken (herrliche Aussicht!) an die Westküste. Schöne, fast nur zu Fuß erreichbare Sandstrände unter Klippen mit tiefen Höhlen und kristallklares Wasser sind die Belohnung.

Wenden wir uns von **Iráklion** nach Osten, finden wir ebenfalls eine sehr moderne Schnellstraße vor, die an einigen, nicht allzu attraktiven Stränden vorbeiführt, um bei **Malia** auf herrliche Sandstrände mit riesigen Hotels zu treffen. Durch einen Inlandsabschnitt erreichen wir dann **Ayios Nikólaos,** das eine prächtige, grüne Küste mit in den Felsen eingelagerten Buchten und Stränden bietet. Ab hier wird die Straße sehr kurvenreich, führt oft hoch über dem Meer und gewährt herrliche Aussichten bis zum Ort **Sitia.** Ein Abstecher bringt uns an die Ostküste, deren Höhepunkt der berühmte Palmenstrand von ,Vai' ist, ein wahres Paradies. Auch das auf einem Bergrücken gelegene Kloster Toplou lohnt einen Besuch.

Der Rückweg führt von Sitia über gute, aber kurvige Bergstraßen, die später das Meer erreichen, an der Südküste entlang, wobei das Städtchen **Ierápetra** der Mittelpunkt ist. Herrliche Buchten unter den Felsen – die Küste ist sehr steil und schroff und nur durch Stichstraßen erschlossen.

◢ Camping Chersonissos ✿ ✿ 127

Chersonissos bei Iráklion (Kreta), ☎ (08 97) 2 20 25, (V–X), 1 ha, 80 St.

Der dem Fährhafen und Hauptort der Insel nahegelegenste Platz ist Camping Chersonissos. Auf einem steinigen, baumlosen und karstigen Plateau unterhalb der Küstenstraße liegt der recht ordentlich eingerichtete und sehr frequentierte Platz direkt am Meer, das hier zumeist felsigen Strand aufweist. Unmittelbar am Camping findet man jedoch auch eine schöne Sandbucht, die von kleinen Felsen begrenzt wird. Hier kann man hervorragend baden, vorrausgesetzt, das Meer ist ruhig. Oft aber auch herrschen sehr kräftige Winde und hohe Wellen rollen an die Felsen, die Unterströmung wird sehr stark und vom Schwimmen ist dann dringend abzuraten.

Die veraltete Sanitäreinrichtung erfüllt ihren Zweck und wird von den Besitzern recht sauber gehalten. Auf dem Platz gibt es ein SB-Restaurant und Miethütten wie auch Zelte zu leihen. Vereinzelte Mattendächer sorgen für Schatten, Schilf unterteilt an manchen Stellen die Stellplätze und auch Stromanschlußmöglichkeiten findet man vor.

Die Café-Bar ist der Treffpunkt der Jugend, wie auch allgemein festzustellen ist, daß speziell jüngeres Publikum diesen Platz gerne besucht. Kein Hundeverbot.

🌅 Meer und Strand.

➡ Der Platz liegt ca. 25 km östlich von Iráklion an der Küstenstraße in Richtung Ayios Nikólaos und ist beschildert.

♖ Insel Kreta. Palast von Knossos. Malia mit Sandstränden.

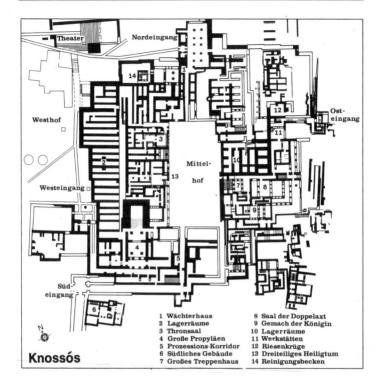

Knossós

1 Wächterhaus
2 Lagerräume
3 Thronsaal
4 Große Propyläen
5 Prozessions-Korridor
6 Südliches Gebäude
7 Großes Treppenhaus
8 Saal der Doppelaxt
9 Gemach der Königin
10 Lagerräume
11 Werkstätten
12 Riesenkrüge
13 Dreiteiliges Heiligtum
14 Reinigungsbecken

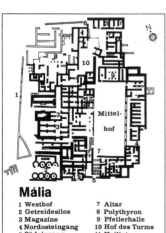

Mália

1 Westhof
2 Getreidesilos
3 Magazine
4 Nordosteingang
5 Südeingang
6 Nordeingang
7 Altar
8 Polythyron
9 Pfeilerhalle
10 Hof des Turms
11 Heiligtum
12 Loggia

Knossos

Kreta

▲ Camping Malia ✿ ✿ ✿ ✿ 128
Malia (Kreta), ☎ (0897) 31460, (IV–X), 4 ha, 350 St.

Camping Malia ist der beste Platz der Insel in jeder Hinsicht. Das Terrain gleicht einem Garten, der Untergrund ist ein täglich mit Sorgfalt berieselter Rasen, der bis unmittelbar an den Strand heranreicht. Hier sind selbstverständlich auch die beliebtesten Stellplätze des gänzlich parzellierten Geländes. Die dichten Bäume und Büsche spenden teils schon Schatten, wenn sie auch noch ein wenig wachsen müssen. Der Platz ist durch gute Wege in Quadrate unterteilt, und eine sorgfältige Organisation gewährleistet Ordnung.

Auch die Infrastruktur kann sich sehen lassen. Die sanitäre Einrichtung ist in zwei großen, geräumig wirkenden Flachbauten untergebracht. Die pflegeleichten Kachelwände verschönen die gute Innenausstattung, und die Reinigung der Anlagen erfolgt zweimal täglich. Gegenüber liegt das Haupthaus mit SB-Laden, Boutique, Bazar, Rezeption und Restaurant. Eine Café-Bar mit hübschem Sitzraum und Freiterrasse ist abends gut besucht. Alle Stellplätze verfügen über Stromanschlußmöglichkeiten und eine Reihe von Minihütten sind mietbar.

Für die Freizeit gibt es nur ein Volleyballfeld, was eigentlich schade ist, denn ein größeres Freizeitangebot würde von den Gästen sehr begrüßt werden. So wurde aber vorerst nur für die Kinder ein attraktiver Spielplatz gebaut. Der Strand ist sandig und felsig und in der Hochsaison sogar bewacht.

Die Lage des Platzes kann begeistern, die Ruhe durch das Fehlen von Verkehrswegen ebenso – meistens ist nur das Meer zu hören. Boote können zu Wasser gebracht werden. Bei unruhiger See ist Vorsicht auf Unterwasserströmungen geboten.

Die Platzführung bemüht sich nach Kräften. Die gepflegten Blumenrabatten und sonstigen Anpflanzungen sprechen dafür. Der Platz ist insgesamt sehr zu empfehlen, man kann sich wohlfühlen und das Gelände ist oft schon vormittags ,dicht'. Kein Hundeverbot.

🏊   Meer und Strand, Kinderspielplatz, Volleyballfeld.

➡   Die Zufahrt führt von der Ortsmitte (Hinweis beachten!) über einen 2 km langen Feldweg zum Platz.

♜   Insel Kreta. Palast von Knossos. Kloster Lato Kritsa bei Ayios Nikolaos.

▲ Camping ,Ohne Namen' ✿ 129
Vai – Palmenstrand (Kreta), 3 ha

Auf der ganzen Strecke über Ayios Nikolaos nach Sitia gibt es keinen Campingplatz. Erst am östlichen Ende Kretas in der Bucht von Vai bei der herrlichen Palmenoase am Meer findet man Campinggelegenheiten, die zwar offiziell durch ein Verbotsschild untersagt sind, jedoch fleißig benützt werden. Es ist einfach einmalig schön, das Zelt in einer Palmennische oder unter hoher Palme stehen zu haben und sich in die Südsee versetzt zu fühlen.

Die meisten Besucher setzen sich aus jugendlichen Kreisen zusammen, und tagsüber kommen scharenweise Reisebusse angefahren, um den Touristen die Möglichkeit zu geben, auch diese Sehenswürdigkeit abzuhaken. Dabei lohnt es sich, hier zu verweilen! Es gibt zwei Tavernen und am Parkplatz eine Wasserpumpe, die meistens umlagert ist. Das Meer ist sehr sauber und die Bucht

prachtig, körniger Sandstrand wird von Felsen begrenzt. Lediglich die hygienischen Verhältnisse sind total ungenügend.

⬛ Camping Ierapetra ✿ 130
Ierápetra (Kreta), ☎ (0842) 22739, (V–X), 1 ha, 100 St.

Der einzigste Platz an der langen Südküste ist Camping Ierápetra. Das Gelände
auf Kiesboden liegt direkt leicht unterhalb der Küstenstraße und ist in kleine
Felder aufgeteilt. Zum dunklen Sandstrand sind es ca. 100 m – die Weitläufigkeit
und Einsamkeit sind erstaunlich.
Auf dem Gelände findet man nur wenig Schatten, ein Restaurant und ein Laden
sind vorhanden, und in der Café-Bar läuft der Fernseher den ganzen Tag. Die
Sanitäranlagen sind durchaus zufriedenstellend, die Bauten voll gekachelt und
mit Warmduschen versehen. Die gesamte Gegend ist jedoch nicht so interessant, um allzu lange zu verweilen, denn Freizeitangebote fehlen völlig.
Insgesamt gesehen ist dieser Camping eine günstige Übernachtungsmöglichkeit
auf einer Inselrundfahrt.

🄿 Meer und Strand (100 m).

➡ Die Zufahrt führt vom Ort ca. 7 km in Richtung Sitia auf der Küstenstraße.

♖ Ausflüge führen nach Ayios Nikolaos und dem in der Nähe befindlichen
Kloster Lato Kritsa.

⬛ Camping Elisabeth ✿ ✿ 131
Réthimnon (Kreta), ☎ (0831) 28694, (IV–X), 2,5 ha, 200 St.

Unmittelbar am Meer mit hier gutem Sandstrand liegt wenige Kilometer
außerhalb des Ortes der sandige und steinige, nackt wirkende Platz. Schatten ist
teils durch Bäume und Büsche vorhanden.
Das Gelände ist insgesamt etwas vernachlässigt, was aber an den fehlenden
Baugenehmigungen liegen soll. Die Besitzerin ist Amerikanerin und tut, was sie
kann. Die sanitäre Einrichtung ist recht einfach und nicht gerade einladend,
doch ihren Zweck erfüllt sie völlig.
In einer Snackbar am Strand werden eigens zubereitete, bestellte Speisen
serviert, Grundnahrungsmittel ausgegeben und auch Getränke verkauft.
Der Strand ist größtenteils sandig, teils von Kieszonen unterbrochen und recht
attraktiv zum Baden. Kein Hundeverbot.

🄿 Meer und Strand.

➡ Wenn man aus Iráklion kommt, führt die Zufahrt ca. 4 km vor dem Ort
Réthimnon meerwärts zum Platz (Abfahrt von der Superstraße beachten!).

♖ Insel Kreta. Kloster M. Arkadiou. Auf der Südseite der Insel ‚Phaistos'.

⬛ Camping Arkadia ✿ ✿ 132
Rethimnon (Kreta), ☎ (0831) 28746, (I–XII), 1,5 ha, 150 St.

Nur ca. 500 m entfernt von Camping Elisabeth liegt dieser Platz am gleichen
Strand. Das ebene Gelände weist Kies- und Sandboden auf, und durch Büsche,

Kreta

Strohzäune und Bäume werden in dem üppigen Bewuchs individuelle Stellmög-
lichkeiten gewährleistet. So hat nahezu jeder Camper eine eigene, gut schattige
Box und eine gewisse Abgeschlossenheit.
Die Platzeinrichtungen sind zufriedenstellend. Man findet ein gutes SB-
Restaurant, das einer überdachten Freiterrasse gleicht, eine Café-Bar, einen
wohl sortierten Lebensmittelladen bei der Rezeption und Stromanschlußmög-
lichkeiten für Caravans.
Die Sanitäranlagen sind nicht gerade berühmt. Ihre Einfachheit könnte
wesentlich verbessert werden.
Sportliche Einrichtungen gibt es nicht, jedoch läßt sich Wassersport mit eigenem
Gerät sehr gut praktizieren.

Meer und Strand.

Ca. 500 m weiter auf der Küstenstraße wie Camping Elisabeth.

Insel Kreta. Kloster M. Arkadiou. Auf der Südseite der Insel ‚Phaistos'.

Camping George ✿ ✿ 133
Chania (Kreta), ☎ (0831) 61363, (IV–X), 2 ha, 150 St.

Ein kantiges, braungebranntes Gesicht, Riesenschnauzer, stahlblaue Augen,
das ist der Besitzer, ein echter ‚Typ'. Eben und wenig schattig (durch Schilf) ist
der meist sandige Geländestreifen zwischen der Schnellstraße und dem Meer,
namens Camping George. Der Mann und der Strand von mehr als 7 km
Einsamkeit machen einen Aufenthalt interessant und geben dem Platz Profil.
Die Einrichtungen des Platzes sind einfach, gemütlich und entsprechen den
allgemeinen Anforderungen. Der Wirt kocht selber und versorgt die Gäste mit
viel Umsicht. Die sanitären Verhältnisse stellen zufrieden, Sport- bzw. Freizeit-
einrichtungen sind nicht vorhanden.

Meer und Strand.

An der Schnellstraße Rethimnon – Chania führt die Zufahrt bei der
großen, auffallenden Bucht zum Platz.

Insel Kreta. Chania. Auf der Südseite der Insel die berühmte ‚Samaria-
Schlucht'.